翻倍牛股擒杀术

一本书搞懂波段中线战法

曹明成 谭文 ◎ 著

立信会计出版社

图书在版编目（CIP）数据

一本书搞懂波段中线战法：翻倍牛股擒杀术/曹明成，谭文著.--上海：立信会计出版社，2017.2（2024.11重印）

（擒住大牛）

ISBN 978-7-5429-5295-0

Ⅰ.①一… Ⅱ.①曹… ②谭… Ⅲ.①股票交易—基本知识 Ⅳ.①F830.91

中国版本图书馆CIP数据核字(2016)第283267号

责任编辑　蔡伟莉
封面设计　久品轩

一本书搞懂波段中线战法：翻倍牛股擒杀术
YIBENSHU GAODONG BODUAN ZHONGXIAN ZHANFA FANBEI NIUGU QINSHASHU

出版发行	立信会计出版社			
地　　址	上海市中山西路2230号	邮政编码	200235	
电　　话	（021）64411389	传　真	（021）64411325	
网　　址	www.lixinaph.com	电子邮箱	lxaph@sh163.net	
网上书店	www.shlx.net	电　话	（021）64411071	
经　　销	各地新华书店			
印　　刷	保定市西城胶印有限公司			
开　　本	787毫米×1092毫米	1/16		
印　　张	13.5	插　页	1	
字　　数	272千字			
版　　次	2017年2月第1版			
印　　次	2024年11月第2次			
书　　号	ISBN 978-7-5429-5295-0/F			
定　　价	62.00元			

如有印订差错，请与本社联系调换

序一　我为什么不讲价值投资[1]

《理财一周报》记者/林奇

> 在中国的资本市场，我从来不讲价值投资。所谓的价值，不过是给庄家炒作的理由而已。我选股思路是跟庄，操作理论讲究趋势为先。
>
> ——曹明成

私募大鳄曹明成是私募圈内资深的操盘手，曾在多家咨询公司及投资机构任职，直接参与过多次大资金的操盘。

1999年"5·19"行情中，曹明成因成功狙击网络科技股而一战成名。

在互联网行情中，曹明成亲身领教了亿安科技、海虹控股等庄家李彪、蔡明的狠辣操盘手法。

在股海中摸爬滚打十几年的老曹，博客名为"十年股灰"，在东方财富网的财经博客中排名第十四位。

从湘财证券的一名普通经纪人做起，再到操盘手、主操盘手，最后到私募基金经理，曹明成经过十多年的实战，总结出"曹氏八线"，并著有《吃定庄家》《擒庄实战技法》《庄家内幕揭秘》《K线实战技术精要》和《庄股经典出货模式》等书。

"11月还有两本书出版，今年可能还有两本书稿，有出版社约稿了，但还没写完。"曹明成如是介绍。

10月26日，曹明成接受《理财一周报》专访，揭露了许多不为人知的坐庄、跟庄内幕。

---

[1] 2009年11月7日，《东方早报理财一周》对曹明成先生的人物专访，刊登在"资本大亨"版面。原文标题为"私募大鳄曹明成：坐庄岁月里的那些往事"。

阻击网络科技股一战成名

《理财一周报》：像许多私募基金经理一样，您也是从经纪人做起的？

曹明成：差不多，早年和李华（第二代操盘手）是一批。最早是在湘财证券。离开湘财证券后，跟老板做操盘手，后来干脆出来单干了。

《理财一周报》：是不是因为做操盘手待遇都不太高？

曹明成：操盘手要看是什么样级别的，资深的主操盘手负责决策，与老板有分成，待遇还可以。

《理财一周报》：当时做操盘手都经历过哪些比较大的战役？

曹明成：最早是阻击网络科技股的那一年了，狙击网络科技股不是自己坐庄，是跟庄。当时发现有大批私募资金成堆地扎入了网络科技概念类的股票，不少同类题材的股票都在底部放量，大资金入场明显，就开始关注这个题材。

《理财一周报》：发现此类股票后是直接跟进吗？还是后来跟进的？

曹明成：先是试探性跟进，后来科技概念股开始成为当时的热点。与以往的概念炒作不同，这次很意外的是：炒作之后，入驻的庄家资金不见撤退，这在以往的概念炒作中是很少见的。当时经过考虑之后，就把所有的资金全线投入该类题材股。

《理财一周报》：这样追题材股会不会很冒险？

曹明成：这是很大胆的做法，当时遭到其他辅助操盘手的非议。因为这样做风险大，概念股炒作成热点后，一般都开始进入高位，这个时候介入，弄不好就成了庄家出货的牺牲品。

《理财一周报》：那为什么还决定满仓追进，当时是怎么考虑的？

曹明成：当时是依据庄家的操盘手法判断的。大量的庄家资金入驻了该类题材股，而在第一轮炒作之后，还在高位加仓。显而易见，目标不在短期。

《理财一周报》：当时网络股您跟的是哪只？

曹明成：做了很多只，蔡明的海虹控股就是其中的一只。

《理财一周报》：这波物联网炒作海虹控股也是龙头，您觉得这波物联网会

不会像当初的互联网一样爆炒起来?

曹明成:这波物联网入驻的庄家资金还远远不够,暂时没有那种可能,但庄家的炒作计划可能会因为行情的变化而变化。就像当年的网络科技股,并不是开始大家都看好,后来"5·19"井喷,人气被完全带动,大量的私募资金进入了。因此,就出现了炒作一波后,新资金大量入驻,造就了一轮2年的行情。

亲身领教李彪跌停板洗盘法

《理财一周报》:当时最有名的应该是罗成操控下的亿安科技,您跟的是这只吗?

曹明成:网络科技股的行情从1999年5月开始,直到2001年,经历了一年多的时间,这轮题材的炒作,只要与网络科技股挂边的都被炒作起来了。其中的龙头亿安科技、海虹控股、四川湖山都被炒作到了非理性的高度。亿安科技是第一个百元股,是罗成坐庄,操盘主要是郑伟和李彪负责。海虹控股是蔡明坐庄。去年李彪去世的时候我才知道消息的。

《理财一周报》:李彪总感觉对不起自己的弟弟,知道具体是为什么吗?

曹明成:他弟弟是李彬,当时坐庄亿安科技用的是金易投资公司,郑伟是控制人,法人代表写的是李彬的名字,但李彬是圈外人,后来被扯进去了,被搞得很惨。据说李彪没有办法救无辜的弟弟,导致了李彬的破产,并差点入狱。

《理财一周报》:李彪是什么样的人?

曹明成:现实中的李彪长得比较斯文,光头戴眼镜,但行事狠辣,脾气有些暴躁。郭庆、李彪、蔡明,这些都算是第一代操盘手,他们比我早一代,我那时候是小字辈。李彪操盘非常凶悍,他当时发明了跌停板洗盘法,神鬼莫测。

《理财一周报》:连续跌停,只要看盘操作无一幸免,当时亿安科技启动前就是连续3个跌停板。

曹明成:这种手法在当时很难判断。

《理财一周报》:为什么很多早年的庄家都不得善终?

曹明成：早年的操盘手生活都不太好，心理压力大，真正功成名就的极少。一部分人被调查了或逃亡了，另一部分人在后来的4年熊市（2001—2005年）中又赔进去了。

《理财一周报》：那4年熊市够惨的，2008年也很惨。

曹明成：2008年的大熊市也是套了很多的庄家。

《理财一周报》：当时为什么没有跟进亿安科技？

曹明成：亿安科技不敢跟。开始完全是逼空。强势股就是这样，一开始逼空，散户不跟进，继续逼空，开始震荡，散户眼红了，进去了，再拔高，出货了。亿安科技当年也是被逼上去的，前期的计划肯定没想要炒那么高。拉到40元的时候，没有人敢买了，怎么办，接着拉。亿安科技控盘最后达到90%以上。其实玩到那个时候已经算失败了，最后出货比较艰难。

《理财一周报》：有个庄家跟我讲过，说很多筹码是在跌破100元后卖给了抢反弹的人。

曹明成：平均没有那么高。出货的平均价格，我们那时候判断应该在40元左右，60元左右制造假反弹，结果还是很少有人买。市场信心没有了，下跌趋势形成了。最大的抢反弹成交量在27元左右。平均出货价位在40~50元。

《理财一周报》：庄家要出货一般都要先跌很多吧？

曹明成：一般庄家拉到离谱的位置，出货的价位定在下跌一半的位置，通过做假反弹出货。

信奉自己的操盘理念

《理财一周报》：您信奉价值投资吗？

曹明成：在中国的资本市场，我从来不讲价值投资。所谓的价值，不过是给庄家炒作的理由而已。我选股思路是跟庄，操作理论讲究趋势为先。

《理财一周报》：看来您是趋势派。

曹明成：我自己有一套操盘理念，在趋势形成之后，形态明朗之后才操作。

但这又不等同于右侧交易，我的买入点在次低点或次次低点，卖出位在次高点或次次高点。

《理财一周报》：那您的这些经验是向谁学的呢，还是自己悟的？

曹明成：自己悟出来的。早年是受一位老股民的启发，一位比较执着的老股民，他完全依据10日线买卖，获利很稳定。

《理财一周报》：线上持股，线下持币？

曹明成：是的。简单地说，可以用这8个字来概括。

《理财一周报》：这方法最厉害，化繁为简了，但很多人不经过多年的实战永远不理解。可是单独只看一个10日线会不会有点片面？

曹明成：我当时研究这个10日线很长时间，也发现很多弊端。首先，如果不判断趋势，依据10日线买卖会在平衡市里不知所措。其次，10日线经常被庄家作为洗盘的工具。实战中操作纪律最重要，比如下降通道就是线下持币，需要放弃所有的诱惑和机会。

《理财一周报》：您现在主要看些什么指标？

曹明成：都是一些我自己的指标，帮我写指标的有一个工作室，我提供我的思路，他们帮我完成。我有个学生叫谭文，他是这方面的高手。现在计算机信息技术太发达了，把传统技术分析与计算机分析相结合，真的是事半功倍。我们原来为了总结一个形态，自己画图，花费大量的时间统计，再分析和总结，现在计算机可以在很短的时间内全部做完。

（对原文中当时行情的看法作了删节。本期采访的电子版地址在：http：//www.licaiyizhou.com/content.jsp？category=00008&id=1074）

序二 我认识的"小曹"与"老曹"

近年来市场上的股票类书籍渐有泛滥之势，且良莠不齐，多有鱼目混珠之作，真正能指导投资者实战应用的作品可谓少之又少。然而最近读曹明成先生主笔的实战系列丛书，感觉甚好。细读之下，书中不乏作者多年实战的经验心得与"不传之密"，实为"用心之作"，相信读者阅读后当有所裨益。

我与曹明成先生相识已久。初识其人，还是1997年在湘财证券的营业部，当时因本人虚长几岁，故称他为"小曹"。其时的"小曹"瘦瘦小小，貌不惊人，书生气十足，亦没有什么名气。后常有散户打听"曹明成"，发展到不断有大户托我的关系来约"曹先生"吃饭，这才让我刮目相看。再到1999年的狙击网络科技股一战成名，早年的"小曹"成为了当时湘楚一带赫赫有名的"老曹"。

几年后我们也相继开始了单干，都有了自己的事业，与曹明成先生联系渐少。偶闻他的消息也只是在报刊杂志上见他的跟庄理论的文章。这次他让我为丛书写序，我还颇感意外。在我的印象中，他身体并不太好，甚至可用"体弱多病"四个字来形容，又常沉溺于股票实战之中，写书这种耗时耗力之事，以他一人之力怎能办到？

见面后我才知道，原来他这几年收了一个得意门生——谭文。谈论间他得意之色溢于言表："已得我九成功力。"

小谭属于新时代的复合型人才，精通计算机编程，自行钻研了传统技术分析与计算机海量数据模拟测试相结合的分析方式，图书的写作过程就曾大量使用计算机模拟测试的论证，纠正了许多人力所无法克服和发现的错误，使书中的理论更趋于完美，大有青出于蓝更胜于蓝之势！真是后生可畏！"曹氏八线理论"是曹明成与谭文师徒两人多年实战理论研究的结晶，曾被股民朋友冠以"零风险操

作理论"的美誉。该理论我个人觉得至少有两点值得推崇：一是最大限度地回避了风险；二是几乎不会错过任何一波有价值的行情。炒股不是纸上谈兵，能在实战中真正做到稳定获利的理论才是好理论。我了解曹明成先生的实力，更了解曹明成先生的为人。他不会忽悠人，他主笔的丛书更不会忽悠人！

鉴于此，我愿为此丛书作序，并向全国的广大股民朋友们推荐。

（作者原为湘财证券高层管理人员，现为广东某私募基金总裁）

前　言

在股市里拼杀过的投资者都知道，股票市场是一个众人博弈的市场，是一个高收益与高风险并存的市场。很多投资者把毕生的积蓄都投入股市，想通过这一市场来实现自己的财富理想，可到最后却败走麦城，亏得一塌糊涂。想要在股票市场里占得一席之地，不是一件容易的事情，这需要投资者经历一个长期的学习与实践的过程。更需要投资者不断地提高对股票市场的认识，形成合理的投资理念，掌握一定的投资策略与技巧。如此才有可能遨游股海而不倒，进而实现自己的财富梦想。

牛股是在一个时间段内，涨幅和换手率，尤其是涨幅均远远高于其他个股的股票的俗称。一般牛股都有远景题材、业绩良好、震幅弹性较强的特征。若是投资者在实战交易中能够捕捉到牛股，那么对其遨游股海，进而实现财富梦想是大有裨益的。但是牛股并不是我们的囊中之物，可以随时取得，因此我们就应练就一身股海擒牛的本领。

波段中线战法既稳定又灵活，投资者可以根据市场的变化来改变自己的策略。这种操作方法令投资者有足够的时间去研究所选"牛股"的基本面和技术面，有足够的时间供缺乏内幕信息的投资者研究所选"牛股"的消息面，进而确定自己所选的投资标的是不是真正的牛股。如此，投资者可不用受市场的恐慌、盲目以及风吹草动的支配，在平静、有序的环境中完成操作。

本书除了对中线操作理论进行了翔实的阐述，同时还选取经典案例对理论的实际应用进行了细致的分析。相信本书可以使投资者对中线波段战法有一个更加理性和准确的认识，并在实战中捕捉到真正的牛股。全书总共分为十个章节，分别从顺应大势擒牛股、底部反转形态驾驭牛股、三线共振击杀牛股、前高关键

位置捕获暴涨牛股、过前期高回调买入擒杀牛股、大周期狙杀牛股、陷阱坑猎杀牛股、生命线上捕捉牛股、MACD擒牛股、小盘股捕获牛股这些方面对利用波段中线战法擒杀牛股进行了详细的介绍，以期能让投资者在实战中捕捉牛股时更加从容。

为了让读者朋友们可以轻松掌握擒杀牛股的中线波段战法，笔者在本书的编写过程中经过几次删改，竭力使本书具备难易适中、容易掌握、内容丰富、实战性强、图文并茂、条理清晰等特点，以便使读者更加容易掌握书中的内容。

尽管笔者在编写本书时花费了大量的时间和精力，力保书中理论内涵丰富、图例分析翔实、操盘技巧实用，但是由于才疏学浅、时间仓促，书中可能仍有一些错误和纰漏。届时欢迎读者朋友们将宝贵的意见和建议反馈给笔者，以便笔者在以后的写作中借鉴使用，笔者将不胜感激！

本书在编撰的过程中借鉴了许多专家、学者的观点和方法，参考了大量的文献和资料，同时也得到了广大读者朋友们的支持。欢迎读者将宝贵的意见和建议反馈给笔者，以便笔者在以后的写作中借鉴使用，笔者的邮箱caomingcheng@yeah.net，QQ：150610568。同时我们也接收大资金的理财合作，欢迎来函交流。

感谢"曹明成股票研究室"的实战专家蔡双喜先生、周宏伟先生参与本书部分章节的编写、校稿和制图工作。感谢立信会计出版社的蔡伟莉、张寻和何颖颖女士以及著名出版人赵涛先生为本书策划和编写工作付出的辛勤努力！

曹明成

目　录

第一章　顺应大势擒牛股 1

第一节　基本原理 2

第二节　实战操作要领 5

第三节　具体运用实例解析 6

第二章　底部反转形态驾驭牛股 17

第一节　基本原理 18

第二节　实战操作要领 19

第三节　具体运用实例解析 20

第三章　三线共振击杀牛股 51

第一节　基本原理 52

第二节　实战操作要领 54

第三节　具体运用实例解析 56

第四章　前期高点关键位置捕获暴涨牛股 71

第一节　基本原理 72
第二节　实战操作要领 75
第三节　具体运用实例解析 76

第五章　过前期高点回调买入擒杀牛股 93

第一节　基本原理 94
第二节　实战操作要领 96
第三节　具体运用实例解析 97

第六章　大周期狙杀牛股 107

第一节　基本原理 108
第二节　实战操作要领 109
第三节　具体运用实例解析 110

第七章　陷阱坑猎杀牛股 123

第一节　基本原理 124
第二节　实战操作要领 126
第三节　具体运用实例解析 127

第八章　生命线上捕捉牛股 133

第一节　基本原理 134
第二节　实战操作要领 138
第三节　具体运用实例解析 139

第九章　MACD擒牛股 155

第一节　基本原理 156
第二节　实战操作要领 157
第三节　具体运用实例解析 159

第十章　小盘股捕获牛股 189

第一节　基本原理 190
第二节　实战操作要领 192
第三节　具体运用实例解析 193

第一章

顺应大势擒牛股

"世界潮流,浩浩荡荡,顺之则昌,逆之则亡。"革命先驱孙中山先生这句名言,在股票市场同样是至理箴言。市场就像奔流不息的长江,而大趋势就像其中的水流,总是沿着阻力最小的路线前行。尊重市场大趋势,倾听市场的声音,谋时而动、顺势而为,你可以成为市场最好的朋友。

第一节 基本原理

在投资市场中,大趋势是不以投资者个人主观投资意愿为转移的,一切买卖的依据不能以自己的盈亏为标准。顺应大势,做市场的朋友,依照趋势的方向前行,寻找潜伏其中的中长线牛股,是实现理想收益的重要方法。

顺应大趋势挣大钱的例证有很多,图1-1展示的是2014年6月～2015年6月的大牛市行情。行情启动初期买入之后,若一直持有,一年时间就可以轻松实现一倍乃至数倍的投资高收益,更有甚者,牛股最大涨幅可达到十几倍,收益巨大。

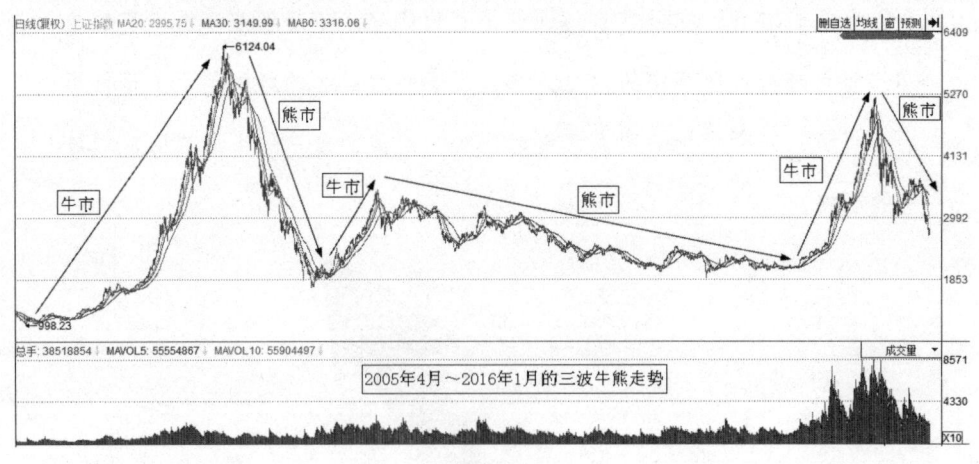

图1-1

大盘就是大势,它代表着全部股票涨跌的一个平均值,反映了整个股市的强弱走势。我们在操作之前,首先需要对大盘走势格外关注,对大盘进行判断,如果大盘走势不理想,那么主力资金是不会轻易拉升股价。大盘和个股是相关的,呈现出互为因果的关系。当股票集体启动上涨时,大盘也会上涨;当大盘大跌时,多数个股也会下跌。

在我国,股票大盘指数主要包括三个:一是上证综合指数,简称上证指数,代码为000001,主要代表着大盘蓝筹股的运动方向;二是深证成份股指数,简称深证成指,代码为399001;三是创业板指数,简称创业板指,代码为399006,代表着中小盘个股的动向。在实际应用中我们所说的大盘一般指的就是上证指数。

投资者需明白,若要炒好股票,分析大盘是极其重要的,买股票前一定要研判大势;同时,不要和大盘背道而驰,而要顺应其走势。大盘行情好的时候要大胆买进,不好的时候要学会清仓、休息。只有把大盘分析好,才便于你采取相应的策略。若对大盘分析有误,一招不慎,会导致你在股海中踏错或踏空,陷入被动之地。

图1-2是上证指数2014年1月~2015年9月的周K线图,展示了如何看大势赚钱。很多投资者每天风雨无阻,长期盯着动态报价,不研究大盘的走势状况,喜好琢磨一些小技巧且在下跌趋势中不懂得空仓休息,导致没把握住逃走机会。除此之外,还经常做一些其他操作,结果被套。这对投资者来说,不赚钱甚至亏钱,都是再正常不过了。做股票要看大势,多从大处着眼;否则很容易一叶障目,不见森林。

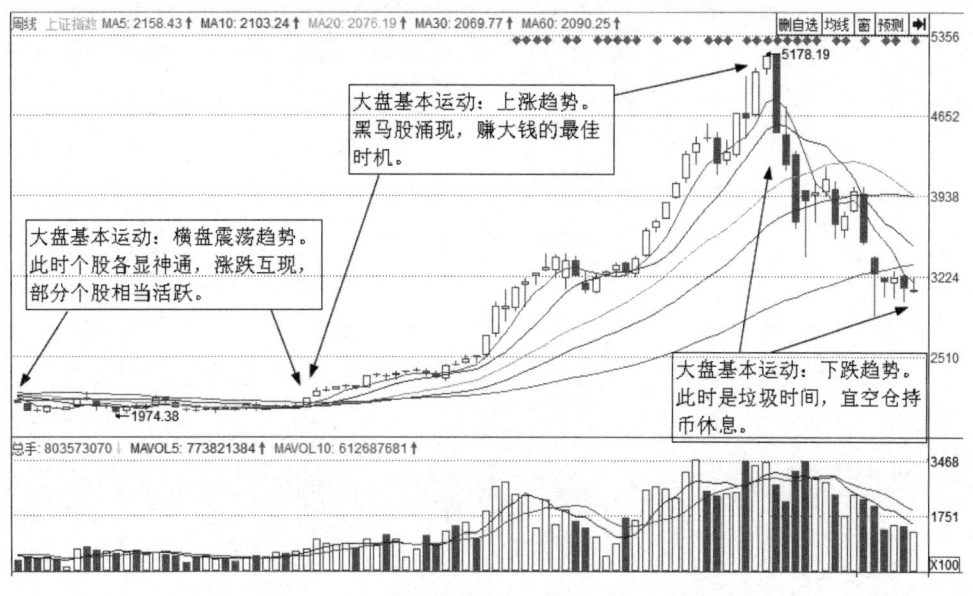

图1-2

大盘的背景制约着个股的表现，反映着上千只股票的总体走势，它代表了市场运行的总体方向，反映了市场上主导力量对后市的看法。大盘是股票价格波动运行的大环境，制约着在该阶段大部分个股的表现，它对每个股票的具体运行态势都会有不同程度的影响。市场大势背景健康、良好，这一前提是大、中、小资金进出股市安全的保证。对此投资者必须要有清醒的认识，抛开不看大势做个股的浮躁赚钱心态。若无法做到这点，终将无法在股市里获得成功。

当大盘处于强势市场时，才能为板块、个股活跃提供良好的背景，投资者参与其中，获利的概率才会变大，不容易失败。

第二节　实战操作要领

　　大盘良好的背景支持是牛股的摇篮，要想更好地捕捉牛股，大盘最好处在牛市的环境中才行。在牛市中，捕捉牛股的风险最小、收益最高，因为大环境好，股票有上涨的要求和动力，市场热情高涨。

　　当大盘环境处于上涨趋势时，每天都有几十只或上百只股票涨停，这对捕捉牛股来说，是个大好时机，此时，抓住牛股的可能性会更大。大盘是市场的风向标，抛开大盘做个股，如果在下跌趋势阶段，通常会亏损，正所谓"覆巢之下，焉有完卵"。当大盘环境处于下降趋势时，逆势上涨的股票也不会长久，主力资金一般都不会逆大势拉升，因为逆市上涨通常会遭遇较强的恐慌性抛盘，上涨成本很高。在大盘上涨时，股民交易热情高，"抬轿"的人多，主力资金借力使力，既容易拉高股价，又容易高位出货，从而，可以很轻松地达到事半功倍的目的。

　　主力资金在做股票时大多也都会利用大盘的走势，绝大多数的主力资金都会选择顺势而为；只有极少数的游态资金会选择逆势拉升，这样的股票一般不会长久，而且风险很大。因为顺应大的趋势，主力资金可以很轻松地减少操盘成本；反之，逆势而为则会消耗主力更多的资金。所以当大盘呈向下趋势时，市场中的绝大多数股票都是下跌的，而大盘呈向上趋势时，绝大多数股票也是在上涨的。我们可以利用大盘的这一重要特性顺势而为，这是降低风险的重要方法。

　　顺势而为，在大盘相对安全的状态下做个股，才能更轻松地在股市赚钱。资金量大的主力，很难做到抛开大盘做个股。所以，捕捉牛股，最好要有大盘的配合，至少要求大盘条件要相对有利。

第三节 具体运用实例解析

一、先看大势再看个股，必须善观大盘"脸色"

大盘的良好走势是我们买卖的前提条件，因为大盘的好坏直接影响着操作的成功率。简而言之，大盘走势无外乎三种，即向上、横向整理和向下。下面通过分析不同的大盘走势对操作的影响，来帮助读者在操作中更能如鱼得水，稳操胜券。判断大盘趋势的目的是看大盘可以为我们提供多大的市场机会。总而言之，大盘能提供多大的机会，我们就做多大的行情，切不可盲目主观，企图比市场更"聪明"。

1. 大盘处于上涨走势是捕捉牛股的最佳时期

图1-3是上证指数的一段日K线走势图。从图中可以看出，低点不断上移，高点也逐步抬高，K线和均线处于向上的趋势，此时可坚决买进。大盘站在60日均线上且均线向上，说明整个市场处于乐观阶段且走势向好，个股普遍活跃，出现普涨向上攻击状态。此时价涨量增，阳线多、阴线小，投资者趁势而为，可达事半功倍的效果。

当大盘指数上涨时，个股也会跟着涨，从而形成普涨的局面，有赚钱效应，人气急升，场外大量资金都想趁机入场，这时主力机构只用很少量的资金，就可以把股价抬高。所以对普通的投资者来说，大势背景的判断是非常重要的。

大盘指数处在上升趋势中，资金不断流入，重心越抬越高，股价上涨途中回调盘整，是再次入场的机会。此时投资者操作要积极一些，虽然有些投资者可能因为短期追涨而导致被套，但股价经过一段时间的整理之后，随着后续资金不断流入，投资者有很大的概率解套。因为上涨趋势很难被改变，所以这时买入被套的概率较小，如图1-4所示。

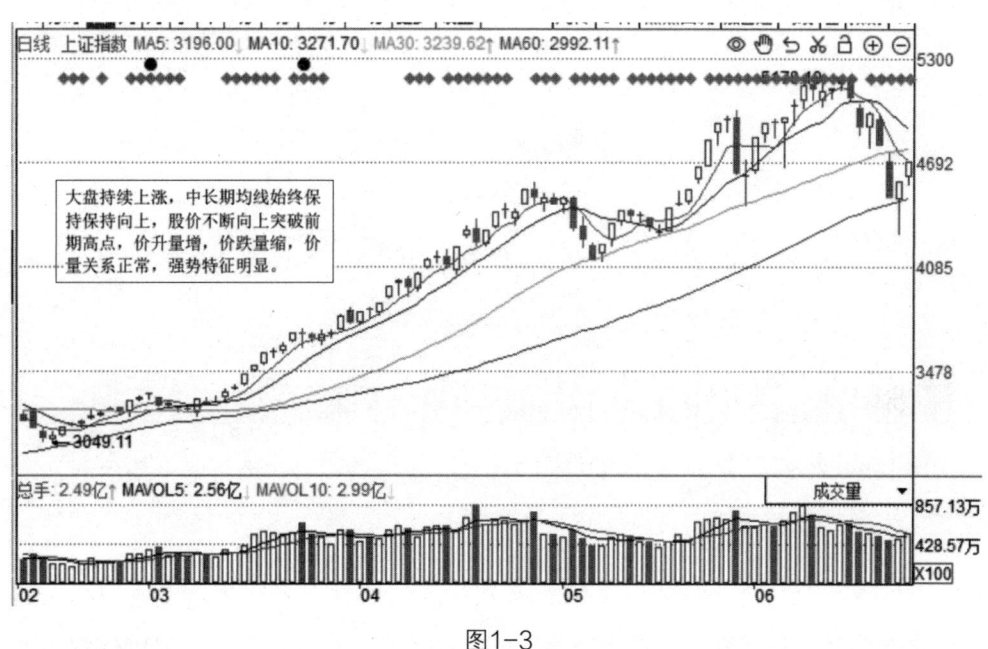

图1-3

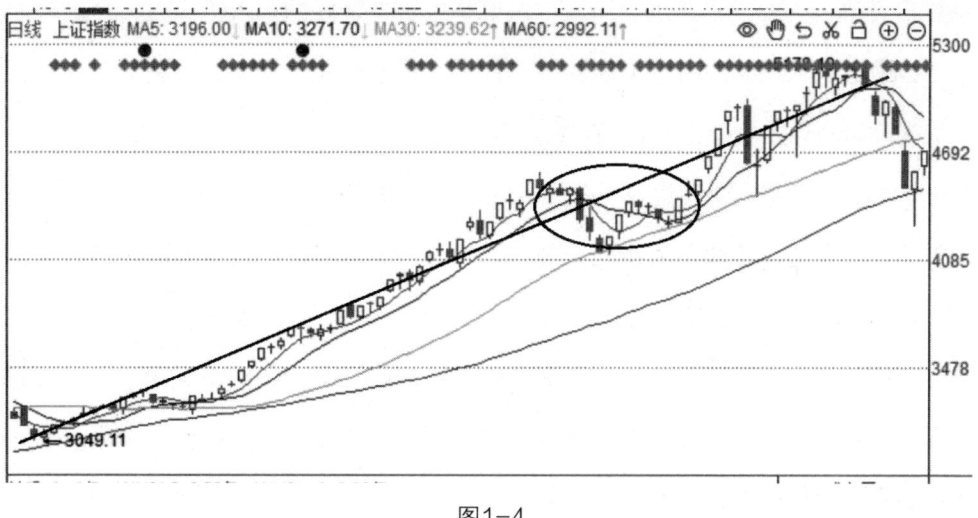

图1-4

图1-5是上证指数的日K线走势图，这是一个上涨趋势得到确认成功的例子，股价和均线方向向上，呈多头排列。图中圆圈处的回调并未破坏多空双方的长期力量变化，后市再度调头上涨，长期上涨趋势确认成功。此时大盘上涨，多数股

票上涨，只有少数股票下跌，所以这时选股最好集中精力选择热门题材股、强势活跃股和牛股。

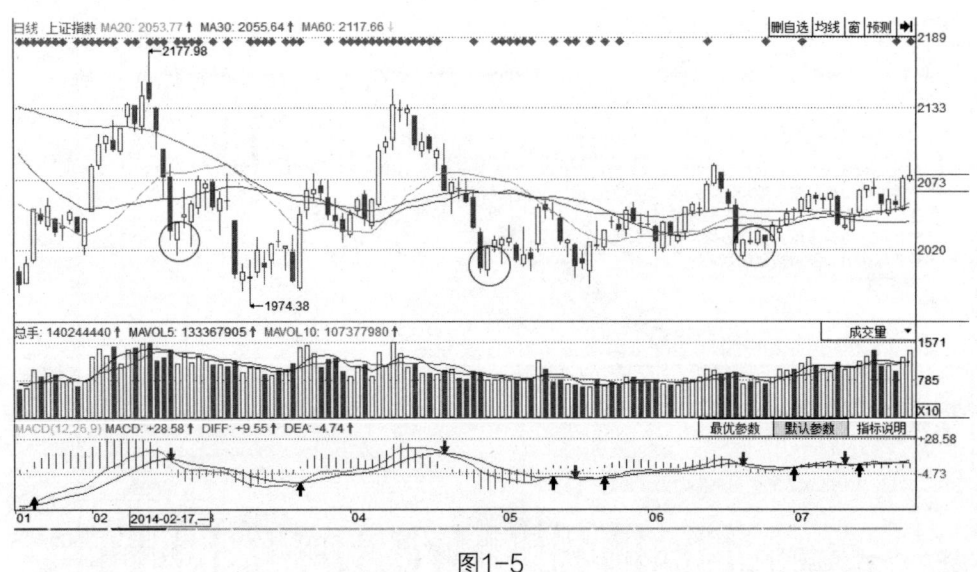

图1-5

大盘走势一旦向好，市场人气活跃，个股才有表现的机会，主力机构则会趁机拉抬股价，一大批牛股也会涌现，这也是投资者最好的买入机会。大盘走势向上，投资者买入股票后股价上涨的概率就大，持股就相对安全，盈利的概率也会相应提高，所以投资者应该选择在大势背景良好的情况下进行投资活动。

2. 大盘横盘整理时期也是捕获牛股的黄金阶段

这个横盘整理阶段个股涨跌互现，散户心理忐忑，此时是主力趁机洗盘与拉升股价的有效时机。各路资金也常常"各显神通"，部分庄股逆市大涨。

当大盘处在震荡市场中时，每次发生在底部的震荡点，就相当于一次短暂的底部，在这种市场环境中，投资者操作时被套的概率也较小，可选择个股活跃的牛股和强势题材股操作（图1-6）。

图1-6

3. 大盘均线显空头排列时，最好空仓，持币以待

如图1-7所示，多条均线向下，表明整个趋势是向下的，目前市场中大多数人都是亏损的。此时个股行情持续性差，操作意义不大。任何反弹都是出货的机会而不是入场的时机，不能看着跌了这么多，便以为调整已经足够。当出现向下趋势时，宁可看错少赚钱，也不要冒着大概率亏钱的风险，此时选股难度也大。

在大盘欠好的情况下，绝大部分股票会受到大盘拖累呈股价下降趋势。逆市做多，风险大、易亏损、成功的概率会很小。虽然个别股票股价会暴涨，但这种机会是难以把握住的。对成功的投资者来说，从来不做小概率的事。此时最好是持币以待，等候时机的再度出现。

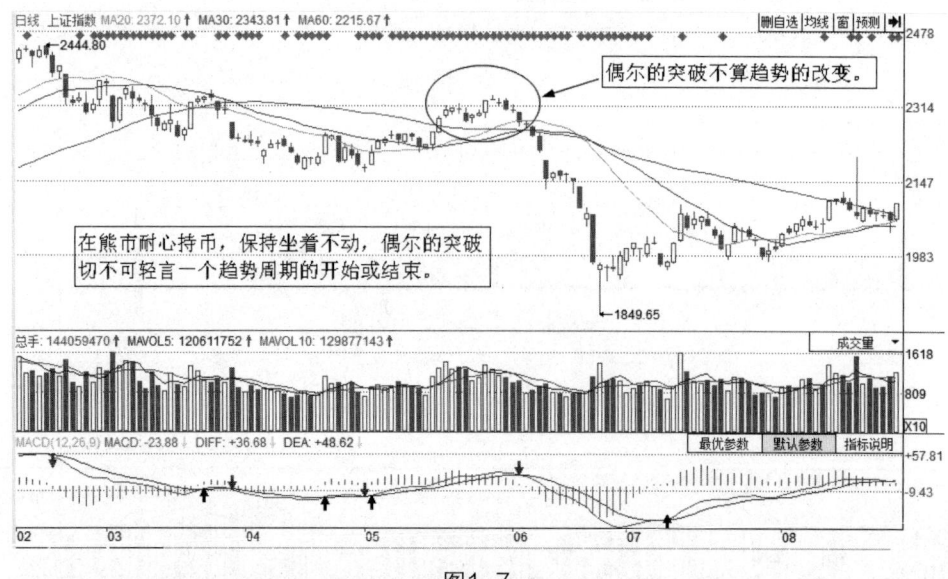

图1-7

大盘处在下降趋势是异常残酷的，几乎所有的股票都处于跟随下跌趋势，即便是一些看上去走强的个股也同样会下跌。在这个阶段（图1-8），只要投资者还持有股票，都会感觉很难受，幻想的上涨不会发生，每天面对的是不断创下的新低，幻想一天天破灭，一些投资者甚至开始麻木和绝望。此时，投资者应该坚决持币，不介入任何股票，正所谓，"牛市持股不动是功夫，熊市持币不动是老手"。

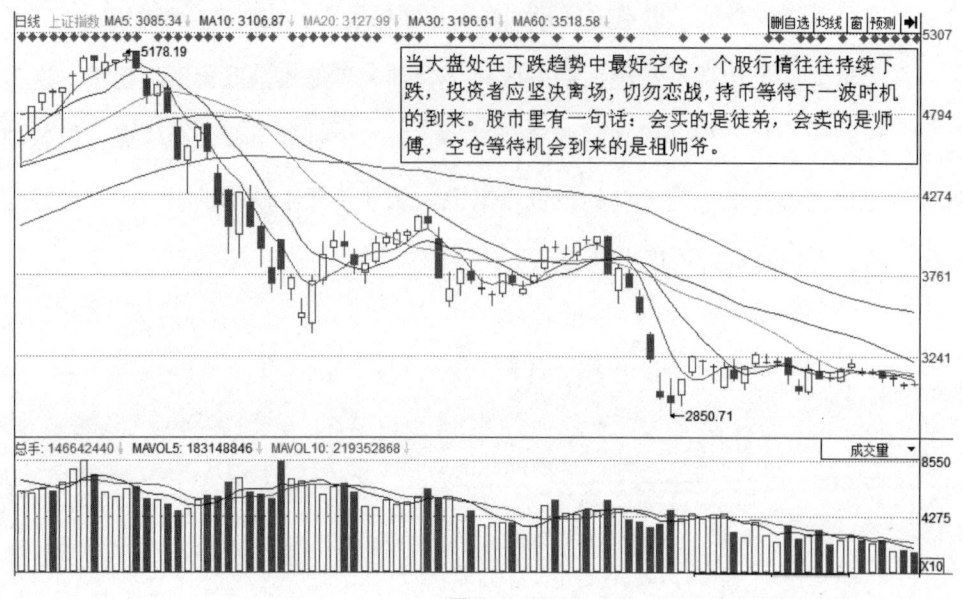

图1-8

对于个人投资者来说，炒股一定要顺应大势，大势看好的情况下才去做股票，这样就会使我们减少很多不必要的损失；而当大盘走势整体向下时，因为此时空头占据绝对优势，所以我们应该回避风险，减少参与甚至不参与。请记住：不参与就不会亏损。

小结：

大盘的走势决定了大多数股票的走势，大盘涨，大部分股票跟着涨；大盘跌，大部分股票跟着跌。在大趋势下跌的时候，不管你选了多么好的股票，下跌的概率大过上涨的概率，也许股价可能会有短时间的反弹，但反弹过后是更猛烈的下跌。在股票的下跌过程中，在持股人失去理性恐慌性抛售的情况下，由于持股人此时也不管股票有没有投资价值，争先恐后地抛售股票，股价往往会越跌越低。

何时买卖股票比买卖何种股票更为重要，永远不要逆势而为。大盘处于上涨阶段，我们要去操作个股；大盘处于下跌阶段，就要空仓休息，暂离股市，就不会受盘中波动影响。因为当你的注意力一直在关注股市，就会蠢蠢欲动地去操作。

炒股要特别注意回避系统性风险，即大盘下跌的风险。投资者一定要明白在什么样的市场环境中才适合操作。虽然大盘在整体下跌的情况下，也会有极小的个股逆势上涨，但大盘在单边下跌的环境中，个股上涨的概率远小于下跌的概率。

如果大盘走势处于下跌趋势，某一只股票却独来独往，不顾大盘的走势不断上涨，投资者千万不要被表象所迷惑，轻易介入。在大盘走势不好的情况下，个股随时有下跌的风险，不要看它一直涨得很好，说不准什么时间它就有可能暴跌。投资者如果轻大盘重个股而买入，很容易会被套牢。

二、顺应个股趋势

1. 个股走势处在上涨趋势

当股票站上60日均线，且60日均线角度朝上，说明它的趋势是向上的，上涨状态显而易见。此时要注意，对投资者来说不是上升趋势的股票，根本不要浪费时间去看。投资者不管行情怎么样，不要陪主力去建仓。因为你根本没那么多时间陪他们耗着，此时你有更好的选择。

如图1-9所示，捕捉牛股就要找上涨形态的，尤其均线向上发散，形成多头排列的，在此种形态下操作赚钱的概率很高，亏钱的概率较小。

图1-9

图1-10是海德股份（000567）的日K线走势图。该股前期稳步上扬，展开一波又一波的凌厉攻势。其总体趋势是向上的，均线多头排列，股价处于上升趋势中，在哪个价位买进都不会亏损——当然，还是寻低点买进比较合理。买大趋势向上的股票风险是偏小的，赚钱是不言而喻的。

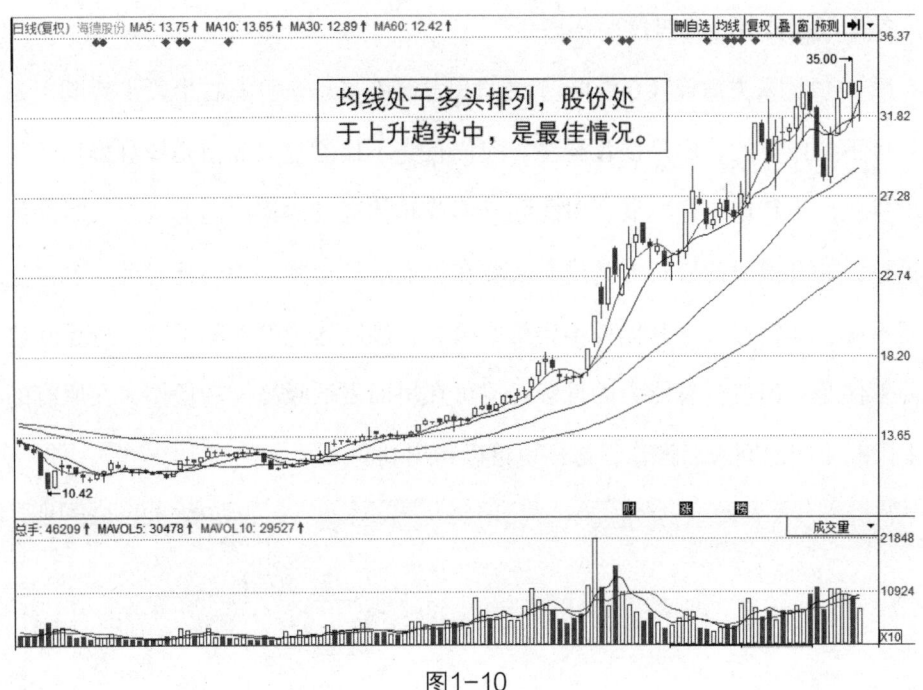

图1-10

如图1-11所示,该股的股价处于上升趋势,途中出现横盘震荡走势,其右侧箭头处涨停突破,上涨的空间被打开,后续的上涨空间还很大,上涨趋势未变,投资者可跟进。

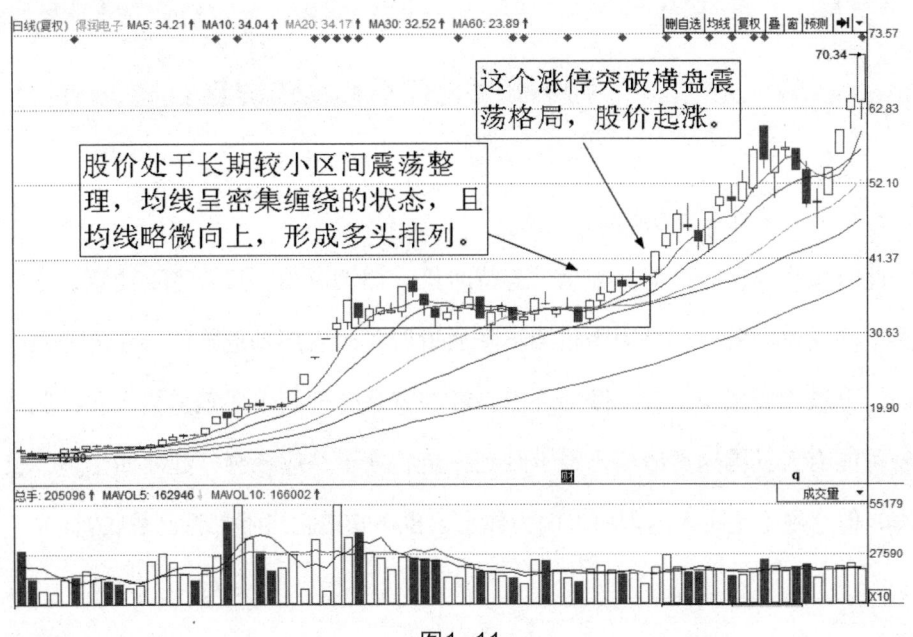

图1-11

2. 个股走势处在横盘震荡状态

图1-12是东方海洋（002086）的日K线走势图。该股的右半段走势既不是向上的也不是向下的，而是横盘震荡。我们且先不揣测这只股票是横盘震荡还是盘整出货，后市行情怎样发展，单凭它已形成箱体运动的横向趋势或较长时期的高位盘整，持有该股的投资者就没有必要在里面继续逗留。因为此时继续逗留空耗时间不说，还错过市场其他许多难得的机会，破箱体顶部时间不定，待重新启动杀回来便是。当然，有能力的投资者也可在里面做低吸高抛的操作，在原有的运行上限和下限之间来回操作，这样也可以跑出利润来。

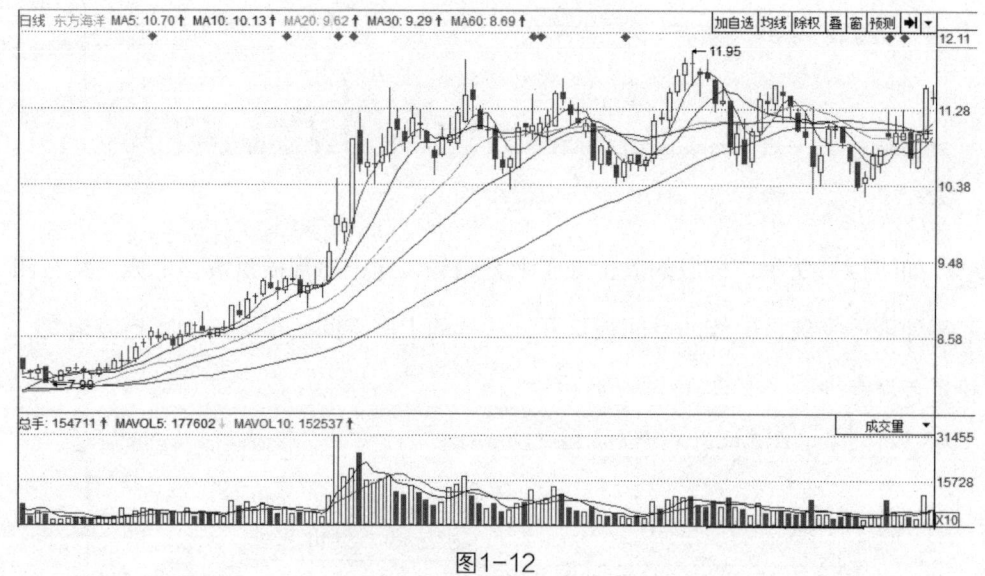

图1-12

3. 个股走势处在下跌趋势

此时操作要保守，休养生息、等待时机、伺机而动。投资者要注意，之所以不买下降通道的股票，是因为猜测下降通道股票的底部是危险的，它可能根本没有底。下跌的股票一定有下跌的理由，存在就是合理，不要轻易买入此类股票，尽管可能有人觉得这类股票已经下跌到一定程度了，应该会"起死回生"，反弹上涨，但这绝不是买入的理由，因为你永远也不知道它当下是否已触底。

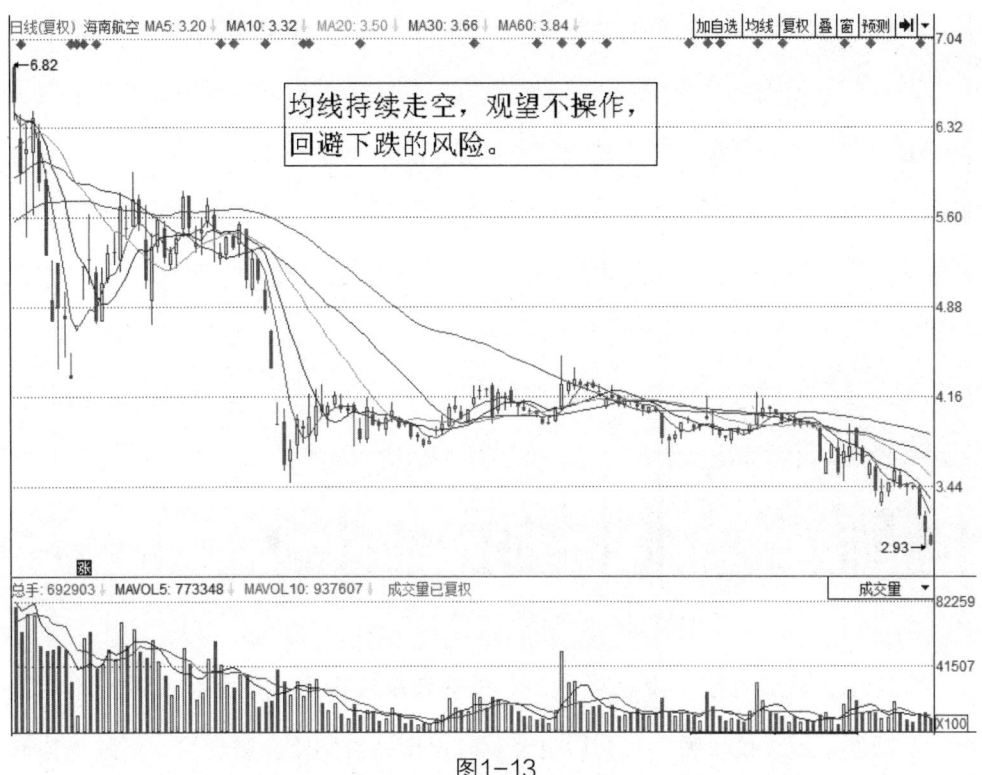

图1-13

图1-13所示这只股票，好多散户专门找低点去买，以为下跌多了就会涨，认为到底了，可以在下降通道抓到低位，来个抄底。K线都在均线之下，在这样的形态下，被套是个大概率事件，因为低点底下还有更低点，会不断创新低。此类股票买进时风险远远大于收益。所以，轻易不能做这种类型的股票，即小反弹、大下跌，做一次割一次肉、买一次套一次，小涨大跌。对于这类股票，暂时还不到操作时候，等它走强放量后有上涨形态再做不迟。

图1-14是方大集团（000055）的日K线走势图。该股的股价整体走势明显是向下的，空头排列的股价即使有短暂停稳或反弹，也会被长期向下趋势线压制得不敢"造次"。向下趋势的股票最好不做，自以为股价到底了或盲目抄底反弹的投资者，往往都是一厢情愿的。此时，若非短线高手，想赚钱都是枉费心机，即使抢到个稍有力度的反弹，但只要有个闪失，也会被瞬间向下变盘砸得个落花流水。

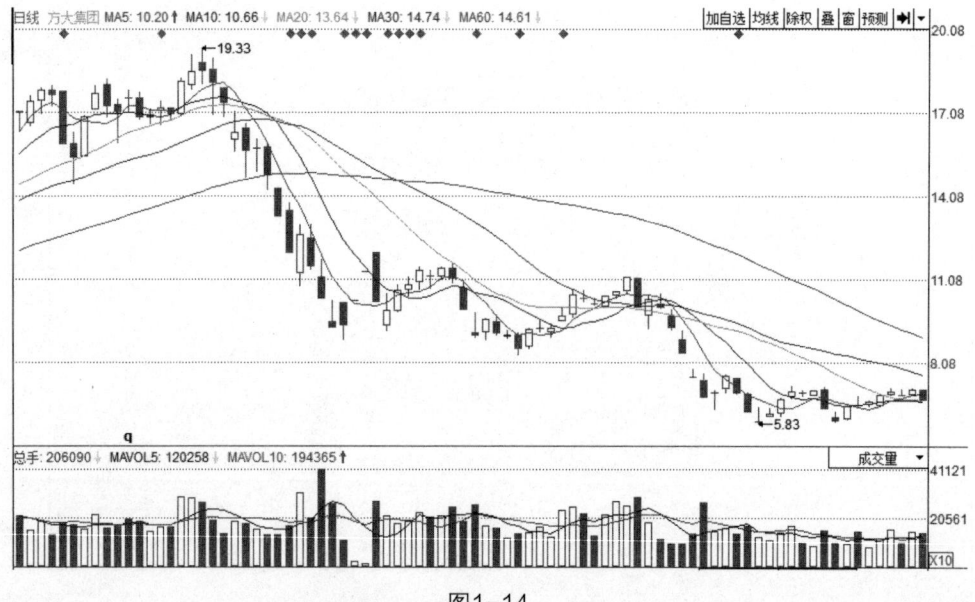

图1-14

本例中，该股处于下降趋势中，对投资者来说操作难度是很大的，不能乱抄底，即便是短线抢反弹，获利后也要及时卖出；否则就会被套牢。下跌趋势形成，股价会出现一个又一个的小波段反弹，但是当一个波段反弹结束之后，重心往往会继续下沉。总体来说，每次波峰都比上一次波峰低，每次波谷都比上一次波谷低。在这样的情况下，投资者如果在小波段的波谷买入，涨几天，但没有及时卖出，股价一下子跌下来被套住了，就很难解套。即便过阵子还有新的小波段的反弹产生，但是那一次的波峰可能比买入时的波谷还要低。

小结：

炒股不仅要将目光聚焦在个股上，而且要将目光放长远，立足整个大盘走势，从而更好地判断个股走势。个股离不开整个大盘的操作环境，大环境的影响不可小觑。因此，在实战中，投资者务必重视操作的环境要求。

这里之所以强调大势，就是恐怕阶段性的短期行为迷惑了投资者的视野，就是恐怕狭窄的局部观察蒙蔽了急功近利者的思维。纵观整体走势运行的方向，投资者会对其中的每个波段行情有清晰的认识。

第二章

底部反转形态驾驭牛股

第一节 基本原理

底部反转形态是指股价在运行的过程中，股价由下跌转为上升的转折区域。这种形态可以是急剧震荡，也可以是平缓波动，由此会形成各种不同的K线形态。常见的底部反转形态包括双底、多重底、圆弧底、头肩底和V形底等。

通过观察个股的走势形态，来选出有可能成为牛股的股票是最直接的选股方式。部分投资者选股也是从形态走势入手，形态走势好的股票具有上涨的先天条件，从而成为牛股的概率也大。

牛股在即将启动的阶段，通常会慢慢修复好形态，有的会形成双底、多重底、圆弧底、头肩底或V形底。在底部完成的末期，会有增量资金积极介入，导致成交量放大，短、中期均线将形成多头，突然从之前的"瘟马"变成牛股。不过，牛股形成初期的震荡通常也很剧烈，即使在初期购买，也有可能被套住。但是，只要牛股中期上涨趋势不逆转，则可放心跟踪，伺机介入以获取最佳收益。

从字面上就可以理解，反转形态就是表明市场的趋势正在发生重要转折，本章主要谈的是双底、三重底、圆弧底以及V形底这几种反转形态。

第二节　实战操作要领

　　形态分析是散户分析股票成本最低的一种方法，掌握了形态分析方法，打开计算机，你就能对一只股票的基本情况、未来趋势进行预判，且付出的成本很低。

　　买卖股票要经常研究股票的走势图，技术形态良好，设好止损敢于买入。

　　对优秀的投资者来说，要重视K线图的形态。一些大型的技术图形，例如双底、三重底、圆弧底、V形底，在日、周、月周期上一旦形成，往往都会产生意料之外的效果。大周期技术图形一旦形成，主力也无法改变，它唯一能做的仅仅是制造假象，影响你跟着图形走下去，想方设法地让你在拉升途中下车。

第三节　具体运用实例解析

一、双底反转形态的买入技巧

1. 认识双底

双底也称W底或双重底，该形态是股价在某时段内连续两次下跌所形成的位置低点大致相同的走势图形，它是最为常见的底部形态之一，属于底部反转形态之一，此时预示着股价行情即将见底回升。在股价经历了一波下跌后，构筑双底反转形态的个股，往往后市涨幅较大，并且有些个股能走出个牛股。

在实际操作过程中，双底是一种比较常见的底部形态，可靠性较高。但是并非所有的双底都有较高的参与价值，成功率较高的双底是位于趋势转换之际的多头趋势起步的双底和位于上涨趋势的回调中的双底，这些双底才具备比较高的实战价值，而处在下跌趋势途中的双底则不必参与。

一旦形成双底形态，必须注意股价后期是否穿破颈线，若穿破颈线，表明股价后市有强烈的上升动力；同时，此时成交量通常会因股价的上涨而增加。需要注意的是，若价格穿破颈线，颈线将转变为股价后市的支撑线。

图2-1是典型的双底形态，是一种看涨反转形态，处于同一水平的两个低点意味着股价在此水平获得强力支撑，通过中间的反弹高点画出一条水平线，称之为"颈线"。当股价在第二个低点处止跌回升，并顺利突破颈线时，双底形态成立。

双底形态有三个买入点，第一个买入点是右底获得支撑，向上调头处；第二个买入点适合进取型的投资者，就是当颈线被突破时，需要注意的是，一旦上冲失败，在这个点位介入的投资者有可能会被套牢。因此，在此处买进的投资者要做好随时止损离场的准备;第三个买入点适合稳健的投资者,当股价突破颈线回调受到支撑调头向上,再度放量上攻时,这是个相对安全的买入信号,这一买入点获利的可能性就更大,风险则较小。

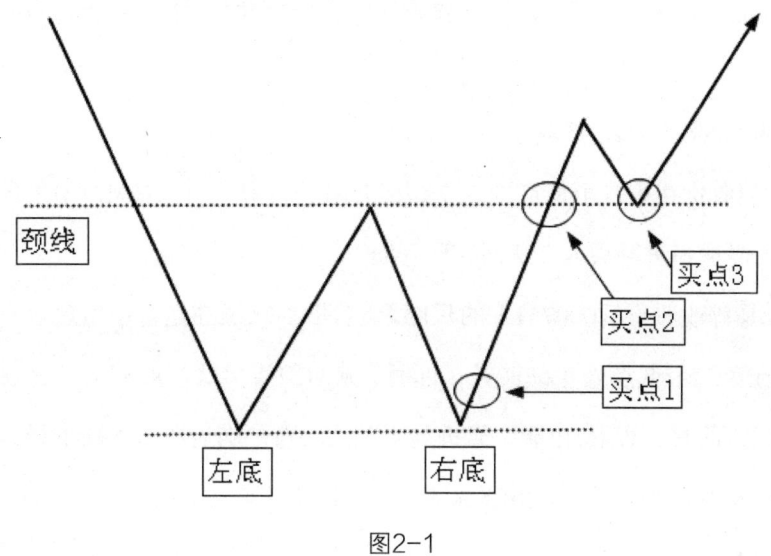

图2-1

事实上,双底反转形态形成的内在原因,主要有以下三个:

一是由于股价长期下跌后,一些看好后市的主力机构认为价格已经很低,具有投资价值,会逢低吸筹,买盘积极,从而使股价自然回升。但是由于他们在第一次上涨中获得的筹码有限,为了获得低位的廉价筹码,他们会再度下探打压,通过这种反复的方式获得低位筹码,同时消化市场压力,于是股价又回到第一个低点附近位置,使第一个低点对股价形成支撑位。

二是一部分投资者已在低位吸纳了一些筹码,为了让这些筹码提前清洗出局,再次打压是必要的。

三是市场里的空方较强,市场在上涨的过程中遇到了较大的抛盘压力,市场并没有形成一致看多的共识,借势不得不再次下探。

双底形态特征有以下要点:

(1)左底与右底的高度没有定式。一般右底会比左底高,反转信号更强烈。

(2)双底形态是否形成,成交量的判断非常关键,尤其是右底上升之后,往往需要交易量配合放大，突破颈线，买入成功率才较高。

（3）向上突破颈位时，成交量必须放大，此时的突破信号才可靠。

（4）实战中遇到股价冲破颈线后一路上升的情况，可在股价上升趋势明显后介入。因为股价涨势一旦形成就不会轻易改变，这个时候买入，获利的概率是比较大的。

2. 利用双底反转形态驾驭牛股

（1）当股价在第二个低点位置止跌回升时，投资者可以在MACD出现金叉且成交量放大时适当进场买入，从而获取利润。

图2-2是锌业股份（000751）的日K线走势图。该股在运行中出现双底走势，其中股价在第二个低点处止跌回升；同时，MACD指标低位形成金叉，预示着股价将要走强，此时，买点1出现，买进是明智的决策。随后股价不断上扬且成交量放大，并一举突破根据反弹画出的颈线，表明双底形态成立，股价将要进入上涨走势，买点2出现。

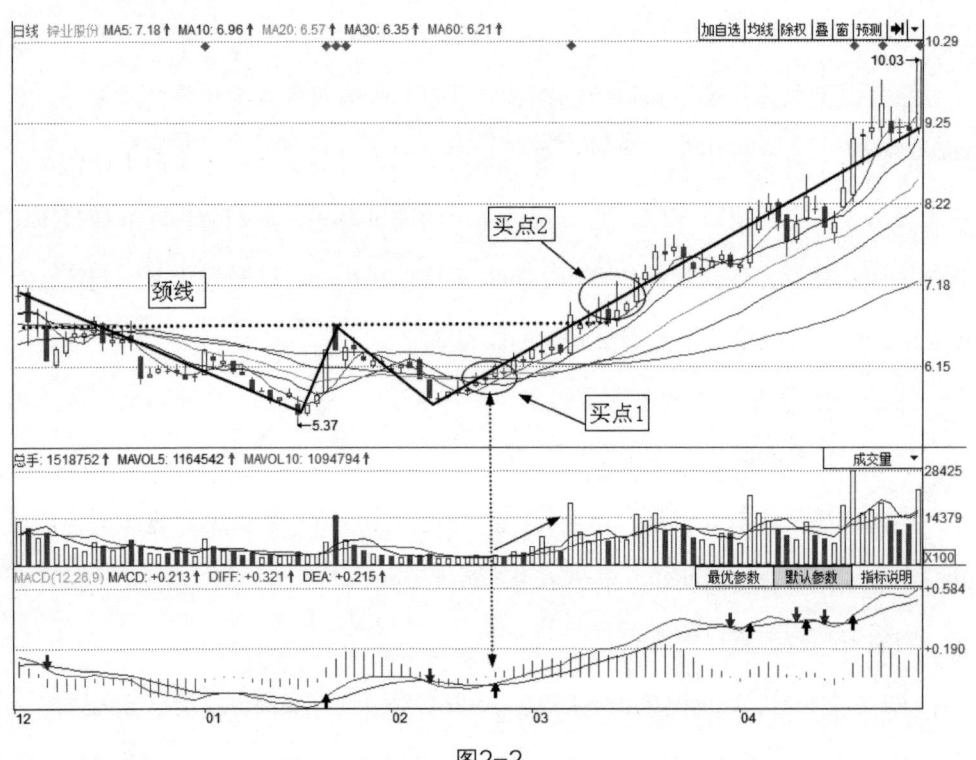

图2-2

本例该股的风险控制：在右底买点1介入的投资者，可以将左底的最低点5.37元设为止损点；在突破颈线买入的投资者，可以将突破颈线的阳线的最低点设为止损点。

图2-3是济川药业（600566）的日K线走势图。该股在运行中出现下跌走势并形成双底结构。2015年2月中旬，该股股价在第二个低点止跌回升。同时，MACD指标低位出现金叉，成交量跟随放大，这表明股价将要走强，此时买点1出现。随后经过几天的上涨，该股股价顺利突破颈线，表明双底形态成立，股价将要进入上涨走势，此时买点2出现。

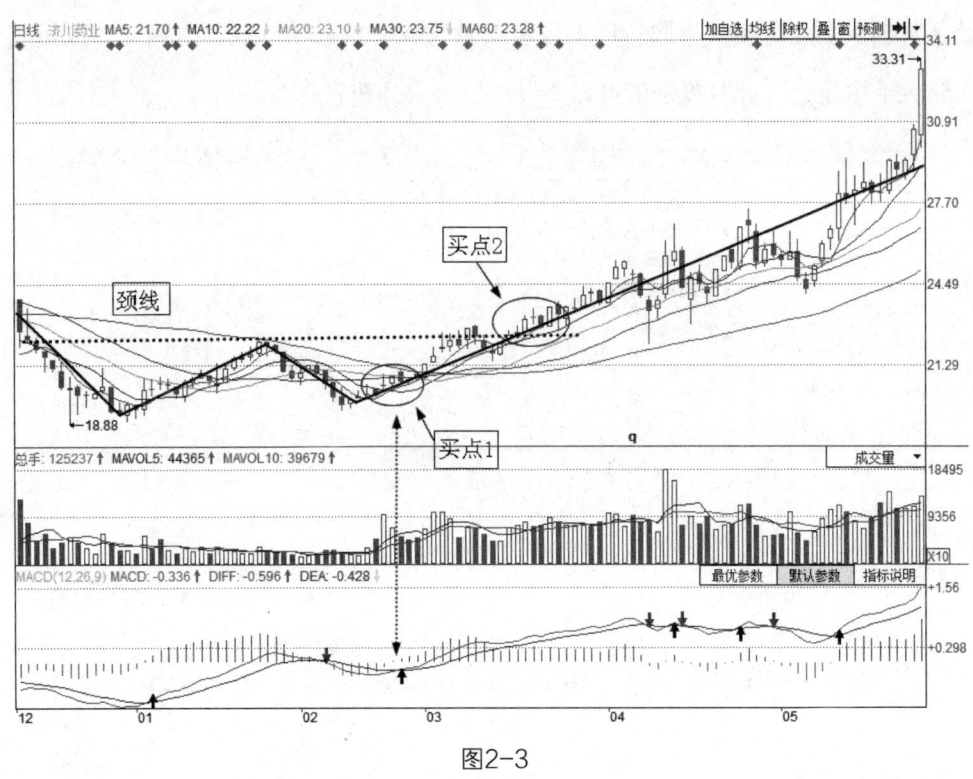

图2-3

本例该股的风险控制：在买点1介入的投资者，当股价跌破右底的最低点时，果断卖出；在突破颈线位买点2处买进的投资者，当股价跌破颈线位时，果断卖出止损。

（2）右底形成并向上突破颈线的过程中，必须要有成交量的配合，如果成交量不能放大跟进,则反转力度将大打折扣,或者有诱多的风险。

这里要说明一下,双底形态并非都是反转信号,有时也可将其看作整理形态。如果两个低点出现的时间非常接近,大部分处于整理形态,走势将继续朝原方向运行;如果两个低点产生的时间相距甚远,反转形态形成的可能性较大,双底的有效性就高。这里还需要通过量价来配合判断,首先,两次底部的成交量有明显的萎缩,其次,突破颈线时成交量必须放大;否则假突破的可能性很大。

图2-4是西昌电力(600505)的日K线走势图。该股在成交量放大的情况下,成功突破双底颈线,均线也开始呈向上发散的态势,不到一个月的时间,该股实现了30%以上的涨幅。当股价向上放量突破颈线时,表明双底形态确立,股价将要进入上涨走势,此时投资者可以积极追加买入或建仓介入。

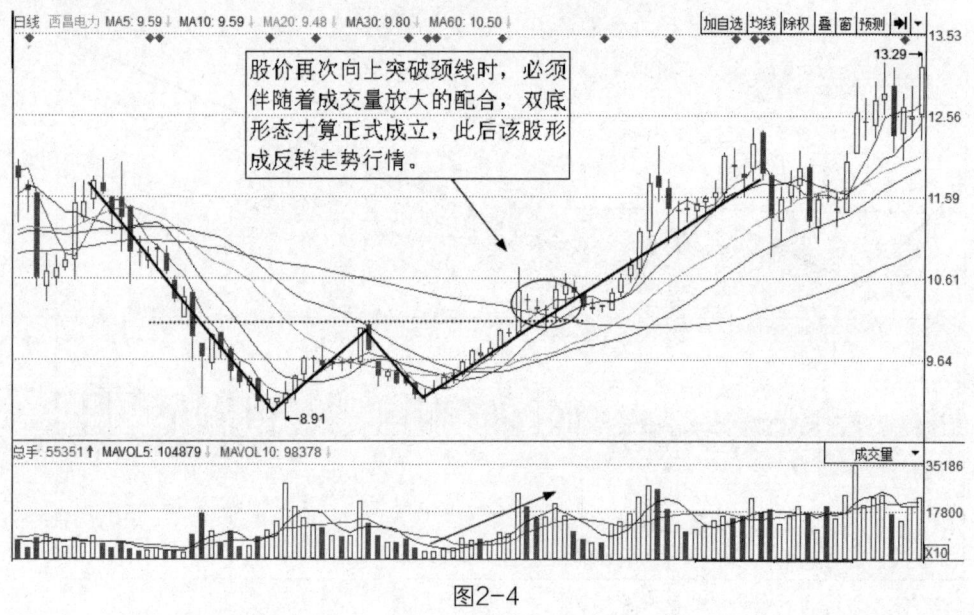

图2-4

本例该股的风险控制:如买入位是在右底获得支撑,向上调头处买进的投资者,以右底的最低点为止损点;在突破颈线位买进的投资者,以攻克颈线的中长阳线的低点为止损点。

如图2-5是众泰汽车(000980)的日K线走势图。该股一路下跌探底,在下跌到5.53元附近之后,成功完成两次探底,形成标准的双底形态。随后股价在右底

逐步上升，成交量也逐步放大，最终放量突破双重底颈线，标志着双重底形态的成立。此后股价在双重底依托下强势上行。对投资者而言，双底的形成给他们提供了获利操作的绝佳机会，可让他们在后市的行情中获得不小的收益。该股后来一路攀升，成为中长线牛股。

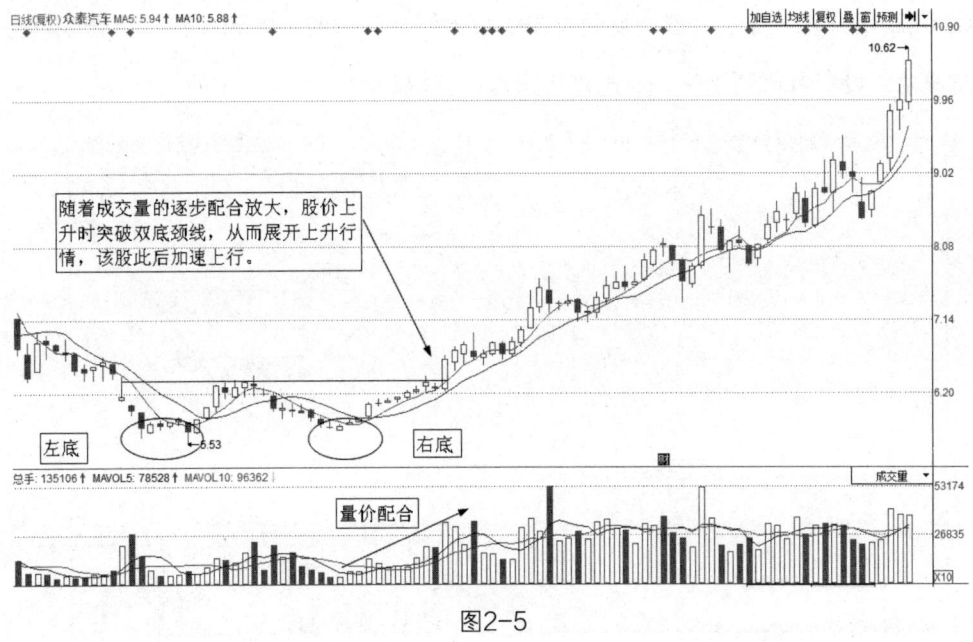

图2-5

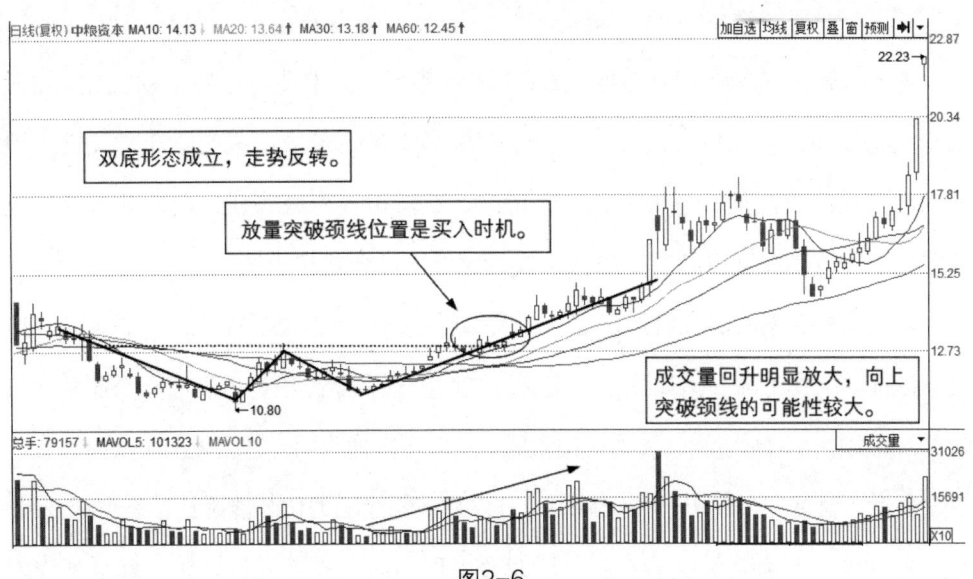

图2-6

图2-6是中粮资本（002423）的日K线走势图。该股在前期下跌中，构成双底形态，此后股价快速上涨，成交量配合放大。图中该股突破颈线位置是投资者的进场时机，双底反转形态已成，个股拉升在即，投资者可在短时间内获取较大收益。

图2-7是深物业A（000011）的日K线走势图。该股走势在一波下跌后走出双底形态。2015年5月中上旬，该股在图中箭头处，放量向上突破颈线，双底形态构筑成功，投资者可利用这一形态进行操作，获取利润。

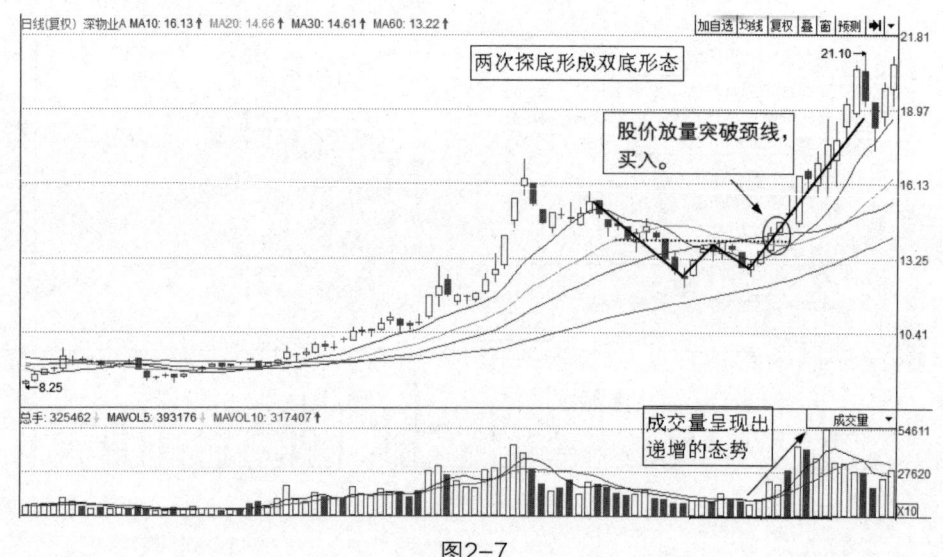

图2-7

如图2-8是ST德豪（002005）的日K线走势图。该股股价一路下跌，在7.78元初步企稳反弹，后完成二次探底。判断双底形态是否形成，成交量非常关键。该股在成交量的逐步配合放大下，价升量涨，成功击穿双底颈线，此后几日股价成功守住颈线位，突破得到有效确认，投资者可以加仓或建仓买入。

双底为重要的看涨反转形态之一。股价经过连续下跌之后在某一位置企稳，抄底买盘推动反弹上涨，但反弹到一定高度之后因获利盘打压，再度回落至前期低点附近，此时空方力量衰竭，无力再创新低，从而再次掉头回升并突破上次反弹高点，双重底形态就这样形成了。在实战中，有效突破颈线阻力位才能确认形态形成。

当股价向上突破颈线后，有时可能会出现回调，投资者可以在回调至颈线附近时，获得有效支撑后进场买入。

第二章 底部反转形态驾驭牛股

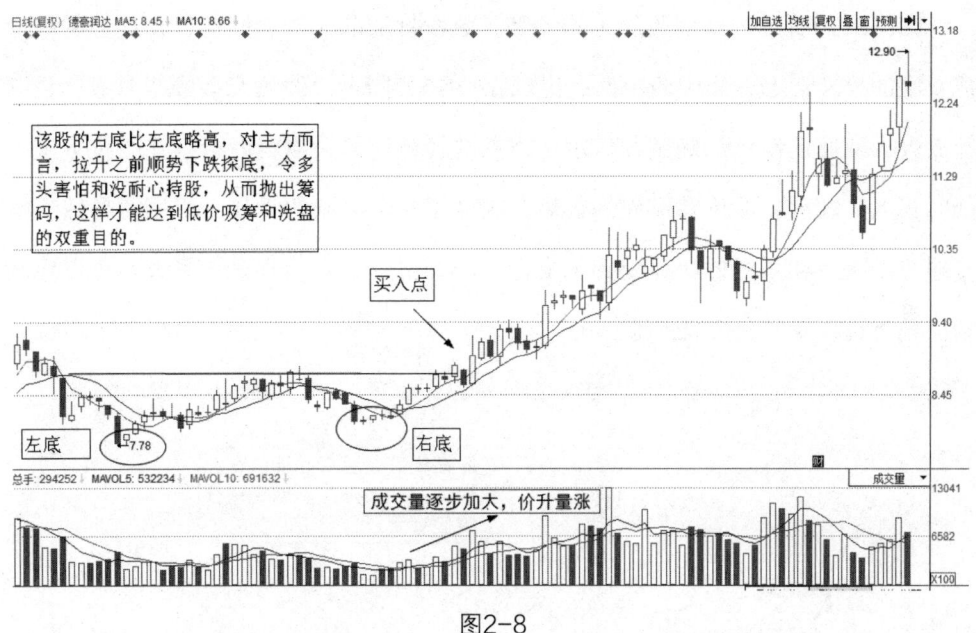

图2-8

图2-9是中国国贸（600007）的日K线走势图。该股运行在上升趋势中，途中出现双底形态，之后股价强力拉升，突破颈线压制，随后回调确认支撑后，开启了一波向上的行情。投资者可在股价回调至颈线时买入，此时介入也可以减少洗盘对投资者耐心与意志的考验。

图2-9

如图2-10所示,武钢股份(600005)的股价从前期高点回落,在走势图中形成双底的反转形态。其中两个低点出现在13.15元附近,股价突破颈线时成交量明显放大,双底已经可以确定,显示了强烈的转势信号,投资者可以在股价突破颈线时买入。随后,股价在突破颈线后,出现了一个回调的动作,回调时导致成交量明显萎缩,在颈线处明显受到了支撑,随即再度放量回升,投资者也可以在股价回升时买入或加仓持股待涨。

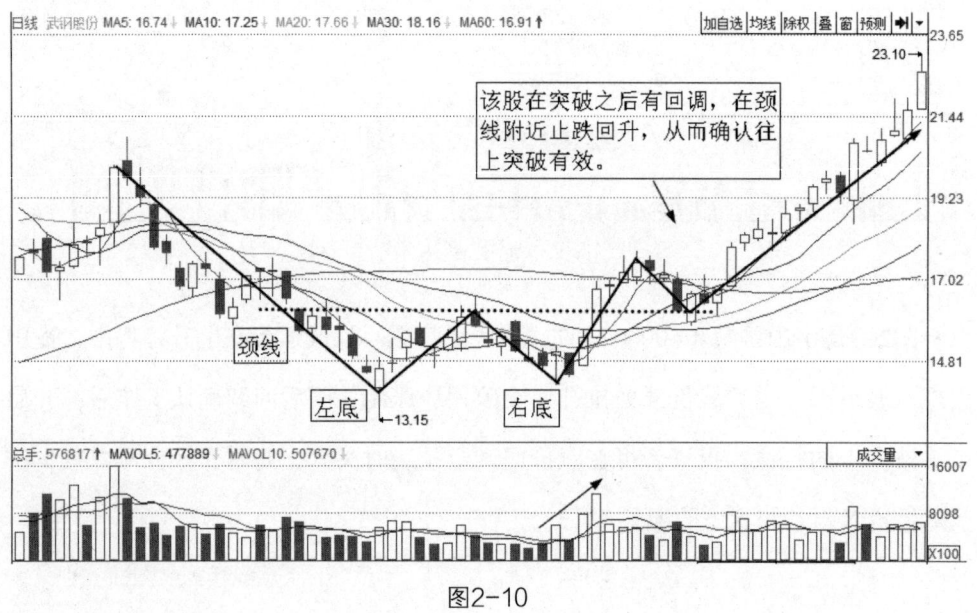

图2-10

本例该股突破颈线后,回调至颈线位置附近,获得支撑后再度上涨,短期内实现了不小的涨幅,利润可观。

温馨提示:

(1)双重底不一定都是马上反转的底部信号。在大盘处于极度弱市的状态下,双重底经常会演变成三重底、多重底或箱体形态。

(2)这里需要再次重点提醒的是:不少投资者在具体操作时,往往喜欢在市场下跌趋势中运用这种技术形态来判断底部,但在实际走势中,如果大趋势是向下的且途中出现这种短期的双底形态,多数情况下股价会继续走低。真正成功地使用双底形态,要等大趋势是向上的大盘或者个股遇到了获利回吐的压力后出现的调整和波动,这时候参与的成功概率才高;而在趋势向下时运用这种形态,常常是成功率不高的,投资者要明白这一点,审时度势使用。在具体操作个股时,建议多关注那些趋势向上的个股。

二、三重底反转形态的买入技巧

1. 认识三重底

三重底是双底的变异形态,与其市场含义类似,所不同的是多了一次对底部确认的过程,使得看涨意义稍强于双底形态。由于多了一次探底走势,相对双重底形态来说,三重底所构筑的底部区间更为牢靠,而且三重底构筑完毕后的上涨空间也更大,其形态如图2-11所示。

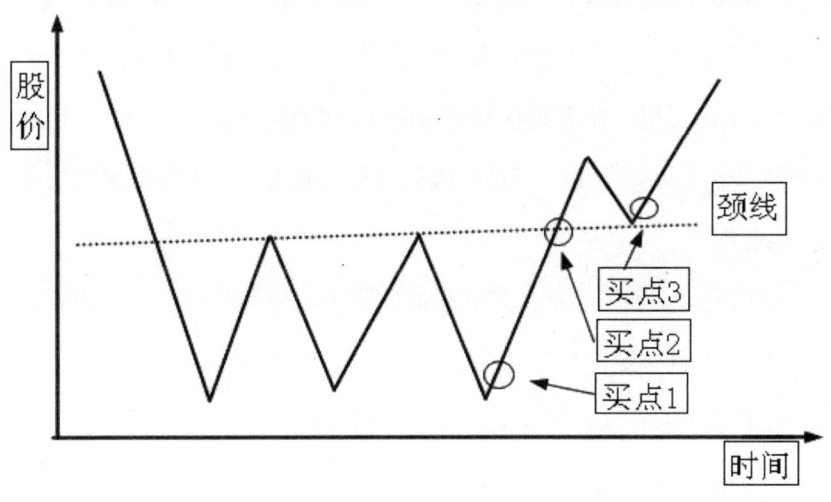

图2-11

三重底是一种可靠性较高的、底部比较扎实的底部形态之一,也是买入点比较安全的类型。相对于双底,三重底有更明显的参照物。其市场含义是主力在低位长期潜伏吸筹,洗盘也较为充分,股价也因此具有较强的爆发性,这种形态具有较强的实战价值。

如图2-11所示,三重底形态有三个买入点:

(1)买点1:第三个右底,股价获得支撑,调头向上。

（2）买点2：当颈线被突破时，就是一个很好的三重底买入信号，但以防出现假突破，投资者要做好随时止损离场的准备。

（3）买点3：当股价突破颈线后，股价回调至颈线受到支撑，再度放量上攻时，是相对稳健的买入信号。

三重底通常有以下几点形态要点：

（1）观察上攻颈线行情是否有力度，同时成交量是否有效放大。如果没有增量资金介入的放量，会导致功亏一篑。所以，当向上穿越三重底颈线时，最好要有成交量的配合放大，才能确立三重底形成，从而有望发动一轮有力的涨势。

（2）向上放量突破颈线位时，是较好的介入点位。

（3）不要过于迫切地把任何貌似三重底的雏形都当成三重底，这样的结果很可能不是带来盈利，而是使账户亏损。三重底不是有三个低点就够了，三个低点的出现，只表示股价的走势有向三重底演化的可能性，至于能否最终形成可靠的三重底并产生上涨行情，还需要看量能能否进一步配合。

（4）从第三个底部开始上涨时，成交量有效放大，带量突破颈线位才能有望展开新一轮涨势。

（5）三重底形态的三个低点之间彼此间隔的距离和时间不需要相等，价位也不一定要相同，允许一定的偏差。

（6）三重底形态在底部持续时间越长、跨度越大，后市上涨的力量将越强。

2. 利用三重底反转形态驾驭牛股

图2-12是世联行（002285）的走势图。该股从前期的高点开始进入下跌走势，在图中出现了一个时间跨度达两个多月的三重底形态，两次反弹都在几乎相近的价位遇阻回落且三个低点构成了三重底的三个底部。股价在突破颈线位置时是放量的，说明股价的下跌趋势已经被逆转，后市有望展开一轮新的涨势。

买点1：激进型投资者可在第三个底部，股价拐头向上处介入，分批买进建立底仓。

买点1的风险控制：在第三个底点拐头向上买进的投资者，可将止损点位设置

在第一个低点的最低价处，即2.99元，跌破，止损出局。

买点2：股价放量突破颈线时买进，此时一般来说风险较小，获利确定性较大。

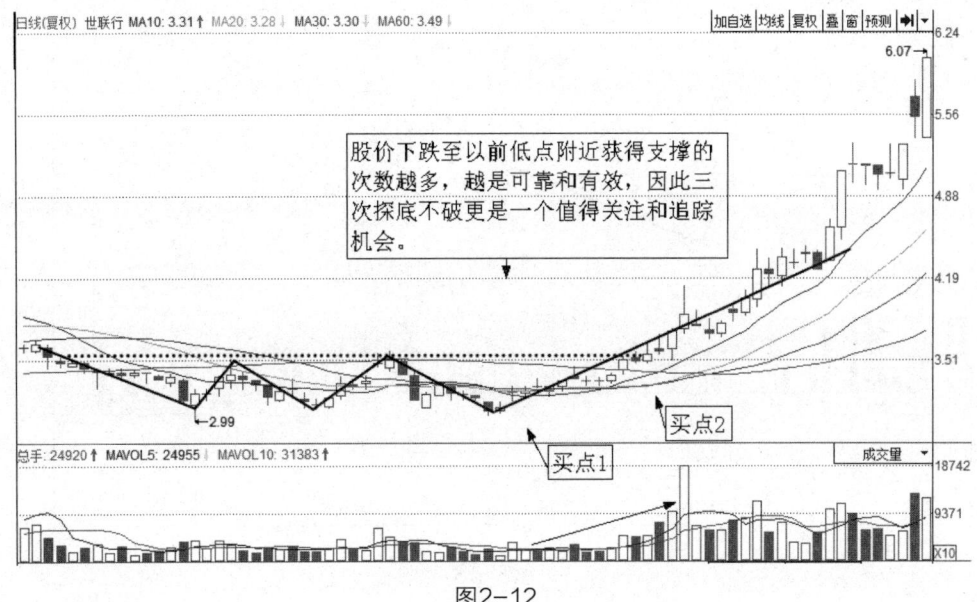

图2-12

买点2的风险控制：在放量突破颈线位买进的投资者，可将止损点设置在突破颈线位的最低价处。

图2-13是翰宇药业（300199）的日K线走势图，该股形成了一个颇有价值的三重底形态。2015年10月8日，该股小幅跳空高开阳线攻克颈线位，并且成交量同时配合放大，三重底形态得到确认，这是个买入的利好信号。

买点1：这是一个较为激进的买点，其获利程度和风险程度都比较高，激进型投资者可在第三个低点不跌破前两个低点时，买进五分之一的仓位或投资者自己能承担的底仓。

买点1的风险控制：以防三重底形态不是预期走势，可将止损点设置在第二个低点的最低价位处，即14.46元处。

买点2：股价放量突破颈线位后，积极买进持有。

买点2的风险控制：在放量突破颈线时买进的投资者，可将止损点设置在跌破颈线位处。

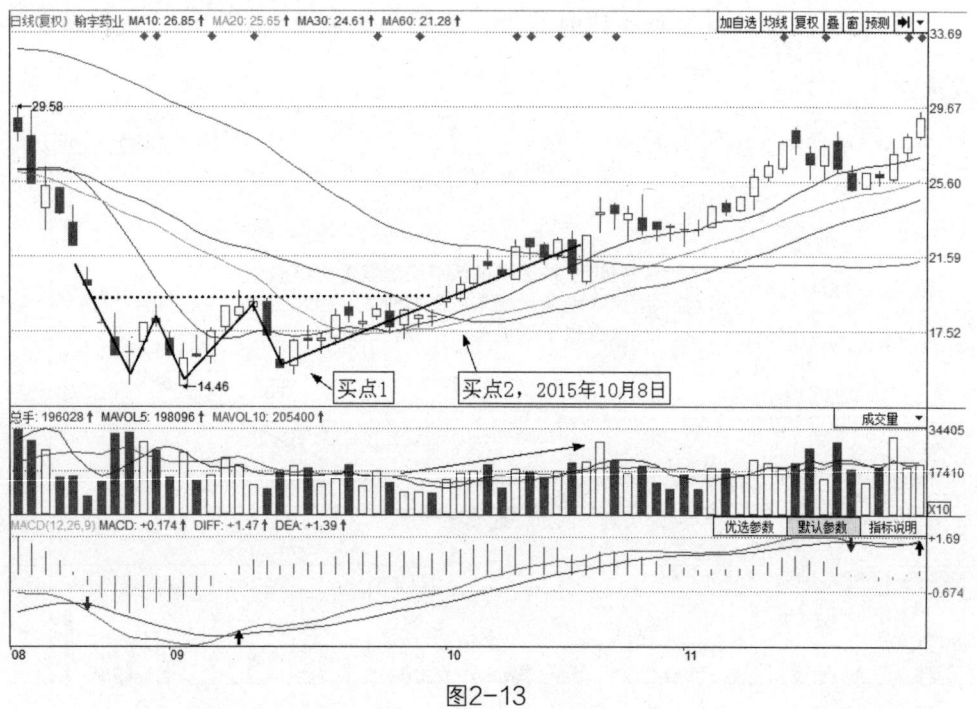

图2-13

图2-14是金信诺（300252）的日K线走势图。我们可以看到该股形成三重底形态，三个底部的低点值接近，稍稍不足的是第二个底部的低点低于其他两个底部的低点，不过操作股票允许一定的弹性偏差。因此，我们仍然可以将其视为一个值得关注和追踪的三重底。2015年9月21日，该股中阳线突破了颈线，确认三重底形态的完成。此后该股站上颈线上行，一路攀升，涨幅将近100%。

如图2-15是ST浩源（002700）的日K线走势图。股价经过连续快速下跌探底之后，首先在10.79元企稳回升，其次反弹至颈线回落，最后冲击颈线回落形成三重底。股价在10.79元附近支撑明显，此时激进型投资者可以考虑提前介入，低吸赚取利润，后续如能放量突破三重底颈线，则进一步加码买进。

股价若向颈线上攻失败，数次探底并且有效企稳，则未来走势可能演变成多重底或箱体；此时，水平较高的投资者可以在下探的低点企稳确认后买进，在低点和颈线之间赚取差价，股价突破颈线后加码。

第二章 底部反转形态驾驭牛股

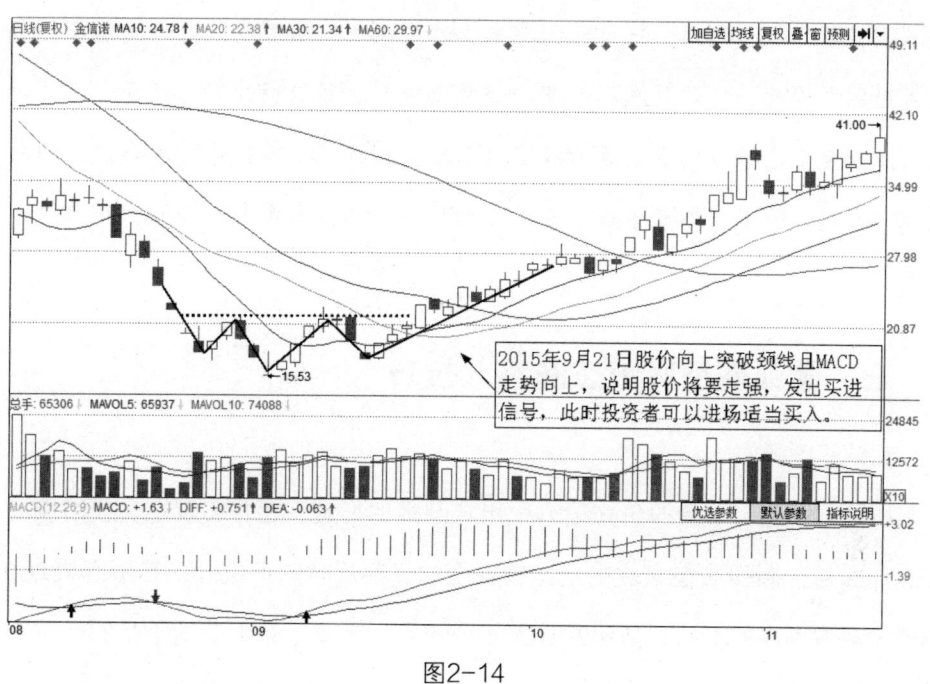

图2-14

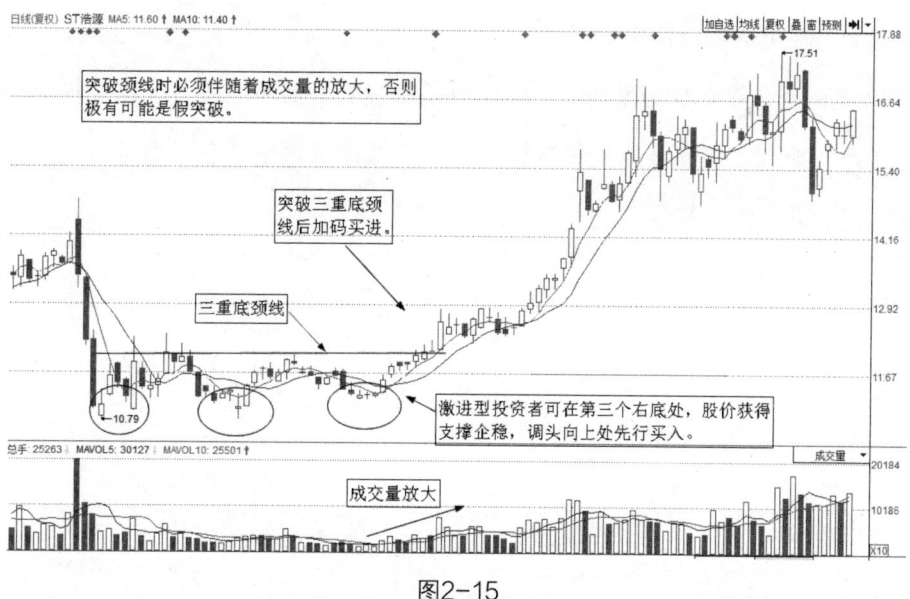

图2-15

温馨提示：

需要提醒投资者注意的是：在实际操作过程中，不能一看到有三次探底动作或已经在表面上形成三重底，就一厢情愿地认为是三重底而盲目买入，这是非常危险和鲁莽的行为。因为有的个股即使在走势上完成了形态的构造，但如果最终不能放量突破颈线位，三重底仍有未竟的可能。三重底构筑的时间较长，底部较为稳固，因此，突破颈线后的理论涨幅会较大。所以稳健型的投资者需要耐心等到三重底形态构筑完成且股价成功放量突破颈线位之后，这时才是最佳的介入时机。当然，激进型投资者也可在低点处和形态还没有定型时介入，获取更多的利润。

三、圆弧底反转形态的买入技巧

1. 认识圆弧底

所谓圆弧底，是指股价在运行中出现圆弧的形态，通常出现在交投清淡的个股底部区域。圆弧底在实战中是比较安全的底部反转图形之一，其形态表现在K线图中就像锅底的形状，如图2-16所示。投资者需要对该形态给予足够的重视，圆弧底的形成耗时较长，底部换手充分。圆弧底具有相当大的能量，一旦向上突破，将有一轮可观的行情出现。

圆弧底是一种典型的黄金坑，同样也是赚钱能力极强的股市图谱。投资者要想在股市中赚钱，务必要重视该反转形态，对该图形熟记于心。当时机成熟时，迅速出击，获取投资收益。

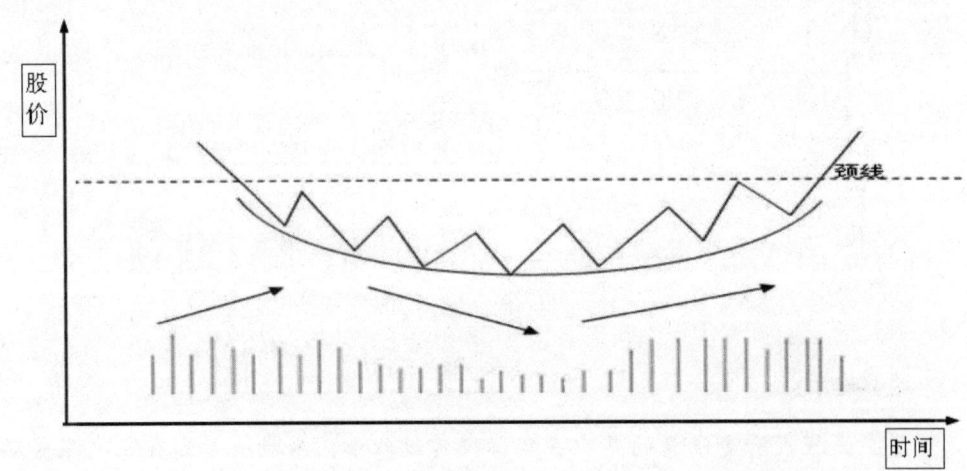

图2-16

圆弧底左侧的成因：

圆弧底的形成是一个买卖双方力量彼消此涨的变化过程。起初股价从左侧高位回落，市场交易气氛依然浓烈，投资者对股价的反弹上涨充满信心，交易较为活跃，此时股价的波动幅度依然较大。随着股价在震荡中逐渐下行，人们常常亏钱，纷纷醒悟过来，发现很难赚到钱，参与的热情逐渐减少，离场的股民也越来越多，带来的后果是——股价进一步下跌，反映在图形上便形成了圆弧底左侧。

圆弧底右侧的成因：

由于股价经过长时间的下跌之后，交易量逐渐减少，市场的抛压越来越轻，下跌趋势缓慢。当成交量逐渐平缓，经过长时间的换手整理后，想离场的人早已离场，剩下的高位套牢者即使股价再跌也不肯平仓，只好长期持股不动，导致下跌动力越来越弱。此时大部分投资者心灰意冷，所以这时也不会有人进场买股票，导致价格无法上涨。这种局面要持续一段时间，造成股价停留在底部横盘的局面。

当市场出现新的买入力量时，原有的平衡被打破，股价由此上行，交易开始活跃，成交量加速增长。此时，会有涨停板快速拉升的现象出现，这意味着趋势的反转。当新的买入力量持续增强时，说明市场筑底成功，有向上发展的内在需求，于是形成了圆弧底的右半部分。

但股价不能上升得过快，因为这不利于主力资金吸筹，且上升趋势往往会被中途打断，让没有耐心的投资者精疲力尽。当股价在成交量放大情况的推动下，向上突破前期高位时，则是一个难得的买入时机。

圆弧底的形态有以下几个要点：

（1）一般来说，圆弧底的形成，所消耗的时间往往较长。

（2）圆弧底形成的时间周期越长，盘中积蓄的能量就越大，今后反转上升的力度和幅度就越强。

（3）圆弧底形态的成交量和股价基本相似，也呈现圆弧形。

（4）弧底低位长时间整理，股性不活跃，人气低迷。

（5）通常出现在长时间的下跌后，或在熊市向牛市转变的过程中，或在上涨趋势中。

（6）圆弧底形成末期，股价迅速上扬形成突破，此时成交量也显著放大，股价涨升迅猛。

（7）由于圆弧底形态形成的周期较长，在完成圆弧底的形态后，股价涨升幅度也是惊人的，幅度很难预估。

2. 利用圆弧底反转形态驾驭牛股

（1）选择合适的买入时机。

圆弧底是易于辨认、坚实可靠的底部反转形态之一。左半部分完成后，股价出现小幅爬升，成交量温和。当成交量放大，形成右半部分圆形时，便是投资者分批买入的机会。如果股价能够出现放量突破性走势，说明圆弧底反转形态确立，股价将要走强。此时对投资者来说更是非常明确的买入信号，应进场适当买入。

图2-17是大东方（600327）的日K线走势图。该股经过前期下跌后，于6.68元处止跌，成交量极度萎缩，缩至地量，说明这阶段卖出的投资者已很少。经过一段时间调整后成交量明显放大，显示有新的资金开始买入，股价重心不断上移，均线系统开始走好。此后股价站上60日均线，以60日均线为强力支撑开始盘升，该股走出一轮大幅上涨行情。

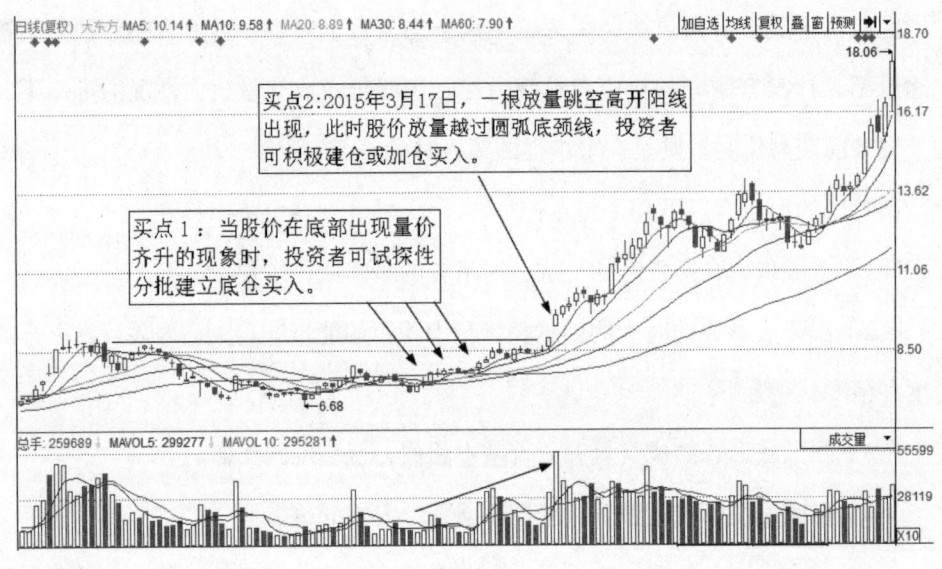

图2-17

本例该股的风险控制：当股价跌破圆弧底底部6.68元或者跌破60日重要均线时，投资者可及时止损出局。

如图2-18所示，中信海直（000099）在经过漫长的下跌趋势后，走出了一个时间跨度相当长的圆弧底，在底部形成了长时间的换手整理，成交量越来越小非常低迷。这时股价下跌的动力越来越弱，均线和K线贴得很近，在低位反复徘徊震荡，逐步筑成了圆弧底的底部，形态比较标准。随着上证指数走势的好转，该股的买盘开始活跃，交易越来越积极。图中右侧，该股价升量涨，之后开始了一段持久的涨势。投资者可大胆地介入，坚定持股，耐心等待股价后期大幅度拉升行情的到来。

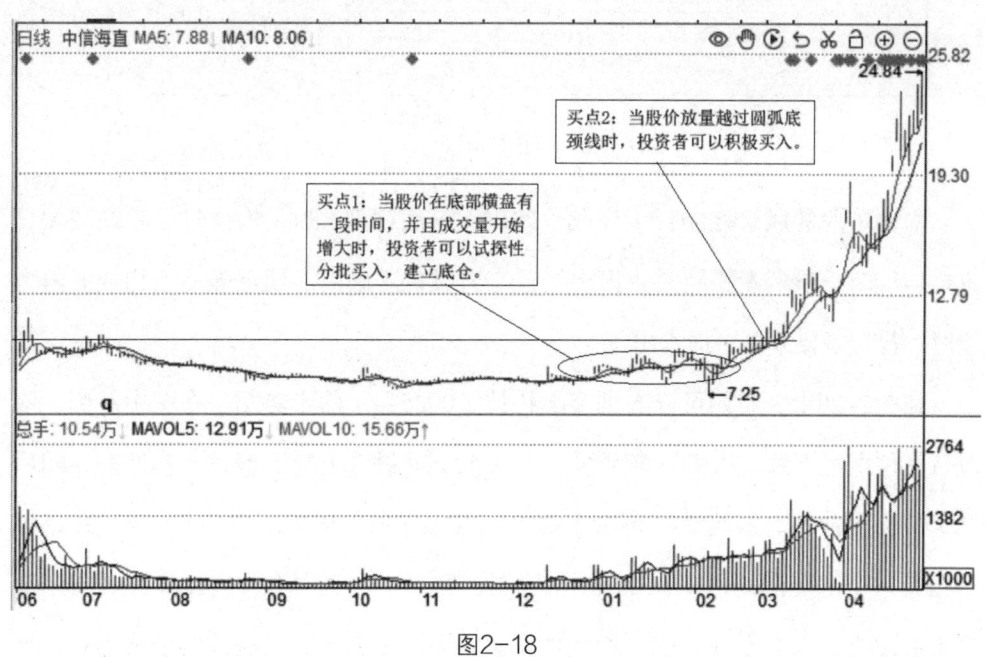

图2-18

图2-19是万通发展（600246）的日K线走势图。该股经过长时间下跌后，于2.89元先出现止跌回升现象，股价站上60日均线；同时，MACD指标也站上零轴，且出现拒接死叉的走势，发出看涨信号，买点1出现。此时投资者可以进场适当分批买入。该股股价经过一段时间的上涨后，跳空突破了由前期的反弹高点构成的阻力线，预示着圆弧底的反转信号有效，买点2出现。

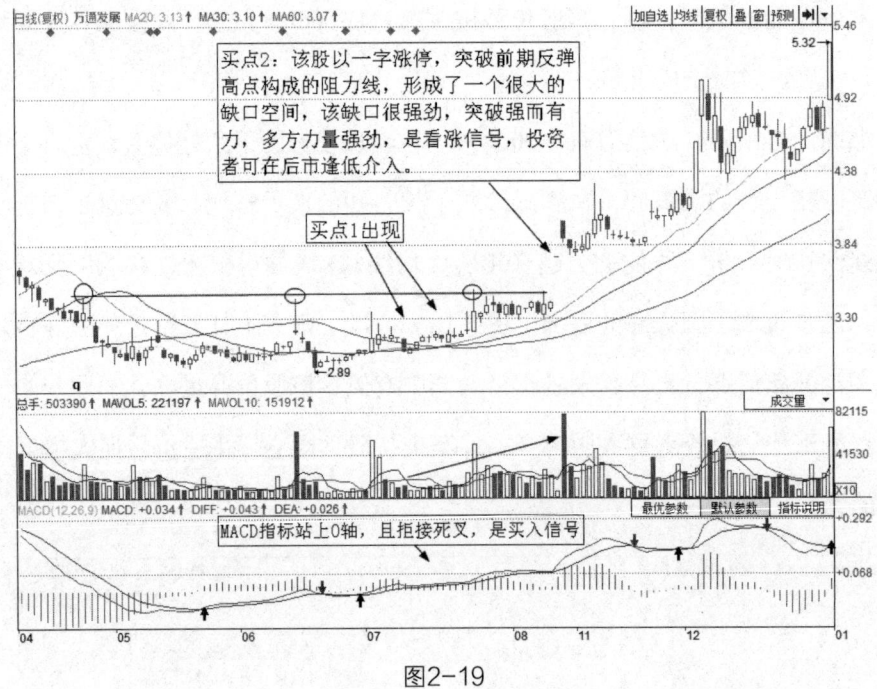

图2-19

本例该股的风险控制：①当股价跌破圆弧底底部2.89元价位时或者跌破60日重要均线时，投资者要及时止损出局；②当股价跌破由前期反弹高点构成的阻力线时，投资者要果断止损卖出。

在图2-20中，我们可以看到宝馨科技（002514）的走势图。在图中左侧，该股从高位经过下跌后跌势逐渐平缓，于10.52元止跌。此时，股价小幅回升，随后几天成交量放大，股价重心不断上移，均线系统开始转好，买点1出现。2015年3月2日一个涨停阳线出现，当日在K线图上留下了一个向上跳空缺口，观察一下当天的成交量就会发现，成交量呈现异常放大的态势，这预示该股后市还有继续上涨的可能，投资者宜及时跟进买入或加仓该股。

本例该股的买点1：当股价见底放量反弹时，投资者可以先分批建立底仓，但是要有耐心忍受底部的颠簸。买点2：当股价向上放量突破左侧阻力位时，可积极买进。

本例该股的风险控制：①当股价跌破底部10.52元，应及时离场；②当股价跌破阻力位时，果断卖出。

第二章 底部反转形态驾驭牛股

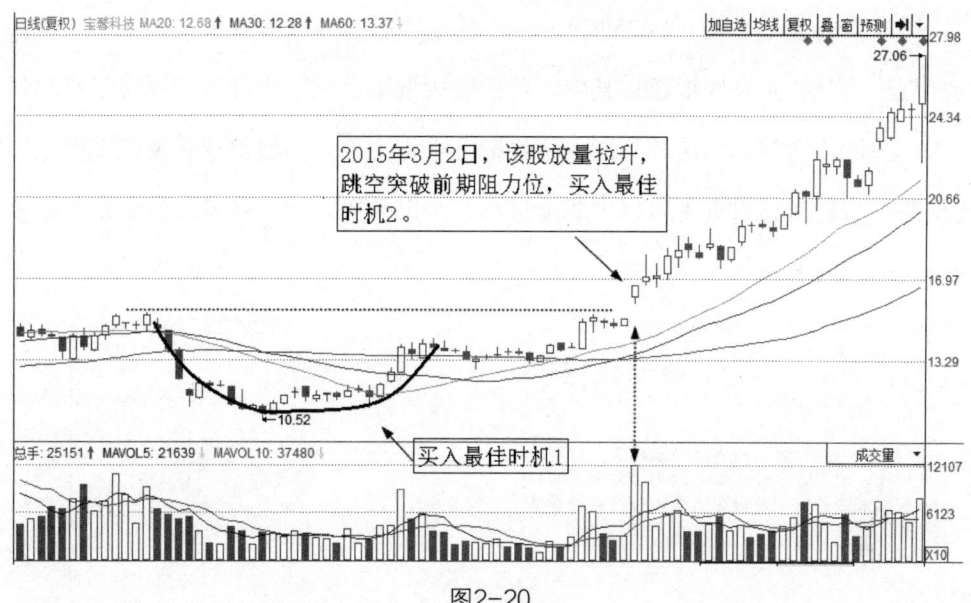

图2-20

图2-21是金雷股份（300443）的日K线走势图。该股的股价先跌后涨，并且形成一种圆弧底的形态。与此同时，成交量与股价也配合得十分默契，同样也走出圆弧底的形态。一般来说，当走势图形成圆弧底的时候，如果成交量也同样呈现圆弧底的形态，该只股票上涨的可能性就会大大增加，图中所呈现的后市走向也恰恰印证了这一点。

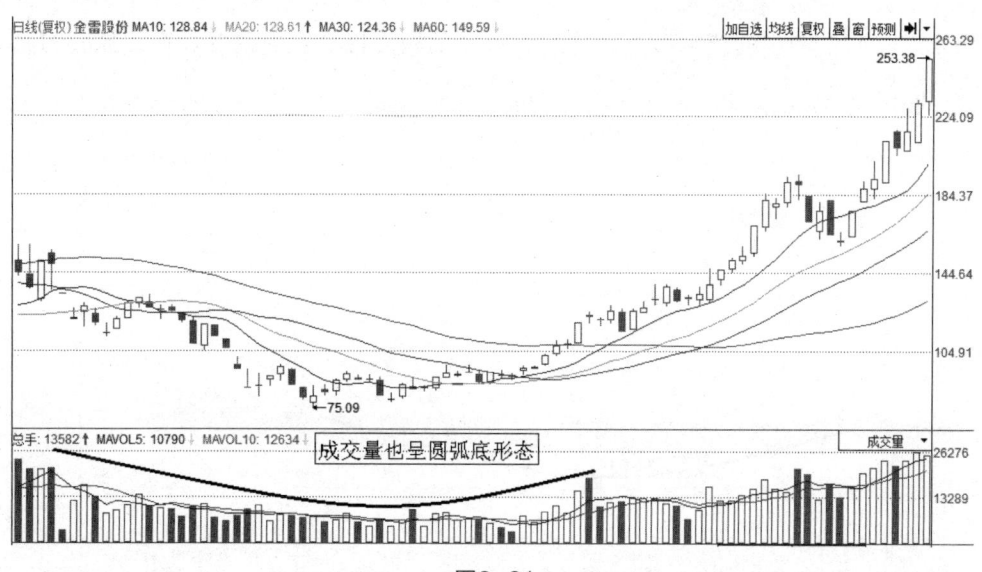

图2-21

图2-22是盛通股份（002599）的日K线走势图。该股的股价走出了一个时间跨度近三个月的圆弧底形态，其中，圆弧底缓慢上升的右半部分的成交量有明显放大。该圆弧底的形态比较标准，量价配合得很完美。当股价放量突破圆弧底形态的颈线位置时，投资者可以大胆地进场，坚定持股，耐心等待股价后期大幅度拉升行情的到来。

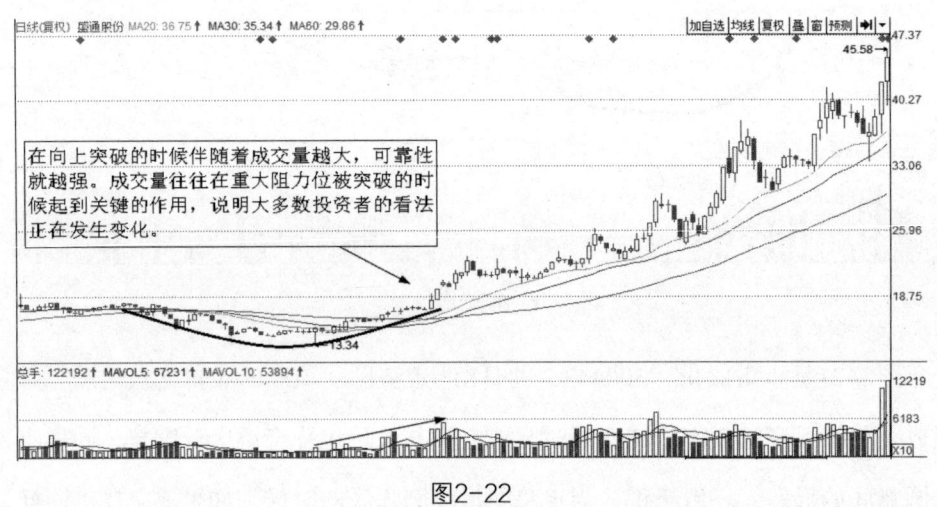

图2-22

从图2-23中，我们可以看到天桥起重（002523）经过长期下跌后，在底部构筑了宽阔的圆弧底，这是非常坚实的底部形态，上涨的可靠性很高。在圆弧底的右侧出现连续放量阳线的技术形态，这意味着短期趋势将要发生改变。在圆弧底的右侧，股价缓慢抬高底部，其下方对应的成交量明显放大，是个不错的进场信号。

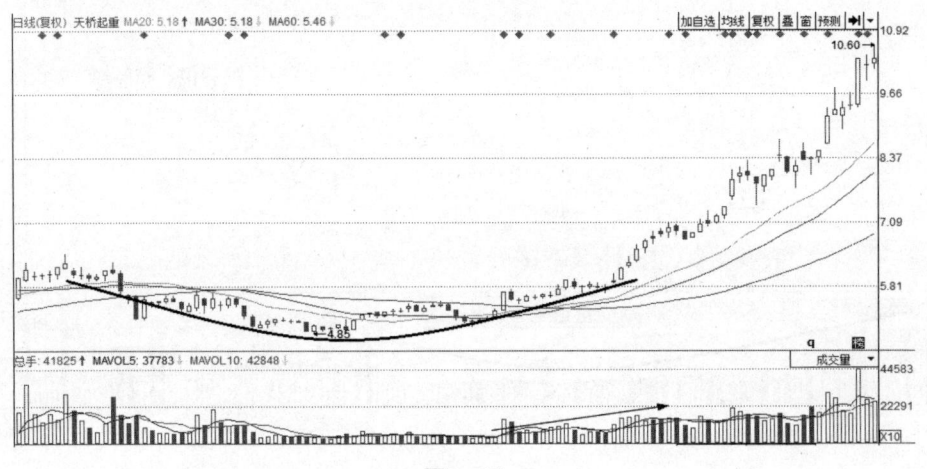

图2-23

如图2-24所示，处于下跌走势中的舒泰神（300204）出现圆弧底反转形态。2015年1月19日，该股出现向上的跳空缺口；同时成交量放大，预示着股价将要摆脱底部区域，进入上涨走势，买点1出现。股价经过一段时间的上涨后，出现回调走势，且在前期的突破缺口获得缩量有效支撑，这预示着圆弧底的反转信号依然有效，买点2出现。

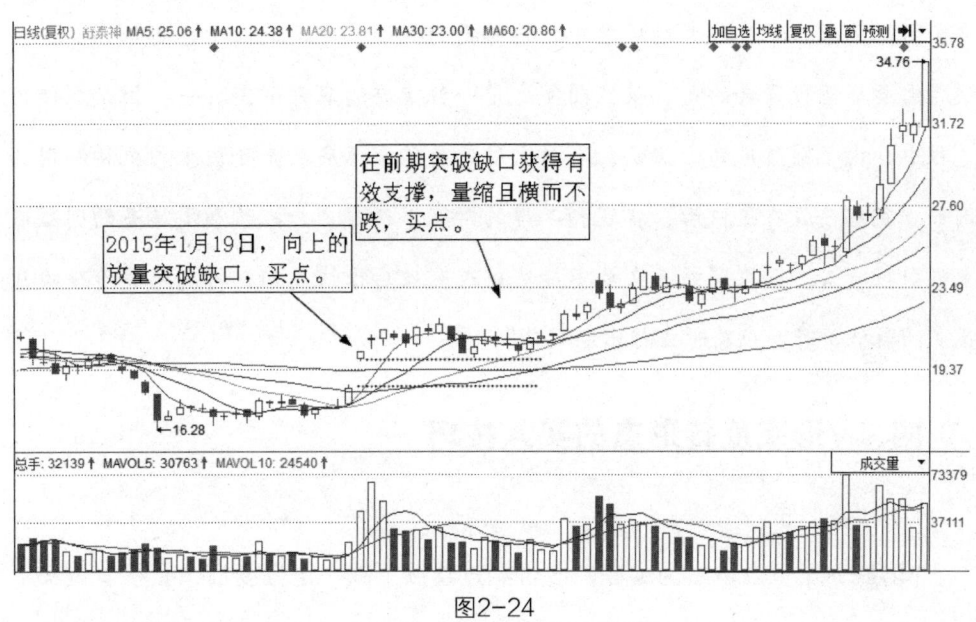

图2-24

（2）要有耐心。

圆弧底需要一段时间来等候股价筑底，在成交量底部买入的投资者，也许有很大的勇气和信心，但这不一定意味着他们有持股的耐心。因为一个能让你赚大钱的底部至少持续半个月，有的甚至更长时间。如果你有这样的耐心，那么就说明你具备了炒股赚钱的一个重要条件。

除此之外，还要耐得住性子。一般圆弧底的形成需要一个静心等待的过程，一旦形成，投资者便要果断决策，在圆弧底集聚能量时一举拿下该得的利润。

圆弧底形成的过程比较漫长，选择的介入时机非常重要，投资者不宜过早介入。如果过早买入，常常会陷入漫长的筑底行情中，如果股价一直不涨甚至几个星期、几个月都看不到涨起来的希望，这就降低了资金的使用率，造成时间成本和机会成本的损失。不少的投资者由于受不了长时间的等待煎熬，常常在个股股价拉升前早已卖出，错过了上涨行情。

温馨提示：

圆弧底是一种比较彻底的底部整理形态，完成圆弧底后的股价一般升幅可观。实际上，从近几年的股市发展中也能够看出，圆弧底这种形态多数都出现在主力机构控盘程度较高的股票中，蓄势更为显著，之后的涨升也更猛烈。

需要提醒投资者的是，虽然圆弧底是一种重要的底部形态之一，但是在使用过程中，由于圆弧底易于辨认，有时太过完美的圆弧底反而会被主力机构利用。例如，某些个股在除权后，在获利丰厚的情况下，被主力机构利用漂亮的圆弧底来吸引投资者。如果圆弧底久攻不能突破或突破后很快走弱，特别是股价跌破圆弧底的最低价时，应及时止损出局观望。

四、V形底反转形态的买入技巧

1. 认识V形底

V形底，又可以称之为尖底。股价经过连续下跌一定幅度后，紧接着调头上涨，扭转了整个趋势，中间基本不存在整理走势，由此在走势图上形成了类似于英文字母"V"的运动轨迹，该形态就简称"V形底"。

V形底是一种反转形态。在该形态的左侧，股价急速下跌，说明盘中的空方一直占据着主导地位；当股价下跌一定幅度后，盘中的多方力量迅速发力，完全扭转了之前的颓势，推动股价快速上涨。

V形底是一种强烈的上涨信号，主要有以下几个要点：

一般而言，V形底形态左侧的成交量是逐渐缩小的，而右侧的成交量是逐步放大的。所以投资者可以在右侧，股价放量走高时介入。V形底在转势点需要有明显大的成交量配合，否则形态不能确立。

在急速恐慌性下跌末期，空头能量得到了彻底宣泄，这时做多的力量开始堆积。如遇大盘或个股出现利好，股票会迅速反转，调头向上，反应敏锐的投资者此时会蜂拥而入，很快就把价格推了上去。

V形反转启动速度很快，在底部停留的时间极短，反应速度慢的投资者容易踏空，错过赚钱良机。V形转势往往令很多投资者措手不及且上冲力度非常大，如果在低位抛掉筹码再想捡回来难度往往较大。

V形底属于转势形态，常在股价急速下跌中出现，是股价触底回升的买进信号。

对投资者来说，买点应该选择在放量而不是下跌之后，即股价经历了最低点之后的转势回升中，应果断快速跟进，一旦走势失败，应及时离场出局。

V形反转形态的突发性很强，不会给予投资者太多的时间等待。所以投资者的动作要快，犹豫不决的投资者很容易错过行情。

V形走势一旦形成，其上升速度快而有力，非常容易形成一种逼空走势。此时，股价会快速从底部回升，一路上扬，产生翻番牛股行情。

V形底形成的原理：

V形反转通常都是由过度的恐慌性抛售这一非理性行为导致的。在一片恐慌的下跌趋势中，市场的卖方力量很强大，导致股价持续下跌。浓重的看空气氛也使得股价下跌的速度越来越快，使空头能量会在一个集中的时间里极度宣泄。

当一只股票的价格够低，做空力量也慢慢消失后，随着大盘的企稳，买盘力量开始逢低介入，于是股价走势也开始出现戏剧性的变化，触底后便一路反弹上升，引发一轮抢购高潮，行情出现急速报复性暴涨。

V形反转形态是一种较难把握的急剧反转的走势形态。因为走势急速猛烈，通常都会出现在暴涨或暴跌的行情之中。在实际中，V形反转涨势行情通常都很迅猛，常令人意想不到，能在最低点买进的投资者少之又少。

2. 利用V形底反转形态驾驭牛股

图2-25是航发控制（000738）的日K线走势图。该股形成了两波急速的下跌，随后便触底反弹，价升量增。此时，行情开始步入加速上涨趋势中，形成两个V形底。

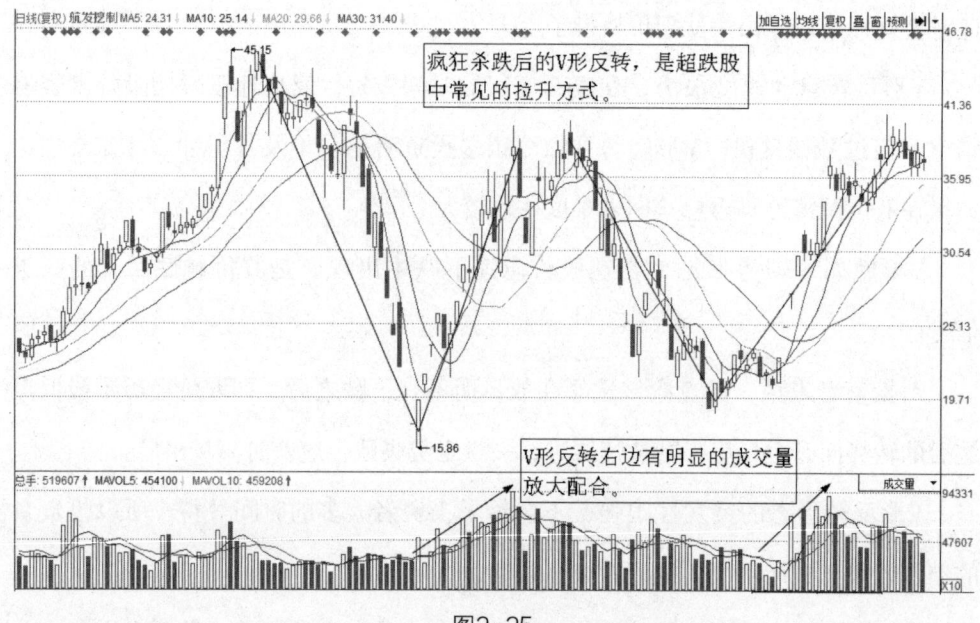

图2-25

在具体运用中，V形底反转不易提前被确认，在遇到疑似V形底反转的情况下，如果你是一位激进型的投资者，则应少量试探分批买入，并应随时留意股价的发展方向；如果你是一位谨慎型的投资者，则可等到行情出现较大成交量，确认了行情走势属于V形底反转形态时，再追加买入。一旦V形底形成，投资者要敢于进场，因为前期下跌的幅度越大的个股，后市上涨的空间就越大，不要错失获利的良机。

V形底反转形成时间较短，形态爆发力强，投资者可在短期内获得暴利。它产生的原因是市场受利空打击或其他情况影响出现恐慌性抛售，引起股价超跌，从而产生报复性反弹或反转行情。如中短期均线能够迅速转向上涨，将有利于股价的进一步上升。

在日常的交易中，利用V形底反转形态获取利润是一种有效的投资方法。在众多的反转形态中，V形底是股市中变化极快、力度极强的反转形态，其通常发生在快速、大幅下挫之后和市场剧烈波动之时。当下股价跌接近底部时，多空力量的对比发生改变，此时买方力量迅速控制了市场使走势发生逆转，股价反向而行，出现戏剧性的回升。V形底反转走势没有中间过渡性的横盘过程，其转向过程有时仅需要2~3个交易日完成，有时甚至一个交易日即可完成。投资者可在V形走势出现拐点之时适当分批建仓进场，捕捉出现的上升行情，获取投资收益。

图2-26是利民股份（002734）的日K线走势图。该股从66.59元一路暴跌至26.42元，成交量越来越小。2015年7月8日，该股缩量跌停，量能萎缩至地量，市场上抛盘惜售明显，基本穷尽，是时候上攻了。伴随着上证指数企稳回升，该股也趁势报复性上涨。后续成交量跟上不断放大，股价迅速上涨，形成V形底反转走势形态。

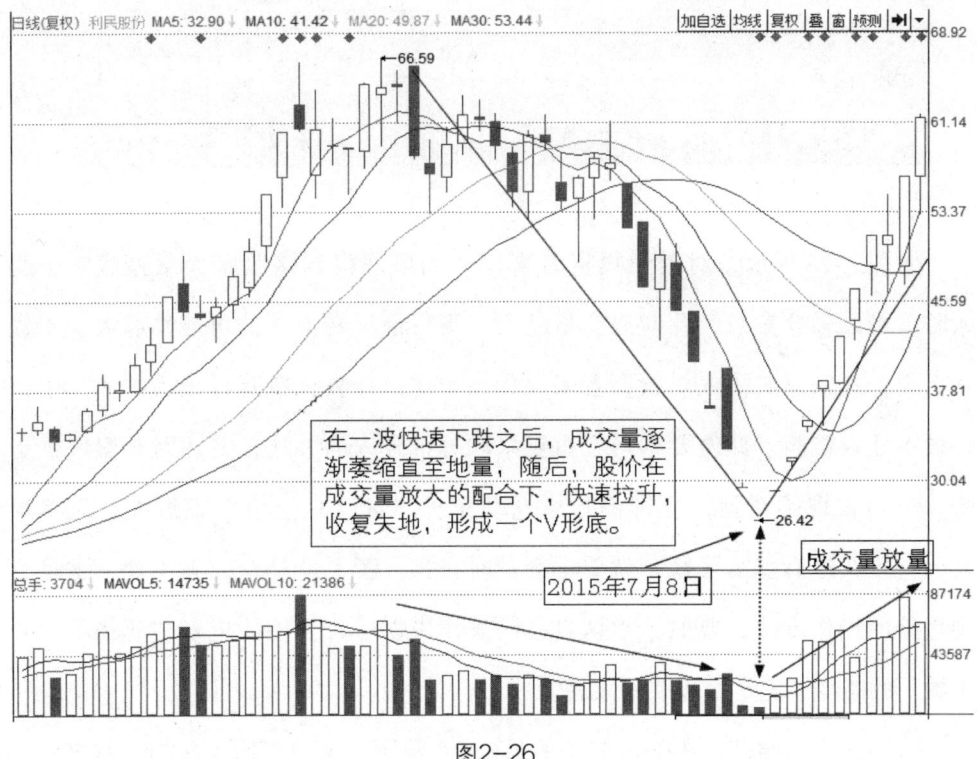

图2-26

图2-27是东港股份（002117）的日K线走势图。该股在短期内出现一波幅度较大、速度较快的跌幅，短短18个交易日，股价就由53.33元下跌至17.50元。在2015年7月8日跌停板处，出现该股破记录的成交量，多空分歧严重，换手率巨大，多方在当天午盘发动攻击。图2-28是当天的分时图。

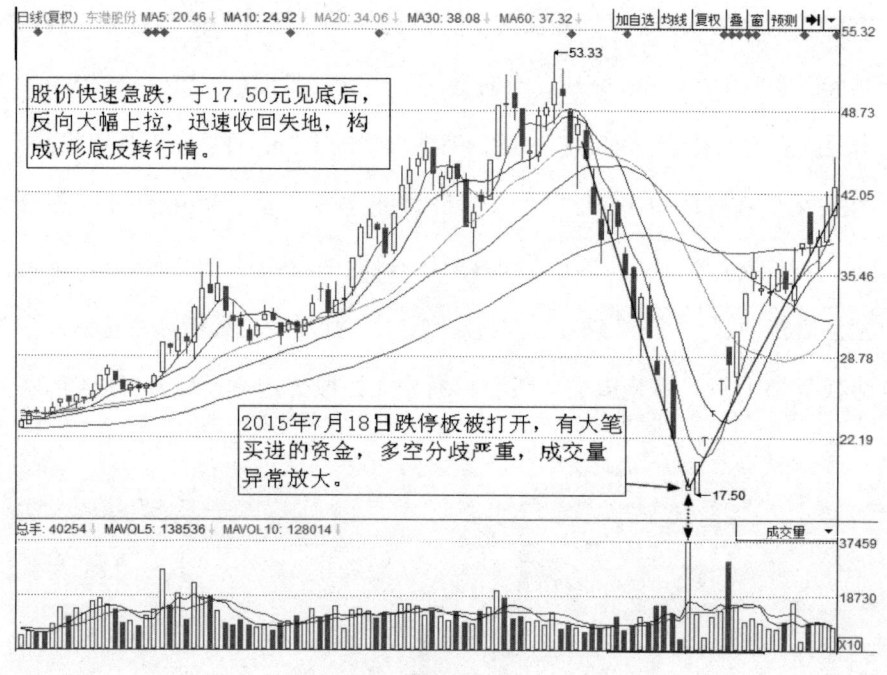

图2-27

如图2-28所示,对普通投资者来说,如果观察到该股有大量抄底资金买入时,可以轻仓参与,此时成交量越大,则行情反转上涨的可能性越大。不管怎么说,在跌停时买入对投资者来说相当于虎口夺食,危险性很大。非高手,一般不建议参与。即便要参与,也要采取分批买入的办法,并随时观察股价走势,一旦发现不对劲,立即停止增仓动作;并且,总仓位不宜过大,最多半仓,一旦买进后继续下跌,就要学会及时止损。套了就补仓或者不动,这是一种很差的操作方法,要敢于承认自己的操作失误,万万不能抱着"死猪不怕开水烫"的态度,这是做股票的大忌。

图2-29是山西高速(000755)的日K线走势图。该股经历了深幅下跌之后,突然出现见底回升,并以涨停的方式开始反弹,在走势上形成V形底反转,其反弹动力更加强劲,应该把握这一难得的买股时机。

第二章 底部反转形态驾驭牛股

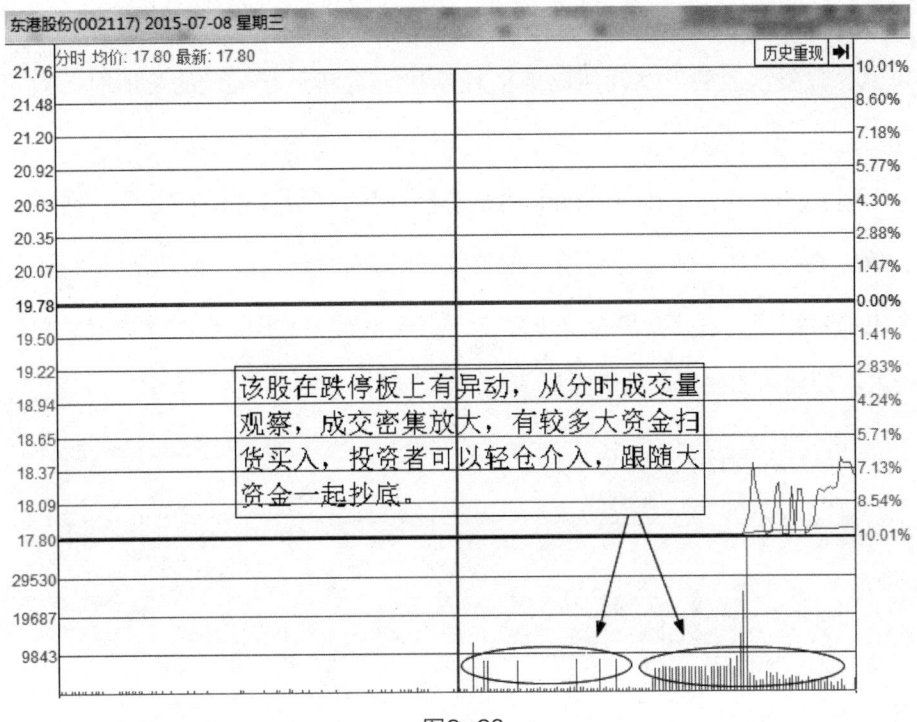

图2-28

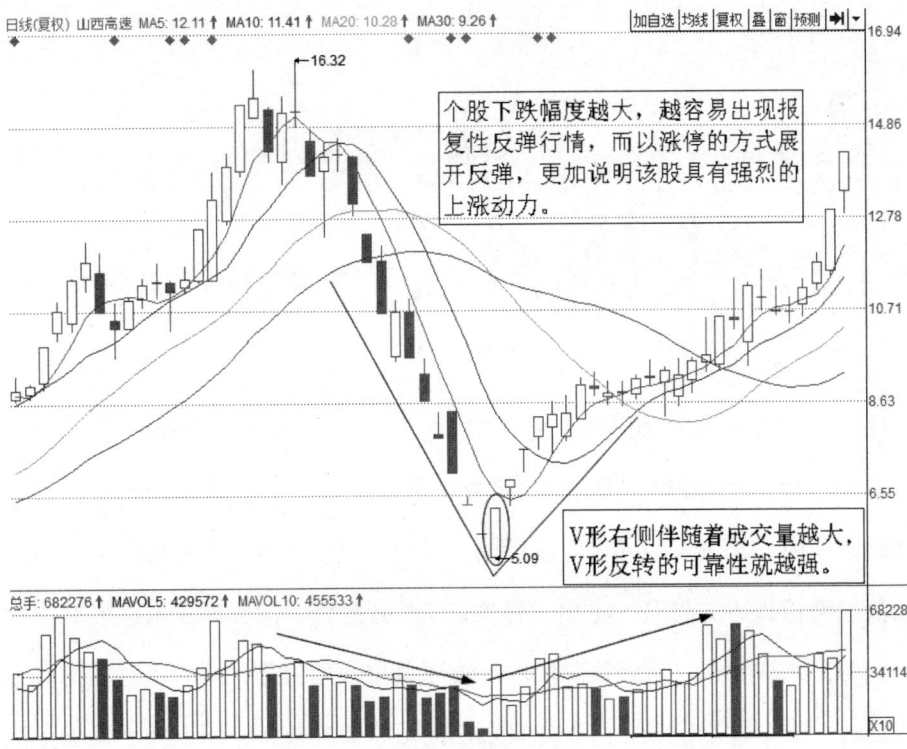

图2-29

V形底反转对于个股前期下跌幅度和下跌时间并没有严格的要求。对投资者来说，只要该股的下跌动能已经消耗殆尽，重新具有买入的价值时，就可以买进。

如图2-30所示，大悦城（000031）分别在2015年7月和8月走出两次V形底涨停，随后该股出现一波上冲行情。值得注意的是，该股在出现V形底最低点的当天走出涨停行情，短线止跌意义非常明显。追涨此类V形强势的反弹股，可以使投资者在短期内实现资金的迅速增值。

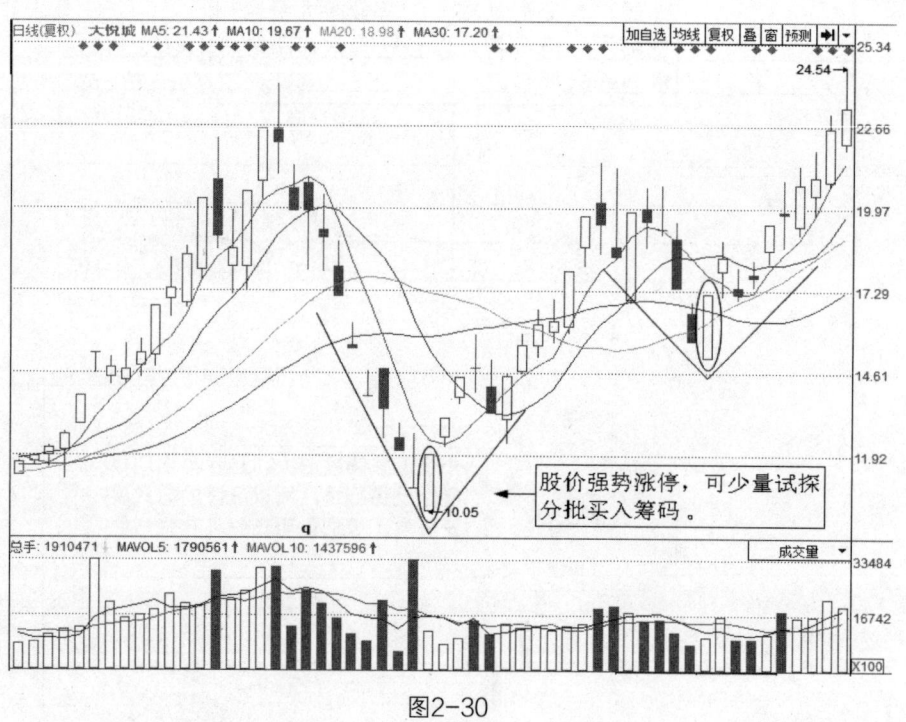

图2-30

图2-31是美尔雅（600107）的日K线走势图。该股在市场恐慌性抛盘的打压之下出现大跳水的连续大阴线和跌停板，累计下跌的幅度较大，此时的该股处于超跌范围内。2015年7月9日，该股成交量放巨量，出现一颗微妙的大阳线，随后股价以涨停板方式拉升，走出了标准的V形底走势。箭头处显示该股底部放巨量，此时应该注意，这是该股阶段性反攻序幕拉开的信号；同时也是主力资金短期内强势拉升个股的信号。由于此股之前的下跌幅度较大，所以随后反弹上涨的空间预期也较大。此时，投资者可积极地轻仓追涨买股跟进。

第二章 底部反转形态驾驭牛股

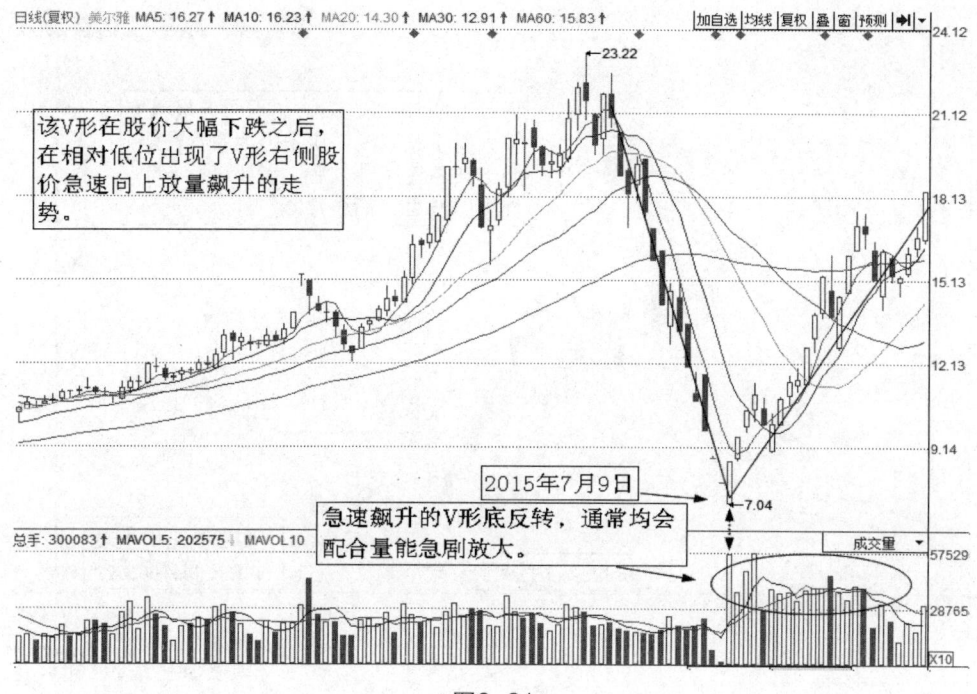

图2-31

图2-32是凯盛新能（600876）的走势图。上证指数大幅跳水下跌，引起市场中恐慌性的抛售，做空力量和不计成本的杀跌，导致该股股价也跟着下跌，股价从24.48元短时间就深幅跌至9.54元，惨遭腰斩。2015年7月9日，该股放量报收涨停大阳线，止跌信号出现，随后几个交易日，开始了一波反弹行情。一般来讲，如果股价在短期内下跌幅度越大、力量越强，那么出现V形底反转的可能性也越大。该股买点在低位放量跌不下去的回升期，或者说放量大阳转势时。该股此后一路攀升，成为一只大牛股。

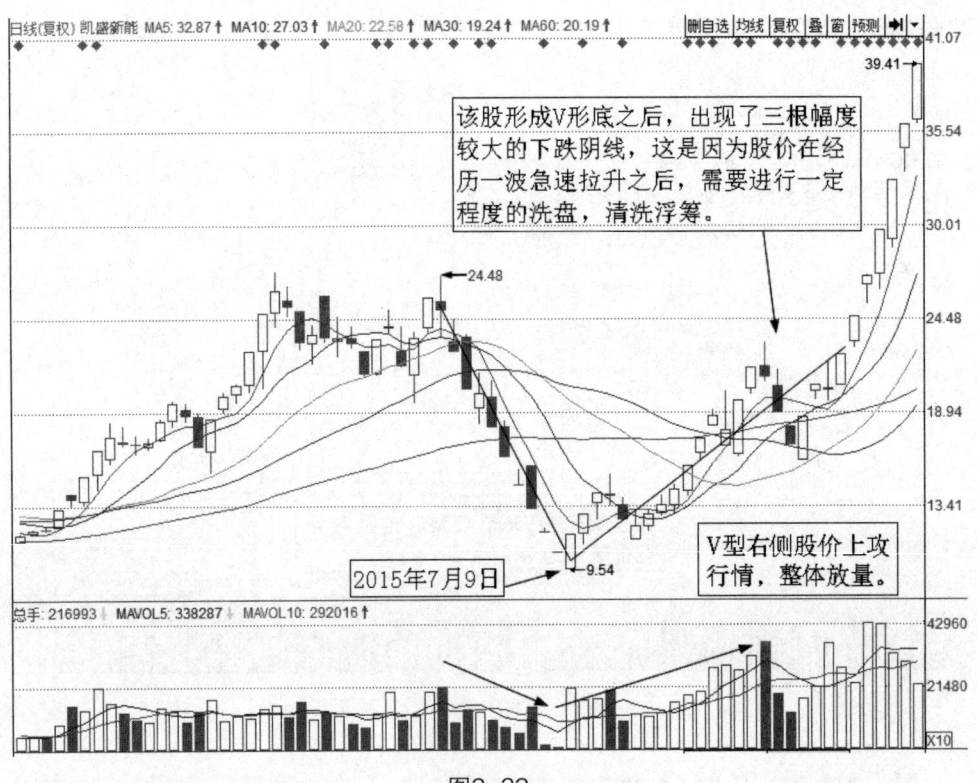

图2-32

在操作中应用这种形态时,我们可以重点关注以下两点:一是个股的超跌情况。一般来说,个股此前累计下跌幅度越大的品种,随后出现反弹上涨的力度会越强、空间越大,投资者的收益就越大。二是适当控制仓位,以规避风险。

第三章

三线共振击杀牛股

第一节　基本原理

共振是一种自然界普遍存在的物理现象，共振时物体振动的振幅最大，振动最厉害。人们最为熟知和引用得最多的，便是下面这个例子：18世纪中叶，一队士兵在指挥官的口令下，迈着威武雄壮、整齐划一的步伐，通过法国昂热市一座大桥，快走到桥中间时，桥梁突然发生强烈的颤动并且最终断裂坍塌，造成许多官兵和市民落入水中丧生。后经调查，造成这次惨剧的罪魁祸首——正是共振。因为大队士兵齐步走时，产生的一种频率正好与大桥的固有频率一致，使大桥的振动加强，当它的振幅达到最大限度直至超过桥梁的抗压力时，大桥就断裂了。鉴于此，后来许多国家的军队都有这么一条规定：大队人马过桥时，要改齐步走为便步走。

在股票走势中，我们也经常发现有共振现象，即几个技术指标一起出现信号，产生共振作用，其效果比单个信号出现要强烈得多，对股价的助涨和助跌都有着较大的作用。研究技术指标的共振作用，其目的在于提高信号的准确性。一旦共振现象出现，股票交易的安全系数就更高，共振现象也适合投资者用来买卖股票。

在实际操作中我们发现，单个指标常常被主力用来作为诱多和诱空的陷阱。如果我们不能综合判断，掉进主力设置的陷阱中，那也是情理之中的事了。但如果出现多个共振信号，其可靠性就要高很多。因为一个信号可以作假，但多个信号作假就没那么容易了，多个信号不仅可以互相印证，而且还会产生共振效应。这对投资者来说，可以轻松减少很多失误判断，提高操作的成功率。

本章要说的三线共振金叉指的是均线、均量线（成交量平均线）和MACD在零轴线上相继发生金叉。均线设置成5日和10日均线，均量线和MACD选择系统

默认参数即可,无须修改。参数之所以这样设置,主要是参照了起爆点的操作思路,5日线和10日线是攻击线,能很好地反映出股价短期内价格第一动态。MACD则是趋势型指标,能够在零轴线上出现金叉的个股,向上涨的安全性和稳定性会更高。

5日均线向上突破10日均线而形成的黄金交叉,这是均线发出的买入信号之一,预示着股价短线即将走强,市场买入的意愿将越来越强,后市理应看高一线。不过均线金叉也常常被主力用来作为诱多陷阱,这是单纯利用均线金叉作为单一买入信号的一个重大缺陷。如何才能避免掉进陷阱中呢?这就需要结合其他信号来做综合分析。

成交量是一个很重要的参考指标。如果在均线产生金叉的同时,成交量也配合放大,带动均量线也产生金叉,这时做多的信号就更为可靠。因为此时股价的上涨得到成交量的配合,是实打实的资金投入推动股价上涨,不是虚假的骗人招数。

有这两个信号一起配合使用,其成功率要提高不少。如果此时MACD指标也在零轴线之上产生金叉,这无疑更增加了一道保险。三线金叉不但增加了买入信号的可靠性,同时也产生了共振效应,使做多的力量得到了充分的发挥,市场的认同度更高,后市大幅上涨的可能性更高。

三线共振技法落实到日常买卖交易中去,是一种很好的量化技术,掌握它并不难,它是股市操作中常用的技术,是一种相对简单易学、实用的技巧。投资者有必要熟练掌握且灵活运用,借此提高自己的操作能力。

第二节 实战操作要领

在股票投资行为中,个股行情的变化情况会反映在技术指标上,投资者可以凭借技术指标的变化情况和发出的买卖信号来制定投资决策。但每一种技术指标都有局限性和片面性,反映出的市场信息也具有缺陷性。所以,投资者在利用技术指标捕捉牛股时,应按照各个技术指标的不同特点来结合使用,以增强对市场的判断准确度。

我们可以将均线、均量线与MACD指标结合起来使用,最大特点是可以最大限度地发挥三者的优点,使投资者做出更加准确的判断。所以这一方法也称"三剑合璧"。

投资者需要注意:

(1)所谓的三线共振并非绝对要求同时或同一天金叉,这仅是一种简单的描述,事实上,均线、均量线及MACD零轴线只要在几个交易日之内发生金叉,都可视同于三线共振金叉。

(2)技术指标是一种参考工具,投资者不应该单以一项指标的信号对行情作出绝对的判断,因为指标所起的只是一种辅助的作用而不是绝对的作用。采用多种指标可以增加信号的客观性与准确性,也可以增加相对的可信度,如果多种指标同时皆发出买卖信号的话,将极大地提高研判的准确性,而三线共振金叉就是其中实用的一招。

(3)如果5日均线和10日均线的"黄金交叉"发生在中长期60日均线的上方时,表明股价向上的空间被真正打开,将进入一轮短线拉升行情,这是一种较强的买入信号。

（4）如果5日均线和10日均线的"黄金交叉"发生在中长期60日均线的下方时，表明股价并没有真正形成扬升趋势，对水平不高的投资者来说，这不是一个良好的介入时机。

（5）并不是所有的三线共振都是买入信号，这需要结合其他信息来综合分析。当三线共振金叉在低位发生时，成功率较大。当三线共振金叉发生在股价高位时，要预防主力利用此良好的技术图形诱多出货。

一本书搞懂波段中线战法：翻倍牛股擒杀术

第三节 具体运用实例解析

图3-1是长江传媒（600757）的日K线走势图。该股出现三线共振金叉后，股价不断抬高，步入上行趋势，成交量有规律放大，技术指标MACD多头，股价由9.00元涨至13.94元，短期升幅较大，该股成为一只牛股。

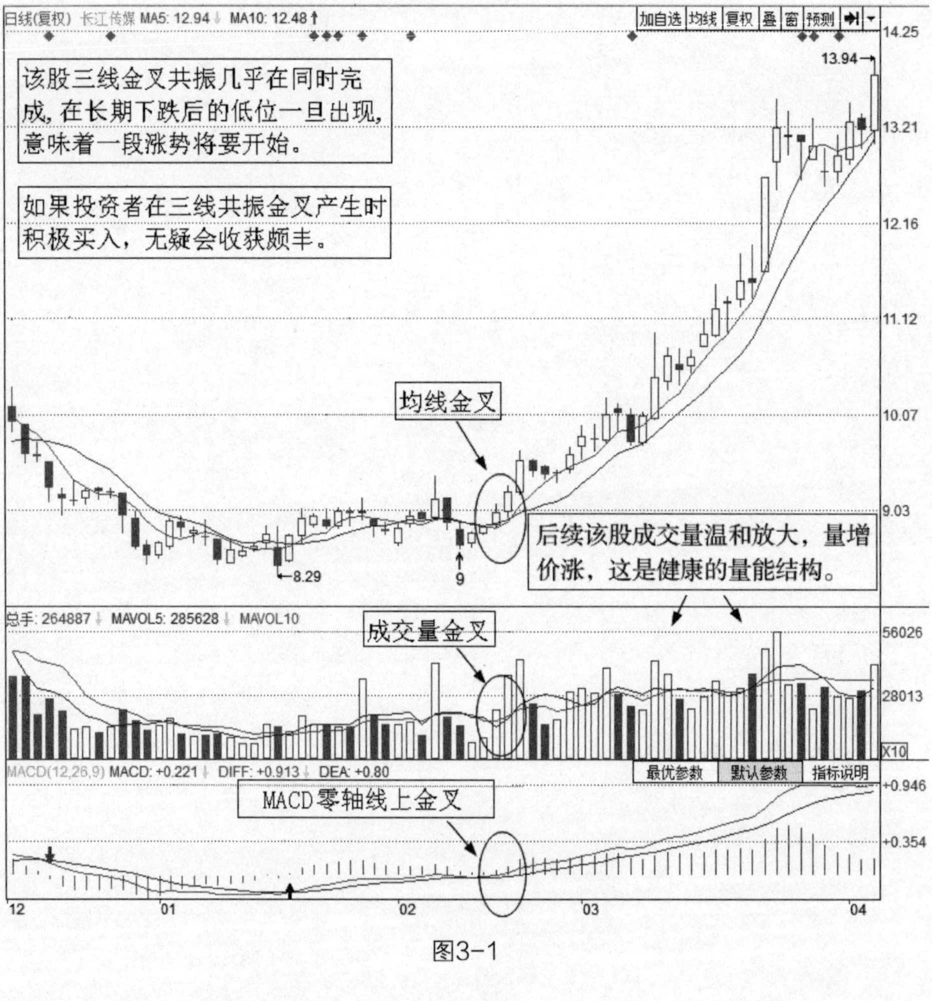

图3-1

从技术操作的角度上来说，MACD零轴之上的金叉远远强于零轴之下的金

第三章 三线共振击杀牛股

叉,大行情往往发生在零轴线上;成交量金叉则表明交投活动在递增,同时也代表了个股活跃度,只有活跃度高的股票才会成为操作首选;均线金叉则表明股价行情向好。当然,如果均线、成交量以及MACD零轴线上都相继出现共振金叉,这类股票更具备起爆机会,投资者应顺势跟进,把握住牛股。

如图3-2所示,美晨科技(300237)的股价在2015年2月27日走出盘局,收出中阳线。同时,出现5日均线金叉10日均线、5日均量线金叉10日均量线和MACD零轴线上的金叉,这是股价见底回升的信号,投资者应买入持有。从图中可以看出,股价在短时间之内就实现了翻番,涨幅较大。

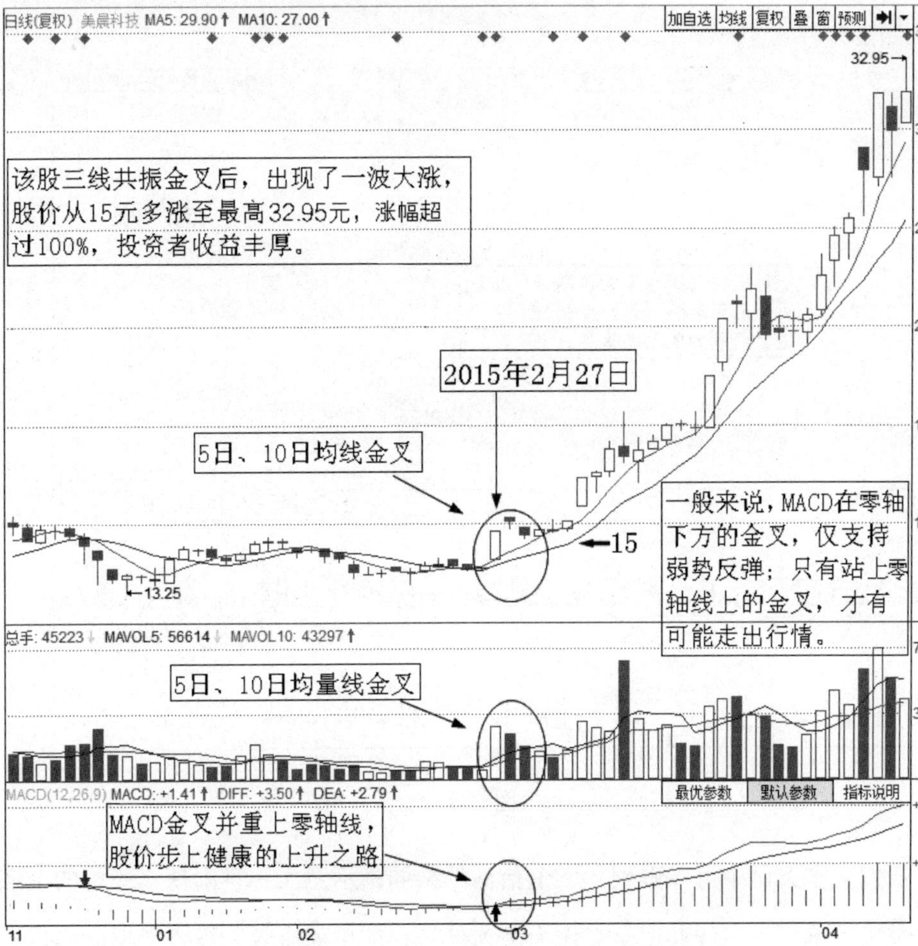

图3-2

本例中该股在跌无可跌时,开始进入震荡盘局,随着主力的缓慢建仓,股价终于开始回升。起初的价格回升可能是缓慢的,但这种走势最终会使股价底部抬高。当成交量继续放大推动股价上行时,5日均线会金叉10日均线、5日均量线金叉10日均量线和MACD零轴线上发生金叉,当出现三线共振金叉时,这是投资者进场的绝佳时机,后市通常会有一段上涨行情。

图3-3是兴化股份(002109)的日K线走势图。图中箭头处,该股股价回升,此时5日均线与10日均线产生金叉,几乎同时,均量线与MACD在零轴线上也产生金叉,形成三线金叉说明近期买盘越来越踊跃,股价短线明显将走强。更为有利的是,三线同时金叉,产生共振效应,后市应该会继续上涨,此时是投资者进场的良机。

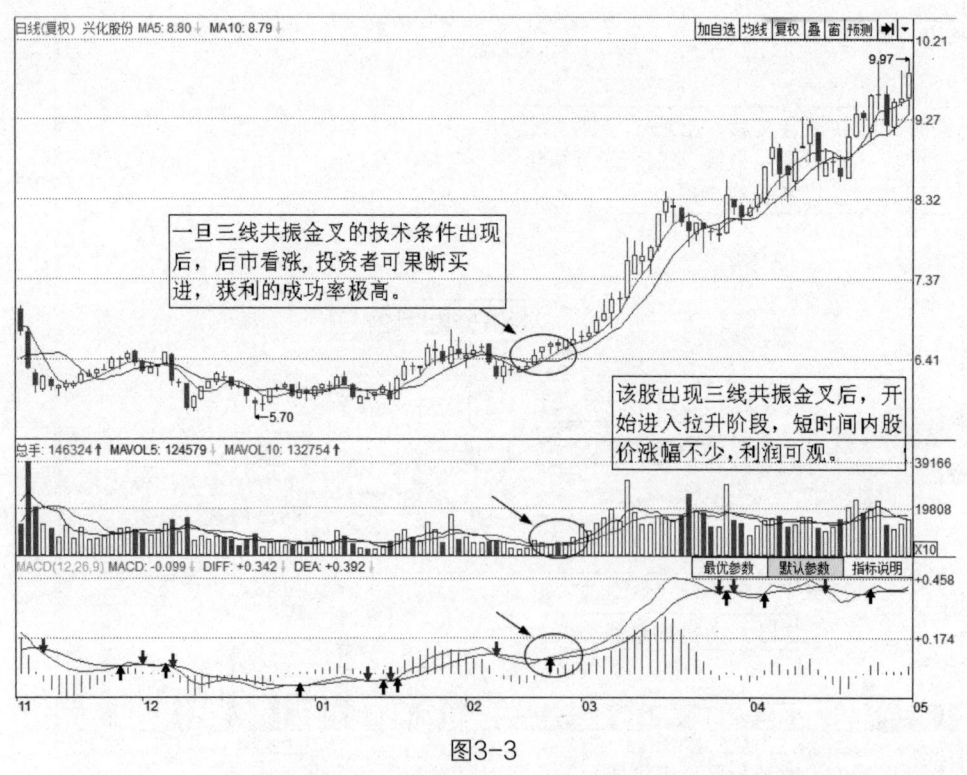

图3-3

我们从本案例中可以看到,三个指标的共同指示意义一旦出现,股价的上涨态势就很明确了,三线共振金叉作为买入信号,简单而有效,投资者据此操作,可获利不少。

图3-4是西部材料（002149）的日K线走势图。图中箭头处5日均线金叉10日均线，几乎同时，5日均量线金叉10日均量线，MACD也在零轴线上形成金叉，后市看好，投资者可积极介入。随后成交量继续明显放大，价升量增，股价也顺势高涨，步入上升阶段。另外，三线金叉产生共振效应，吸引了市场更多的投资者参与，后市应该还有更大涨幅，投资者可积极参与。本例中，该股三线金叉后如期上涨，虽然后市还有些波折，但股价就此反转向上已经不可逆转，整体涨幅不小。投资者如在出现三线共振金叉的形态后买进，获益较大。

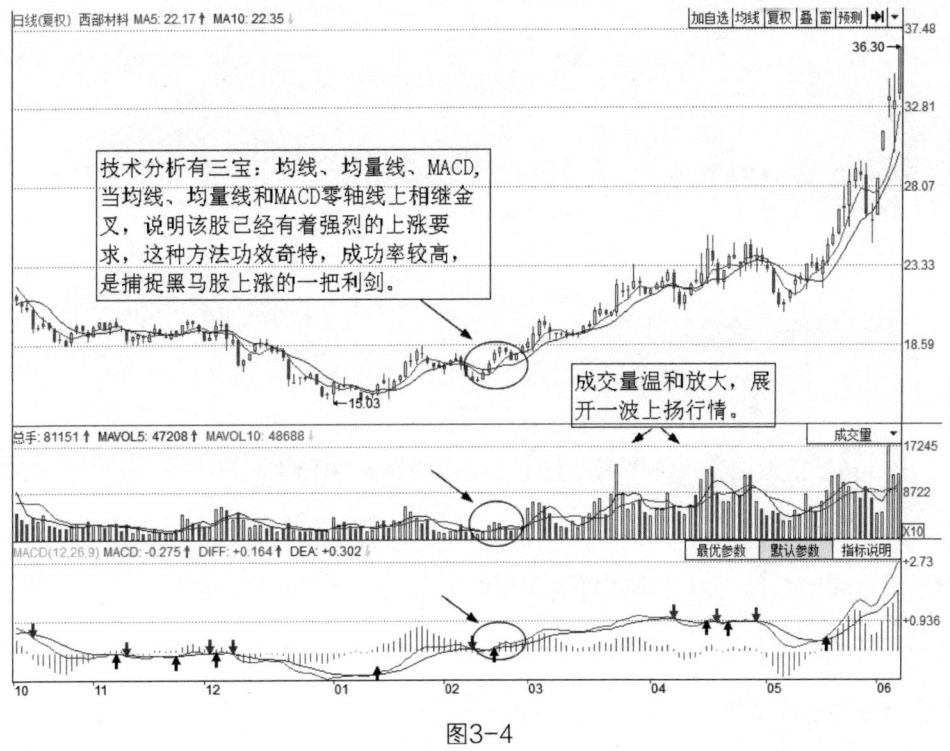

图3-4

图3-5是小崧股份（002723）的K线走势图。该股出现均线黏合后的金叉向上发散，买点信号明显。同时伴随着量能明显放大，5日均量线金叉10日均量线，行情的支撑性良好，支持投资者买进的信号明确。我们再看MACD指标，MACD指标在这时也出现明显买进信号。三个指标的买点信号共同发出，投资者可积极买进，参与其中，股价也在此后逐步走强，走出了一个不错的上涨行情。

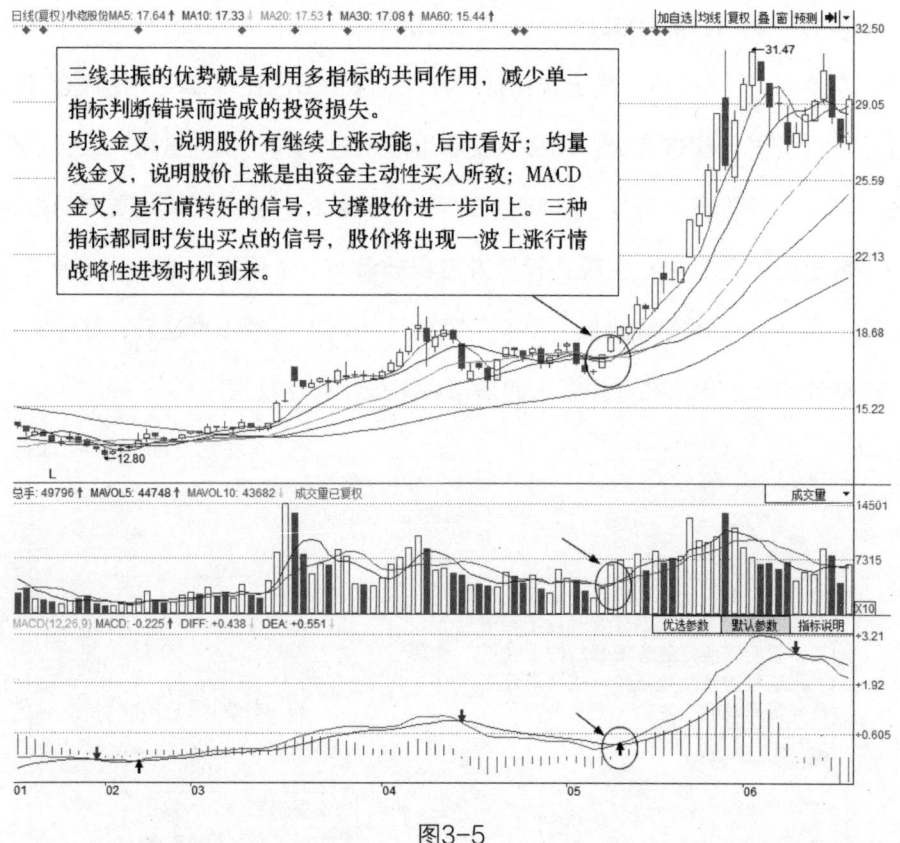

图 3-5

图3-6是华菱钢铁（000932）的日K线走势图，2015年3月中旬，该股5日均线和10日均线产生金叉，同时均量线生金叉，MACD也在零轴线上产生金叉，这说明股价短线将走强，而且伴随着成交量明显放大，这也是量价配合的最佳组合。另外，三线金叉产生不可小视的共振威力，后市应该还有较大的涨升空间，此时是投资者进场的良机。

图3-7是中兵红箭（000519）的日K线走势图。2015年2月中旬，该股小幅上涨，看似不起眼，但此时5日均线和10日均线产生金叉，同时均量线产生金叉，MACD也在零轴线上产生金叉，形成所谓的三线共振金叉，后市应该还会继续上涨。更为重要的是，三线共振产生强大的做多动能，也吸引了更多的做多力量，后市不可小视。当然这也是买入时机，投资者不可错过。

第三章 三线共振击杀牛股

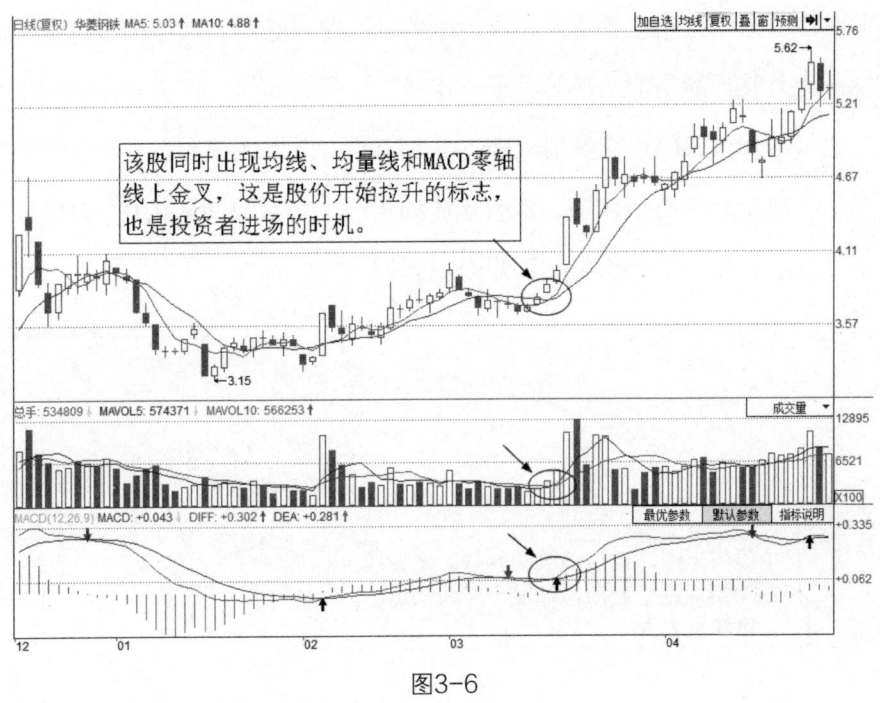

图3-6

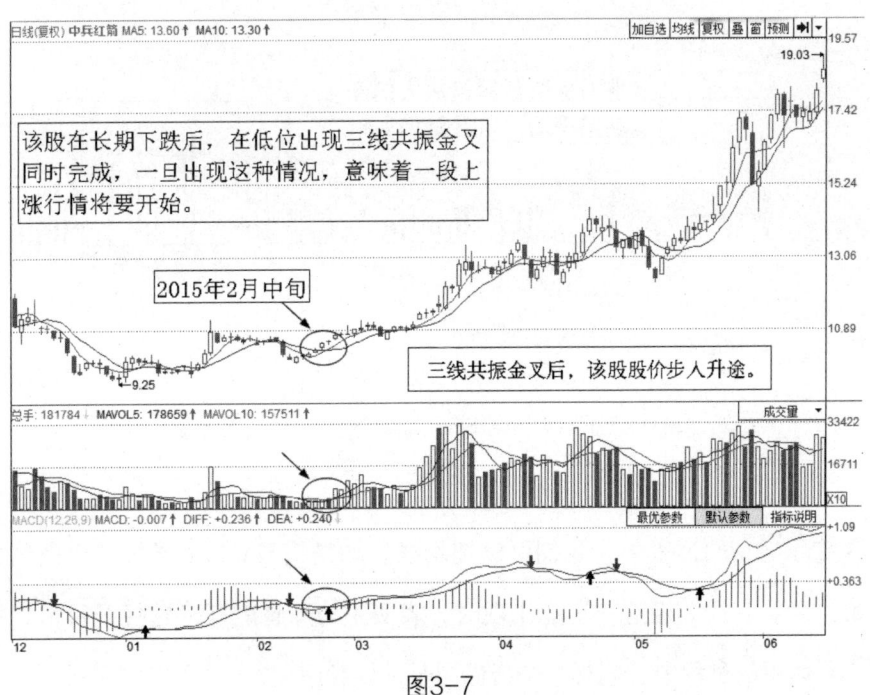

图3-7

图3-8是ST旭蓝（000040）日K线图。该股经过小幅的上涨之后，进入到回调整理的走势，其成交量也出现了逐步萎缩的态势，基本上呈现出地量的状态，这

61

表明此时该股盘中交投比较清淡，股价已到阶段性的底部。这是主力拉升股价前的试探行为，其目的是清洗浮筹，进一步夯实该股的底部。投资者在遇到这一形态时，也可结合该股的成交量情况来进一步判断，以增强该形态买入信号的准确度。随后，股价开始有所启动，观察该股的均线、均量线和MACD，都出现三线共振金叉，预示着该股后市将会出现上涨行情。

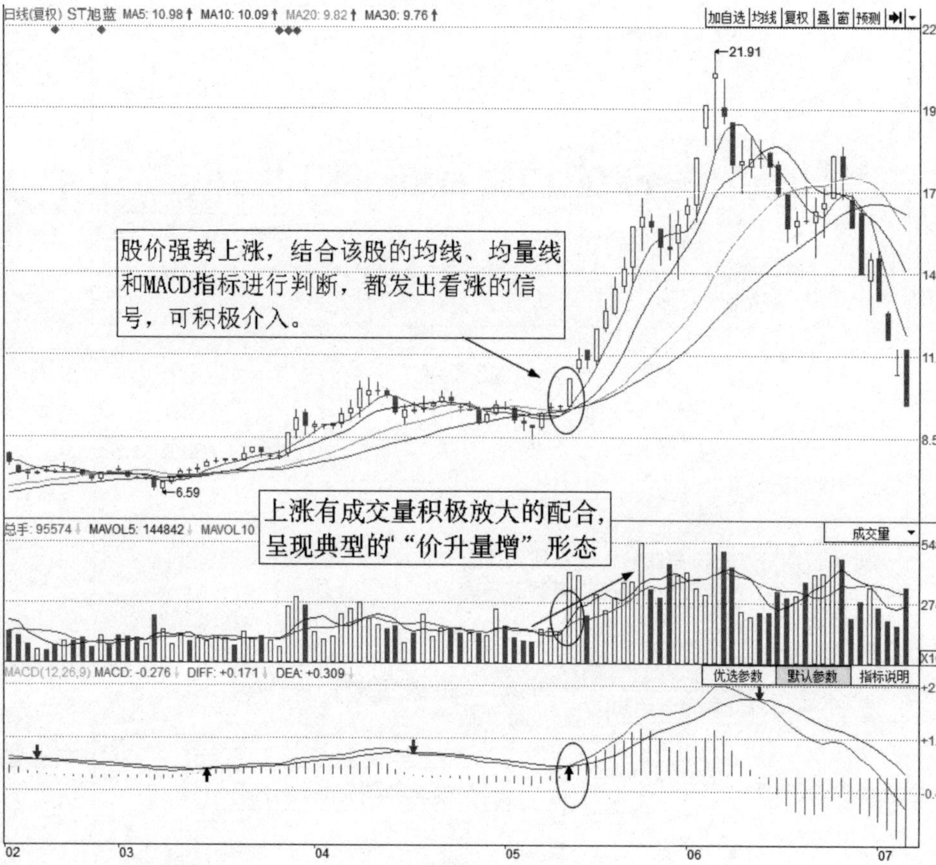

图3-8

在实际交易的过程中，我们可以把均线、均量线与MACD指标结合使用，用来捕捉牛股。三线共振这一形态出现时，表明主力即将展开一轮拉升行情，投资者在实际运用的过程中，应对三个指标同时进行考虑。

图3-9是中国长城（000066）日K线图中。该股股价在2014年12月出现了小幅的爬升，同时，其成交量也出现了一定程度的放大，MACD指标也在零轴线上方

形成金叉。这一走势表明该股具备了出现牛股行情的条件，投资者在股价强势上涨之时，应积极买入股票，进行建仓，以期获取投资收益。

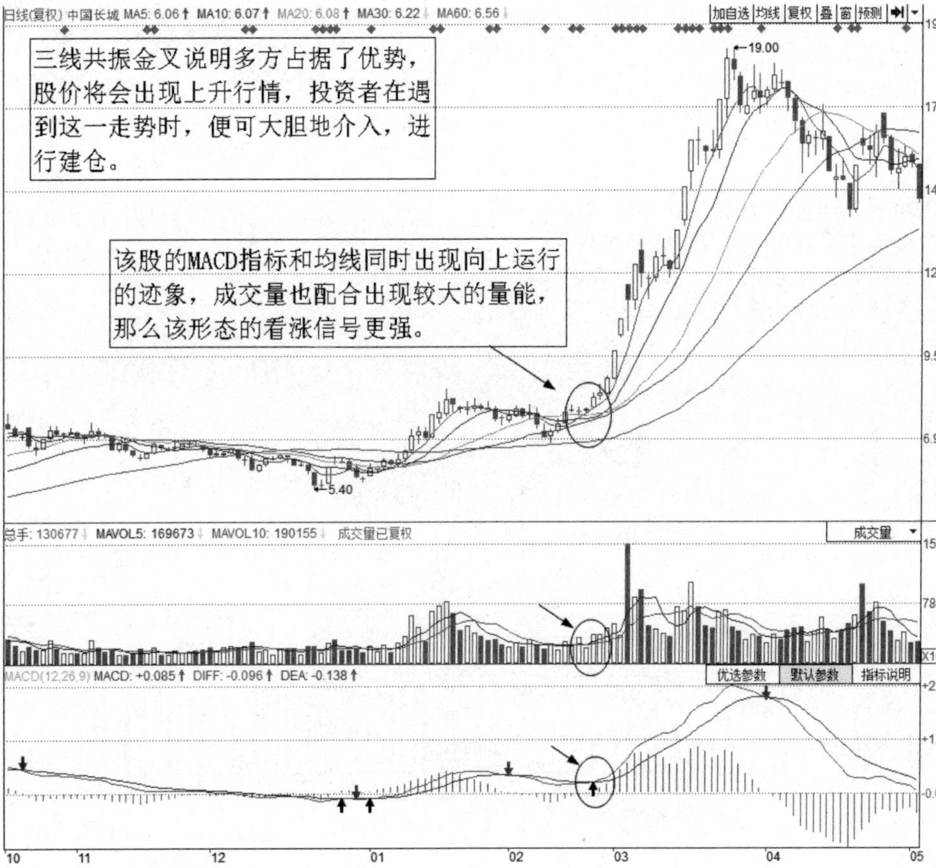

图3-9

在捕捉牛股的众多方法当中，利用多个技术指标相互配合确定牛股的启动点，对投资者来说是非常有用的方法。在实际的交易过程中，利用均线、成交量和MACD指标的买入信号进行相互验证，如此可以更加准确地判断个股的介入时机。

图3-10是广誉远（600771）的日K线走势图。该股出现三线共振金叉，技术条件满足，投资者可开始买入股票。该股股价在涨起的同时，带动均线向上金叉且得到成交量放大和MACD零轴线上金叉的支持。当趋势指标MACD进入零轴线上的金叉，走势就稳定得多，机会也会较多。随着股价的升高，底部买入的投资者

已有获利,这种赚钱效应被传播后,会吸引更多的投资者买入该股,于是股价再度上扬。其后,该股出现拉升和涨停走势,证明了此前判断的准确性。

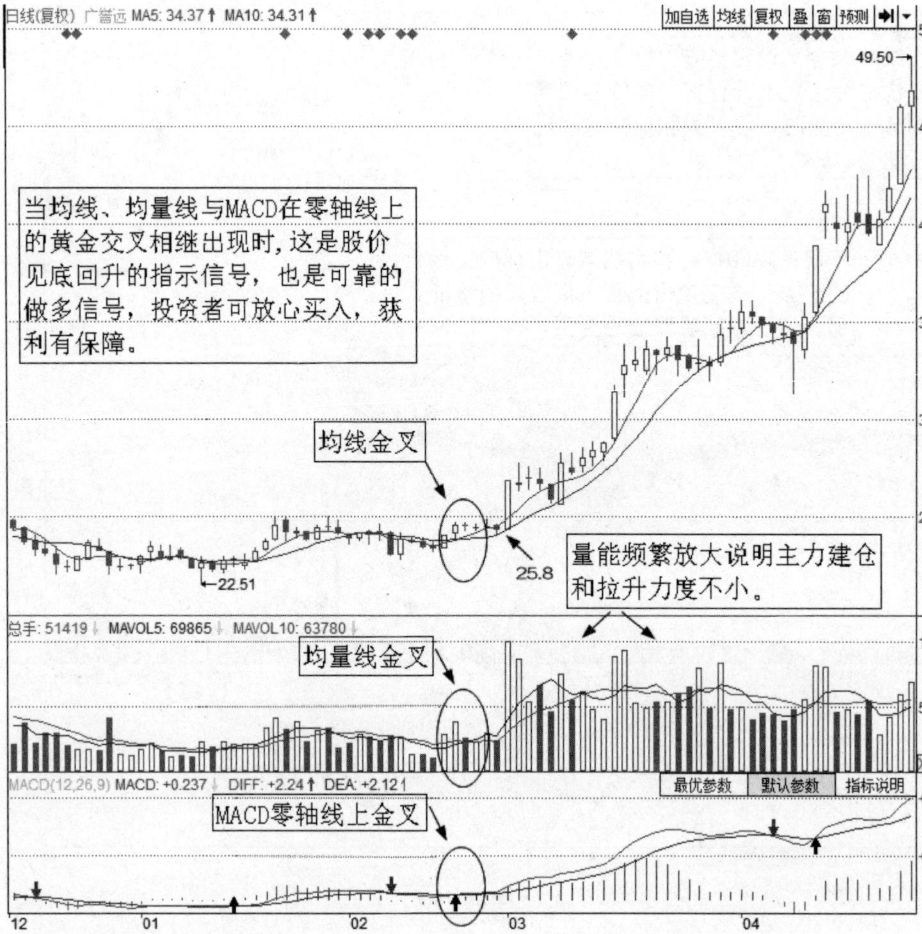

图3-10

本例中,该股走势图在出现三线共振金叉后就一路向上,走出了单边上扬的走势,股价也从最初的26元不到一直上涨到49.50元,股价上涨将近一倍,据此买进的投资者获利较大。

如图3-11所示,三丰智能(300276)出现两次三线金叉共振,都有一波上扬行情,特别是第二次的三线金叉共振,再次加快股价的上涨速度。这是股价的第二个买点,往后也是股价强势上攻阶段。我们再来看看当时的成交量情况,图中两次三线共振金叉出现之后,成交量都逐渐放大,股价也跟着同步上涨,这是一种有主动资金入场的信号。

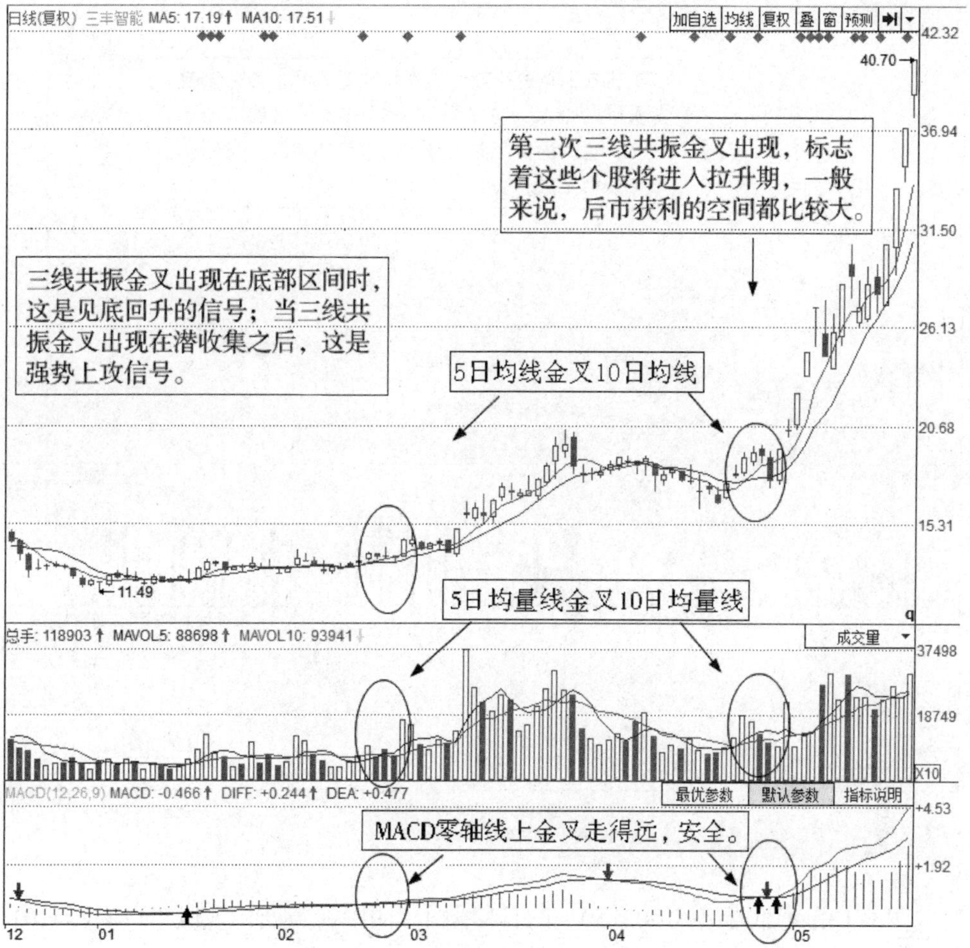

图3-11

该股出现两次均线、均量线和MACD零轴线上金叉后,股价均出现大幅上涨,买进的投资者获利巨大。投资者可据此作出买卖参考,获取投资收益。

图3-12是奥普光电(002338)的日K线走势图。2015年5月12日,该股大幅上涨,收出大阳线,同时成交量急剧放大,形势一片大好。这时看好的原因还不仅仅是当日大涨突破前高,更重要的是此时该股的均线交叉形成金叉,整体呈多头排列,这是多头强势有力表现。另外,均量线和MACD指标在零轴线上也分别产生金叉,三线共振金叉预示着多头已经占据优势,短线强势,后市应该会加速上涨。投资者可放心介入。

一本书搞懂波段中线战法：翻倍牛股擒杀术

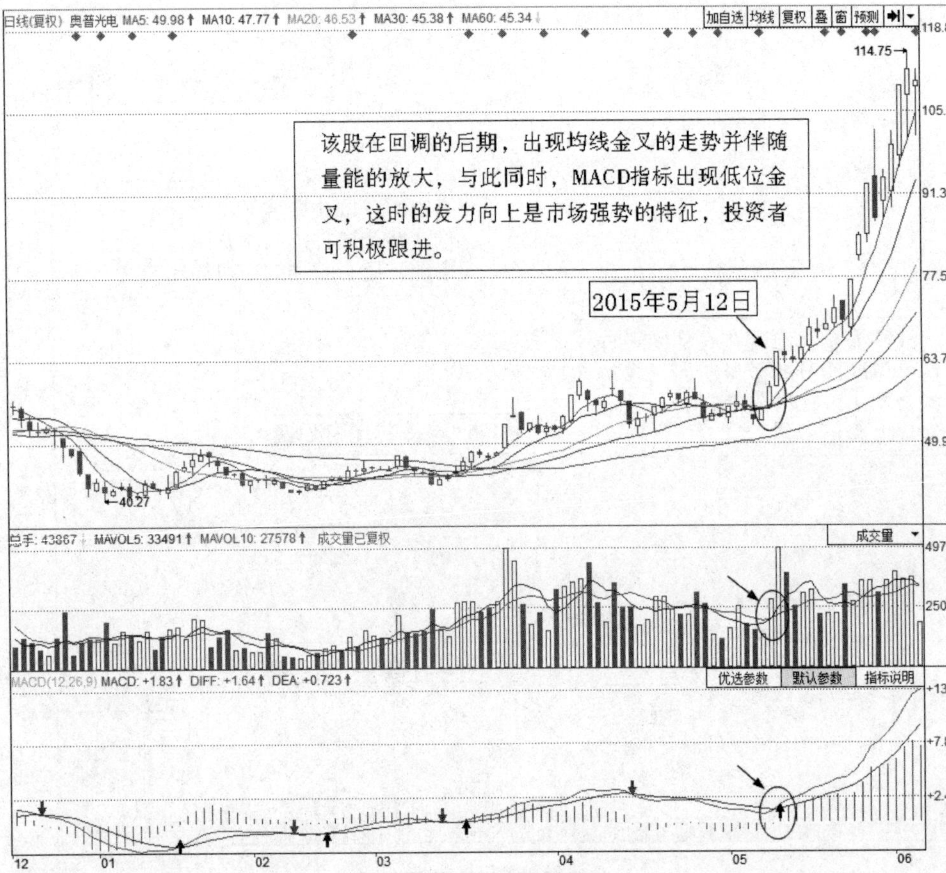

图3-12

图3-13是通润装备（002150）的日K线图。图中箭头处，该股5日均线与10日均线产生金叉，均线也开始呈多头排列，上升趋势明显展开。同时，均量线产生金叉，MACD指标在零轴线上也产生金叉，这就是我们所说的三线金叉共振。这表明市场一致看多，呈量增价涨的良好局势，后市应该还有较大涨幅。更为重要的是，三个信号同时产生，会产生巨大的共振效应，刺激投资者一致做多，后市多会出现较大的行情。

本例中，该股在出现三线共振金叉后，股价逐步上升，随后走出一波相当大的行情，把握住的投资者获利不菲。

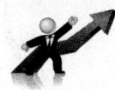

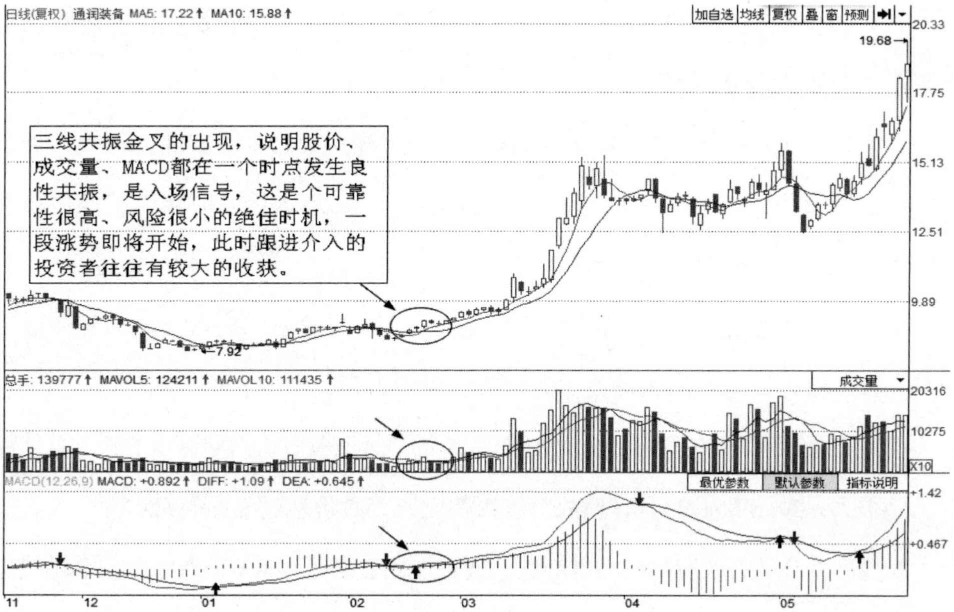
日线(复权) 通润装备 MA5: 17.22 MA10: 15.88
三线共振金叉的出现，说明股价、成交量、MACD都在一个时点发生良性共振，是入场信号，这是个可靠性很高、风险很小的绝佳时机，一段涨势即将开始，此时跟进介入的投资者往往有较大的收获。
总手: 139777 MAVOL5: 124211 MAVOL10: 111435
MACD(12,26,9) MACD: +0.892 DIFF: +1.09 DEA: +0.645

图3-13

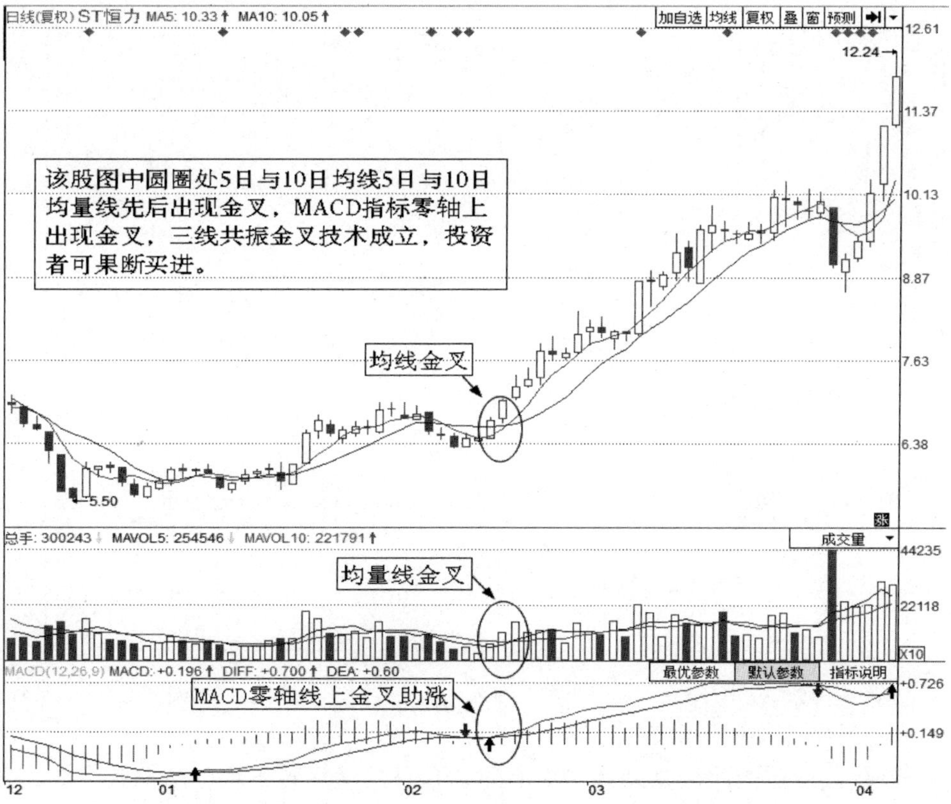
日线(复权) ST恒力 MA5: 10.33 MA10: 10.05
该股图中圆圈处5日与10日均线5日与10日均量线先后出现金叉，MACD指标零轴上出现金叉，三线共振金叉技术成立，投资者可果断买进。
均线金叉
总手: 300243 MAVOL5: 254546 MAVOL10: 221791
均量线金叉
MACD(12,26,9) MACD: +0.196 DIFF: +0.700 DEA: +0.60
MACD零轴线上金叉助涨

图3-14

图3-14是ST恒力（000622）的日K线走势图。投资者首先看均线有没有向上交叉之后，再看均量线有没有向上交叉，最后看MACD指标在零轴线上有没有金叉，三个信号都同时出现之后，就可以买入了。对一般的股票来说，三线共振金叉出现意味着不买进就等于踏空，因为此时技术上已进入涨升时点。该股后市在三线共振金叉后，吸引了更多的场外资金介入，从而全面爆发一轮多头行情。

本例中，该股我们也能看到出现三线共振金叉的形态，买入指示信号明确，又是一个三指标同时发出买进提示的个股。投资者据此买进，可大获丰收。

图3-15是对*ST有树（300209）的日K线走势图。该股股价前期逐步上涨，总体涨幅已经很大，2015年5月11日，该股继续大幅上涨，股价越过前期高点出现金叉；同时均量线产生金叉，说明市场人气旺盛，买盘踊跃。另外，MACD指标也在零轴线上产生金叉，三线共振金叉成立。对投资者来说，这是一个极好的买入时机。

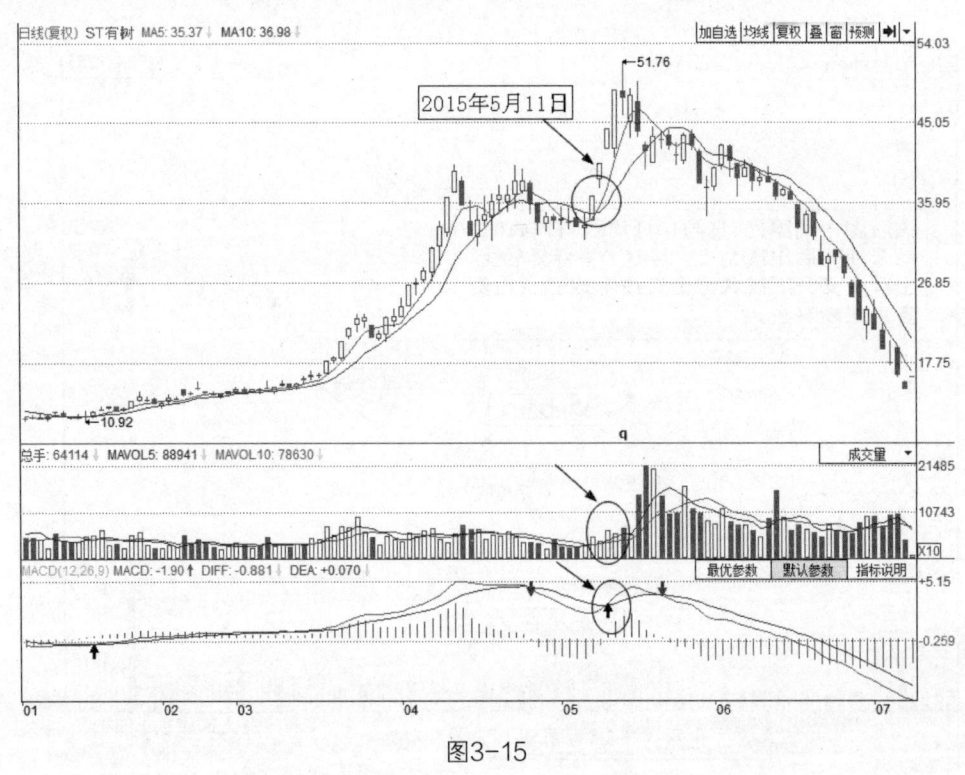

图3-15

可是该股股价此后并没有继续上涨，几日后就反转下跌，跌幅较大。为什么此处的三线共振金叉没效果呢？除了大盘的因素，我们还忽略了一个重要的东西，那就是股价的整体位置。该股前期的涨幅累计已经很大，主力随时都可能出逃，在此高位的非常好的技术形态，反倒成为主力诱骗投资者追进接盘的诱多陷阱。

该股给我们的启示是——任何好的技术形态都需要放在整体环境中考虑，我们应该警惕这种高位的三线共振金叉，小心主力诱多陷阱。此时，一旦股价滞涨或者反转，投资者就应该及时卖出止损。

图3-16是ST交投（002200）的日K线走势图，该股前期大幅上涨后终于见顶回落。2015年5月21日，该股继续上涨，同时5日均线和10日均线形成金叉；另外，均量线形成金叉，MACD指标也在零轴线上形成金叉，三线共振金叉条件成立，看似多头又强势归来，好像是个很好的买点。不过该股此后的走势却让人大失所望，后市跌幅巨大。为什么这个三线共振金叉会失败呢？这也是一个高位诱多的陷阱。

图3-16

本例中，该股股价同样总体处于高位，主力在回调过程中显然没有完全出干净货，又再度拉高出货，于是利用良好的技术走势来诱惑投资者买入接盘。另外，当时的大盘也见顶回落，影响到个股的走势，这也是我们不能忽略的。

三线共振金叉并不难，但不是每次都能收获较大收益。但它是一种相对简单实用的技巧，投资者有必要熟练掌握，借此提高自己的核心操作能力，使自己真正成为读懂市场语言的赢家。

第四章

前期高点关键位置捕获暴涨牛股

第一节 基本原理

前期高点区域之所以形成股价上涨的阻力，其原因在于这些高点往往都是以前的头部且投资者在心理上有对高位区或顶部区的防范意识，再加上这些高点大多伴随着较大的成交量，待股价再上涨到这些点位时，就意味着套牢盘的松动、抛压的来临，这会制约股价进一步上涨。聪明的投资者要认真关注在前高关键位置上个股的表现。这一关键位置，通常是多空争斗较为激烈的结果，往往影响个股的后市走势表现。

在股票市场中，经常会出现强者恒强的案例，特别是突破前高的品种，更是势不可挡，经常成为牛股。因为此类个股创出阶段新高之后，会解放过去的套牢筹码，使解套盘兑现的压力减轻，从而有利于主力进行后续的拉升。而且突破新高的品种，上档一马平川，无套牢筹码，无明显技术压力区域，所以通常会保持继续上涨创新高的态势，这是本章的技术重点。

图4-1是兆驰股份（002429）的日K线走势图。该股股价在前期留下了一个高点，这个高点对股价后期的波动产生了阻力的作用，且持续四个多月都没有被突破。2015年3月2日，股价向上涨停突破该高点，这意味着主力完全做好了拉升股价的准备，它给了投资者解套的机会。攻破这个高点，主力可以有更大的空间去盈利，投资者可及时跟随入场，分得一杯羹。

第四章　前期高点关键位置捕获暴涨牛股

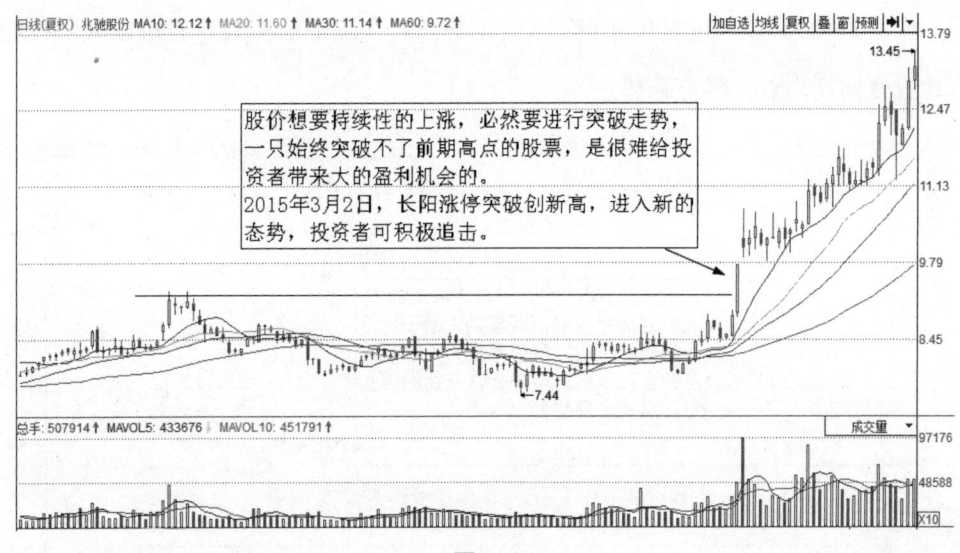

图4-1

股价在运行的过程中，会在高点上留下套牢盘。对被套牢的投资者来说，一旦有了解套的机会就好像死里逃生一样，不要想着如何获利，而要想着赶紧平仓保本出局。前期高点通常是套人最厉害的地方，当主力给这些被套牢最严重的投资者以解套的机会时，主力已经做好了承接套牢盘的准备，不怕这些套牢盘的涌出，那么投资者也就没必要担心，可以跟随主力在突破前期高点的情况下，一起入场做多。

前期高点造成的阻力制约了股票的上涨高度，只有放量突破前期高点才能释放出股票的上涨空间。突破前期高点用来作为买入的依据，这种方法使用很广泛，因为前期高点通常是上涨过程中的阻力位，一旦向上突破了，后市往往会上涨。

放量突破前期高点买入的最大优点是——可以让投资者直接参与到股价的上涨过程中，达到节约时间、高效快捷获利的目的。从心理的角度来说，投资者都期望能尽量抓住市场的机会，所以总希望自己买的股票马上就能涨。而采用放量突破前期高点压力位买入，恰恰可以为投资者省去等待的时间，把握股价起飞的阶段。

图4-2是新和成（002001）的日K线走势图。在图中箭头处，股价以大阳线的方式收复前期高点，尽显强势。

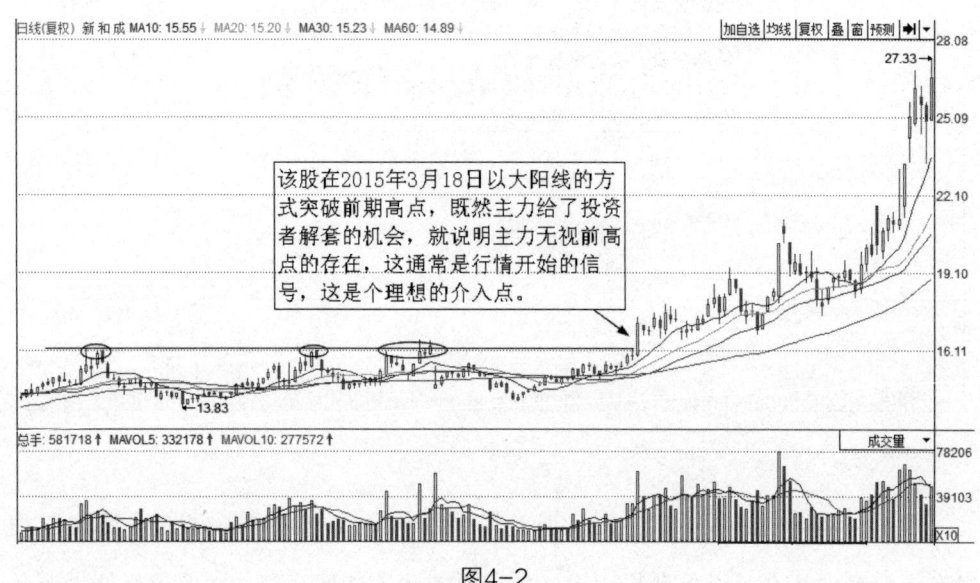

图4-2

股价在突破该价格后，直接进入了单边震荡上扬的行情中。此时及时介入的投资者将获利不菲。投资者在股价涨停突破前期高点时买进，在后面短短十几个交易日，就可获得较大的收益，财富增值效应明显。

本例中，该股股价在左侧长时间不涨，一直处于盘整震荡状态。这对买入该股的投资者而言是一种煎熬：卖也不是，不卖也不是，如果卖了股价涨了岂不是后悔；如果不卖，股价一直长时间处于盘整震荡状态对资金来说是一种极大的浪费，且股价盘整后是涨是跌还不确定，白白浪费时间。而待其突破前期高点，投资者顺势跟进，享受股价拉升的乐趣，这样既可以避免股价长时间的震荡盘整，也可以规避掉一些不确定的风险。

第二节　实战操作要领

（1）当大盘行情较强时，准确率更高。

追涨突破前期高点的个股时，必须注意的是要选择市场整体趋势向好的背景。当大势向好时，追涨的成功概率较大；而在大势疲弱的情况下，假突破在这个时期较多，因为个股短线即使形成突破，也会受到大盘的拖累，使得涨幅有限。

（2）距当前越近的高点阻力越大，越远的高点阻力越小。

（3）受阻次数越多的高点，说明阻力越大，一旦有效突破后，其意义越大。

（4）关注成交量是否积极配合。

股价在向上突破前期高点阻力位时，应有明显的成交量放大支持，表明有规模的资金进场，这样的突破才能有效和安全。突破有效与否在很大程度上取决于量能，因为突破意味着要给上方的套牢盘解套，没有成交量则值得怀疑。

（5）要有果断的心理素质。

因为形成放量突破前期高点的股票，绝大多数将进入快速拉升期，股价往往表现出快速上涨行情。此时，投资者如果操作过于犹豫不决，则容易错失良机。

第三节 具体运用实例解析

1. 当股价突破前期高点时，及时追涨买入

图4-3是东方海洋（002086）的日K线走势图。2015年1月16日，该股结束盘局，当日股价大阳线涨停，股价成功突破前期高点。像这种以涨停方式突破前期高点强势动作，肯定不是散户所为，应是主力主动拉伸。既然主力做多的决心如此鲜明，那么后市肯定还有较大涨幅，即使此时追高买进也没多大风险。以涨停方式突破前期高点，可以说是主力吹响进攻的冲锋号角，投资者应积极跟进。

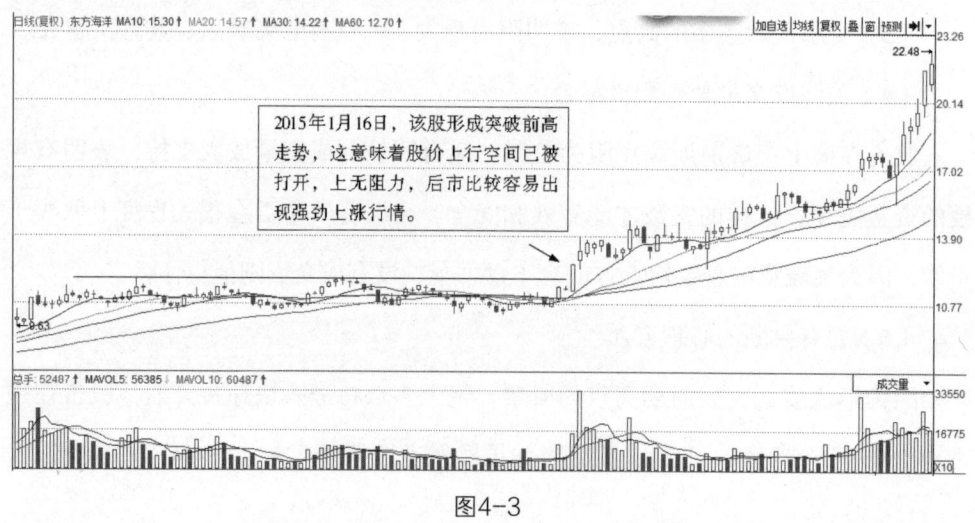

图4-3

该股股价长期整盘震荡整理，然后在1月16日涨停突破创新高，说明主力蓄势攻关，有备而来。放量突破前期高点，这说明前面的套牢盘已经完全解套，上升空间被彻底打开，后市应该还有更大涨幅。此时投资者可以积极跟进，等待收获赚钱行情。

图4-4是GQY视讯（300076）的日K线走势图。2015年5月11日，该股大幅上

涨，并留下一个明显的向上跳空缺口，这也是一种强势突破的方式。此时，向上跳空缺口本身就带有巨大的力量，投资者没有理由不追进。

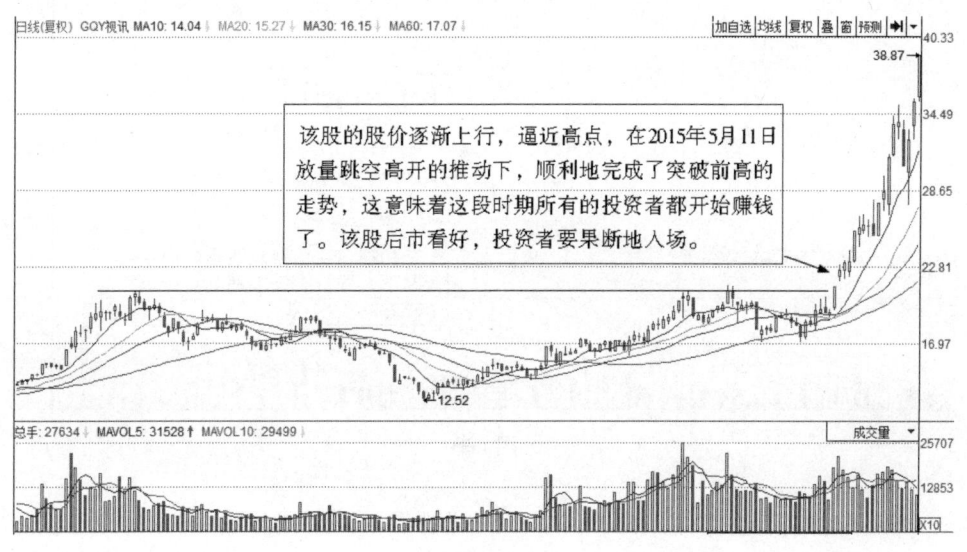

图4-4

该股的突破之所以值得积极追进，还在于前期的洗盘较为充分。该股洗盘时间较长，回调幅度深，让没耐心又胆小的投资者自动出局。放量突破前期高点是一个较为合适的介入机会。

图4-5是金固股份（002488）的日K线走势图。2015年4月27日，该股股价大幅上涨，突破前期高点，前途豁然开朗，投资者可积极追进。此后该股快速拉升，涨幅较大。

该股突破的时候缺少量能的支持，为什么还能大幅上涨呢？主要原因是大盘向好；另外，该股前期的涨幅并不大，经过一个月的蓄势整理后，主力重新掌握了话语权，控盘度更高。再加上以智能汽车题材为炒作引爆点，后市轻松拉升也是可以理解的。

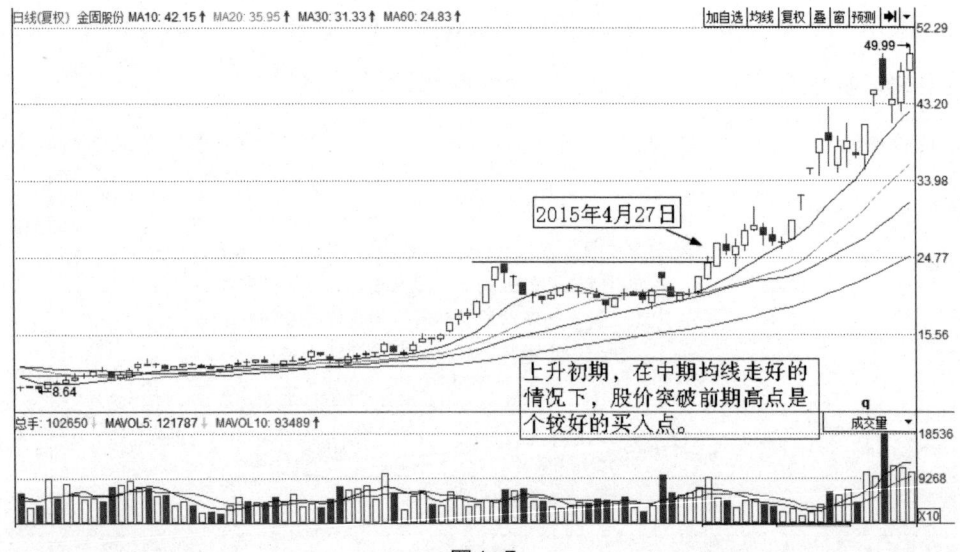

图4-5

图4-6是天桥起重（002523）的日K线走势图。该股走势图左侧股价走出阶段新高后，便步入回调阶段，持续时间长达五个月。2015年3月18日，股价以连续放量阳线的方式突破前期高点阻力线，宣告股价摆脱前期高点的压制，重新步入上升阶段。短时间升幅巨大惊人。

图4-6

图4-7是圣龙股份（603178）的日K线走势图。该股在2023年10月12日以涨停板突破前期高点压制，宣告股价正式步入上升阶段，此后该股进入了股价快速拉升的阶段。在短短10个交易日里，股价一路上升到45.84元，走出了翻倍行情，这又是一个暴涨牛股的典范。

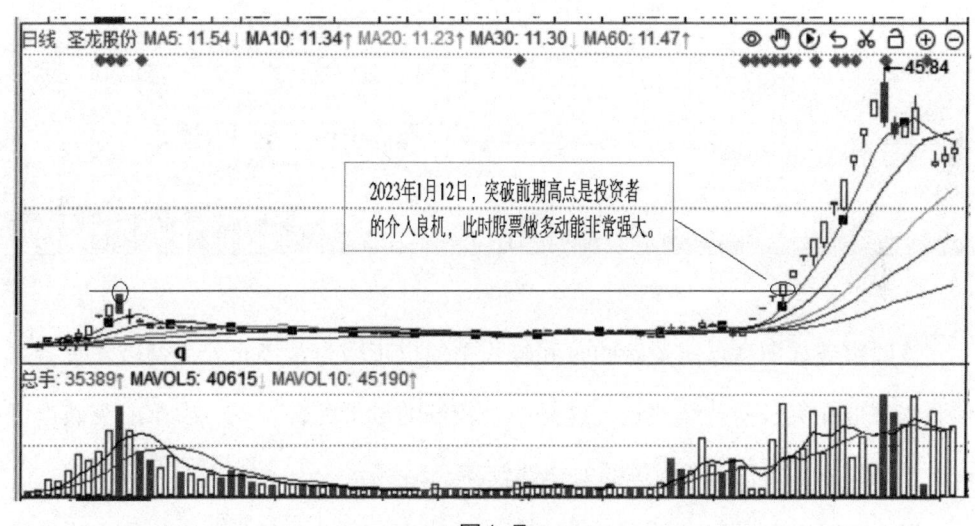

图4-7

2. 要关注突破前期高点量能的表现

因为量能是股价上涨的原动力，有量能的支持，股价上涨才更靠得住。

当股价在上涨过程中，突破前期顶部成交量明显放大，不管突破的是前期小头部还是较大的历史成交密集区，次日上涨获利概率都较大。其原因在于，主力既然敢于挑战前一头部，就说明其志在必得，上涨会成为主旋律。如果大盘不拖后腿，则一轮升势即将出现。

图4-8是新大洲A（000571）的日K线走势图。该股股价在前期有一个较大的涨幅，形成一个阶段性的顶部，此后股价受到前期高点的压制，一直无法逾越。

2015年3月19日，该股终于放量，股价大幅上涨冲破前期高点的压制，上升空间被打开，投资者可以积极介入。后市该股果然持续上涨，涨幅不小。

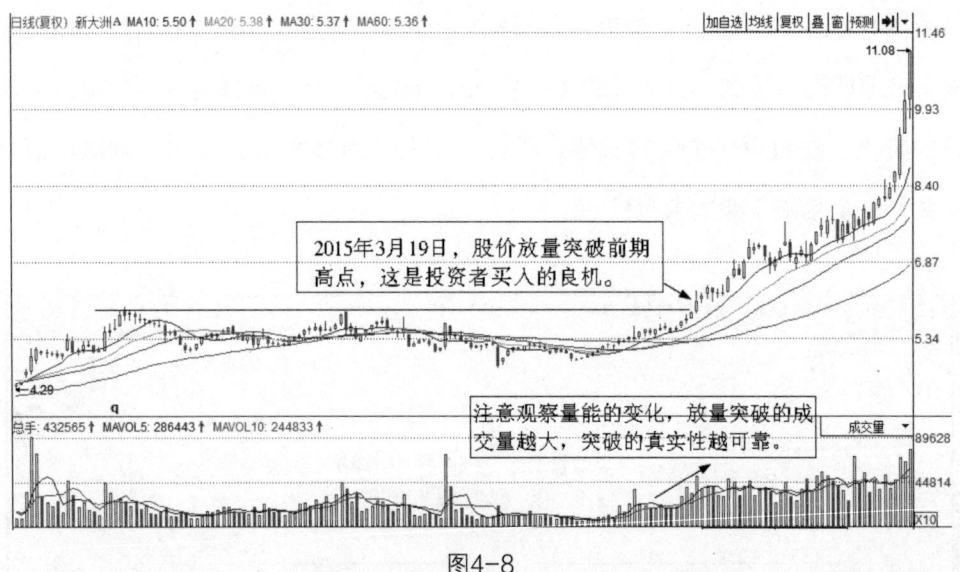

图4-8

该股突破前期高点所花费的时间较长，但也正因为蓄势充分，突破才更令人信服。该股在突破前持续放量，这是一个较好的量价配合表现，后市的突破也可以说是顺理成章，投资者跟进的安全性较高。

图4-9是宝新能源（000690）的日K线走势图。该股股价在一个箱体内横盘震荡了很久，调整得非常充分，收集了大量筹码。2015年3月16日，放量大阳线突破前期高点阻力位，投资者此时应果断介入，这是买入的好时机。之后股价连续强悍上涨，短线迅猛上攻，快速翻倍。

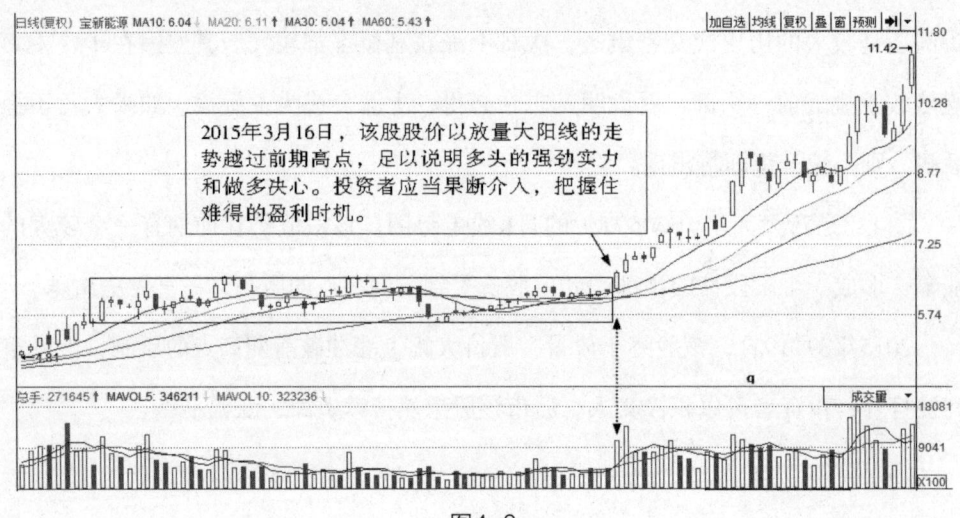

图4-9

第四章 前期高点关键位置捕获暴涨牛股

图4-10是君正集团（601216）的走势图。该股股价放量突破压力线，同时也创出阶段新高。此后股价一路震荡上行，新高不断，图中累计涨幅一倍有余。

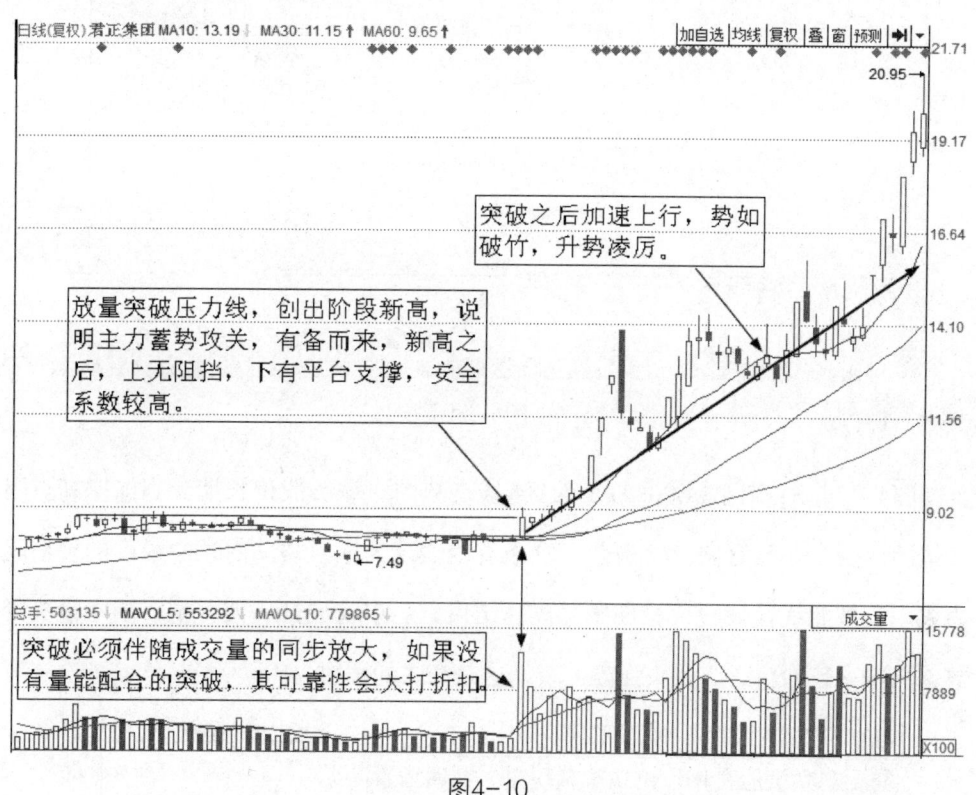

图4-10

图4-11是中国宝安（000009）的日K线走势图。2015年2月17日，该股盘中大幅跳空上涨，但遭到空头的强力反击，最后留下伪阴线，同时成交量大幅放大。这就让人有点不理解，股价已经明显冲过前期高点位置，但是又留下一根伪阴线，显然空头力量也足够强大，这是真突破还是假突破真出货呢？这是个难以解答的问题。不过既然股价已明显突破前期高点，量能也明显放大，我们姑且看多，继续观察后市，找机会介入。

图4-11

图4-12是ST广网（600831）的日K线走势图。该股股价长期受到前期高点阻力位的压制，在没有向上突破前，这条直线表现为横盘震荡时期中最高的价格阻力线。突破此线代表股价长期横盘震荡结束，后市将展开一波行情。图中箭头处放量涨停突破创新高，多头强势上攻，这是介入的契机。

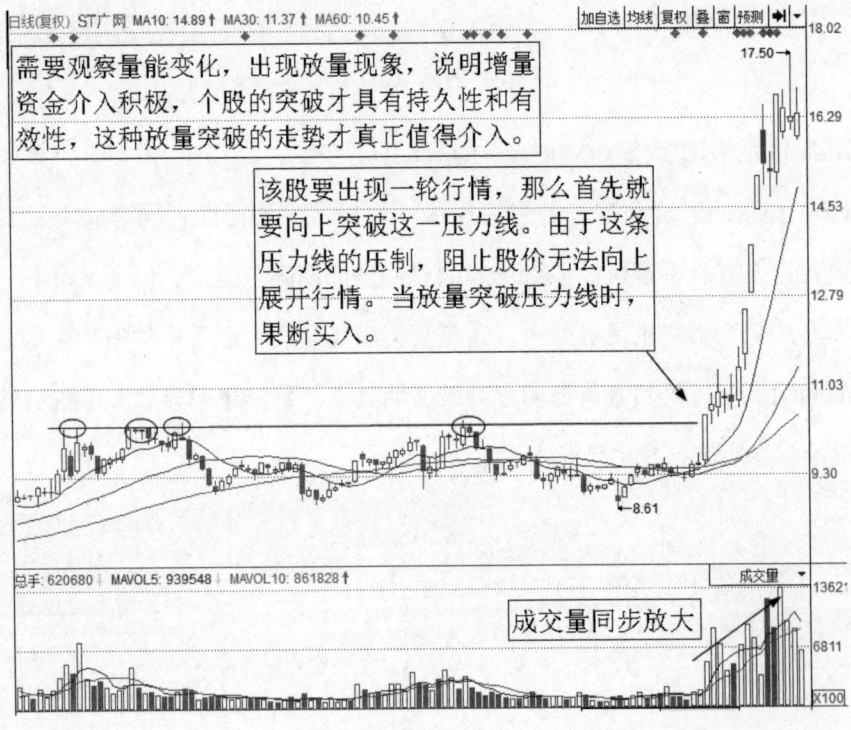

图4-12

第四章 前期高点关键位置捕获暴涨牛股

突破前期高点必须伴随成交量的同步放大，没有量能配合的突破，其可靠性会大打折扣。股市里有一句话，"后量超前量，前途无限量"，股价向上攻击成功必须有大的成交量配合，否则可能是假突破，不应追涨介入。

股价放量突破压力线就意味着当前的压力已经消解，后市应该有一段上涨的空间。因此放量突破压力线是一个较为简单的买入法。

图4-13是宏达股份（600331）的日K线走势图。该股进行了多个交易日的横盘震荡整固蓄势，整体上升形态保持良好，此时投资者应该重点关注其突破时机。2015年3月6日，该股强势封于涨停，股价放量突破前期高点，这说明主力已经完成洗盘，涨停突破就是拉升信号。这么长时间的震荡也让主力蓄势充分，一旦突破，必然势如破竹。该股此后果然快速上涨，涨幅不小，让突破抢进的投资者获利颇丰。

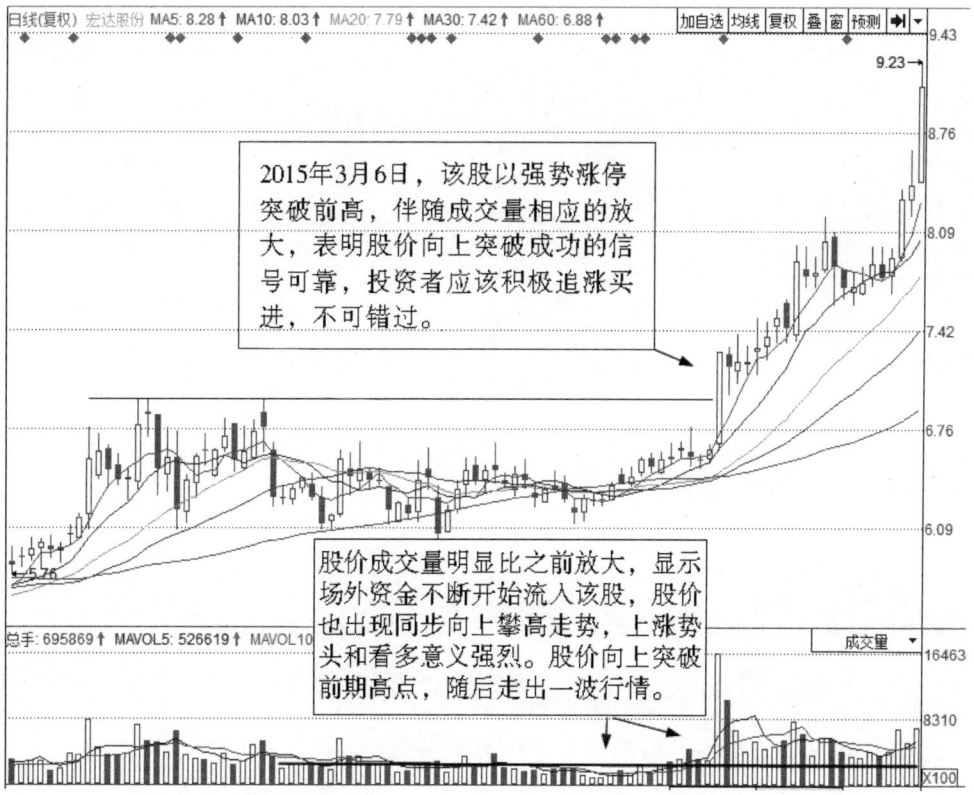

图4-13

当股价上涨至前期高点附近时，如果能够放量突破，创出新高，说明股价将要在原来高点的基础上，再上一个台阶。此时投资者可以选择突破当天或者第二天股价走强时买入。

图4-14是上海贝岭（600171）的日K线走势图。该股的股价经过一番较长时间的调整之后，在2015年1月22日再度起涨。一个放量涨停板使得该股突破前期形成的高点，这是主力强势拉升个股的信号，它预示着新一轮的上升行情即将展开，也是升势仍将延续下去的标志。涨停突破前期的高点，形成突破的走势，既然股价已创新高，投资者也就没有必要再犹豫，可以积极追涨买入进场。

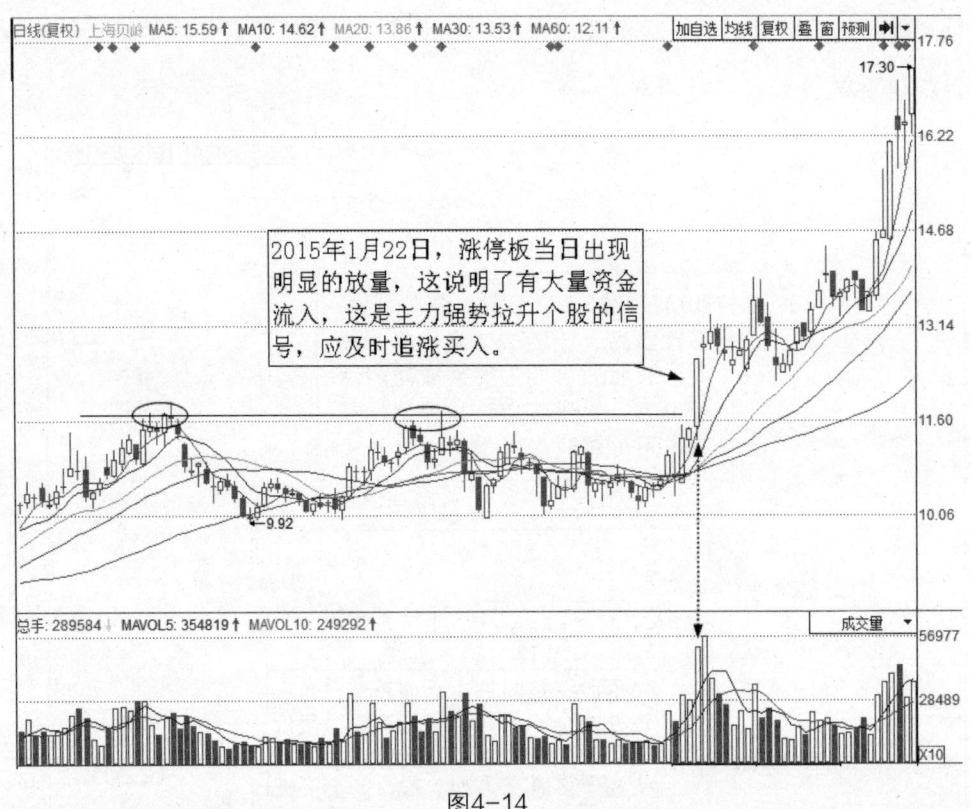

图4-14

有高点其实不可怕，可怕的是这个高点一直过不去。该股之前形成高点后，股价出现了几个月的调整，而前期高点区间存在着大量的套牢盘。现在股价重新回到前期高点这里，给了这些套牢的投资者以解套的机会，这说明主力志在高远,前期高点不是心目中的价位,所以才会涨停突破前期高点,在上证指数的配合下,此时的放量突破点通常是投资者最佳的买入点。

3. 股票突破多个前期高点

高点越多,造成的阻力位越明显,突破的意义也就越来越大。此后会产生更强劲的上涨行情。

多个高点构成的阻力比单个高点构成的阻力沉重。因为,多次冲击这个位置而不过,显然有很大的阻力,而且每次冲击都增加了新的套牢盘,所以这样的阻力位不同寻常。但是一旦突破则是扫清了最大障碍,前途一片光明,成为极佳的进场时机。

图4-15是香雪制药(300147)的日K线走势图。该股多次上涨到前期高点附近就调头下行,都以失败告终,说明前期高点压力巨大,多头暂时无力攻克。前期高点区域的压力成为一道无法逾越的天堑,直到2015年4月1日才终于大幅上涨,强势突破前期高点。至此上升空间被打开,前途一片光明。

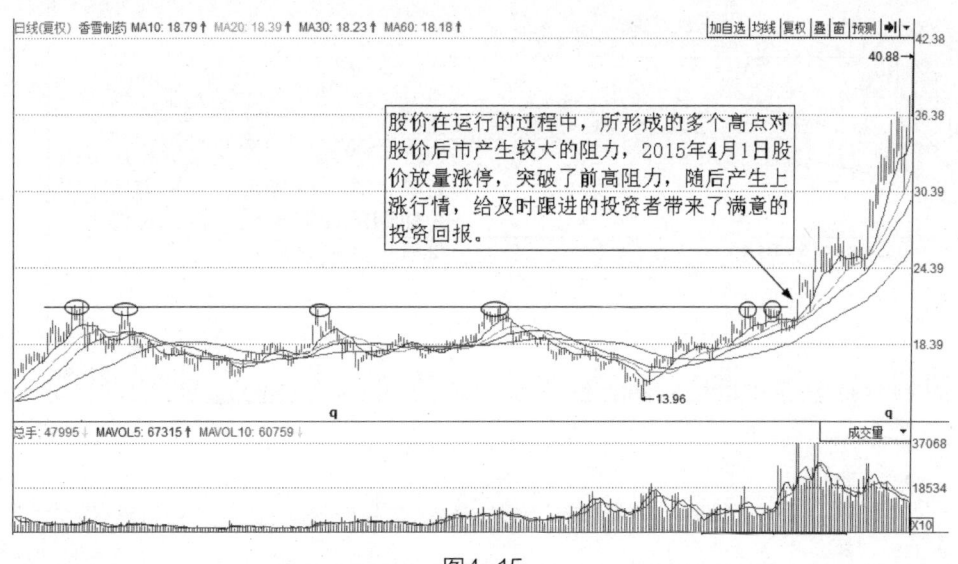

图4-15

该股的这个突破前期高点阻力位非常有价值,因为阻力位是由前期六个相同高点构成,压力非常明显。另外,在突破前高阻力之前,该股有一段时间的蓄势盘整。2015年4月1日,股价强势突破前期高点,自然是买入点,投资者此时可积极跟进,不可错过。这种放量突破方法可以让投资者轻松获利,不需要绞尽脑汁费力去想买点。

图4-16是苏交科(300284)的日K线走势图,该股经过较长时间横盘震荡后再次来到前期高点之下。2015年2月26日,该股发力上行,当日强势封于涨停,股价也成功突破前期高点的压力。这就说明股价开始新一轮的上攻,后期将会有进一步的拓展空间,此时对投资者来说是较好的介入机会。

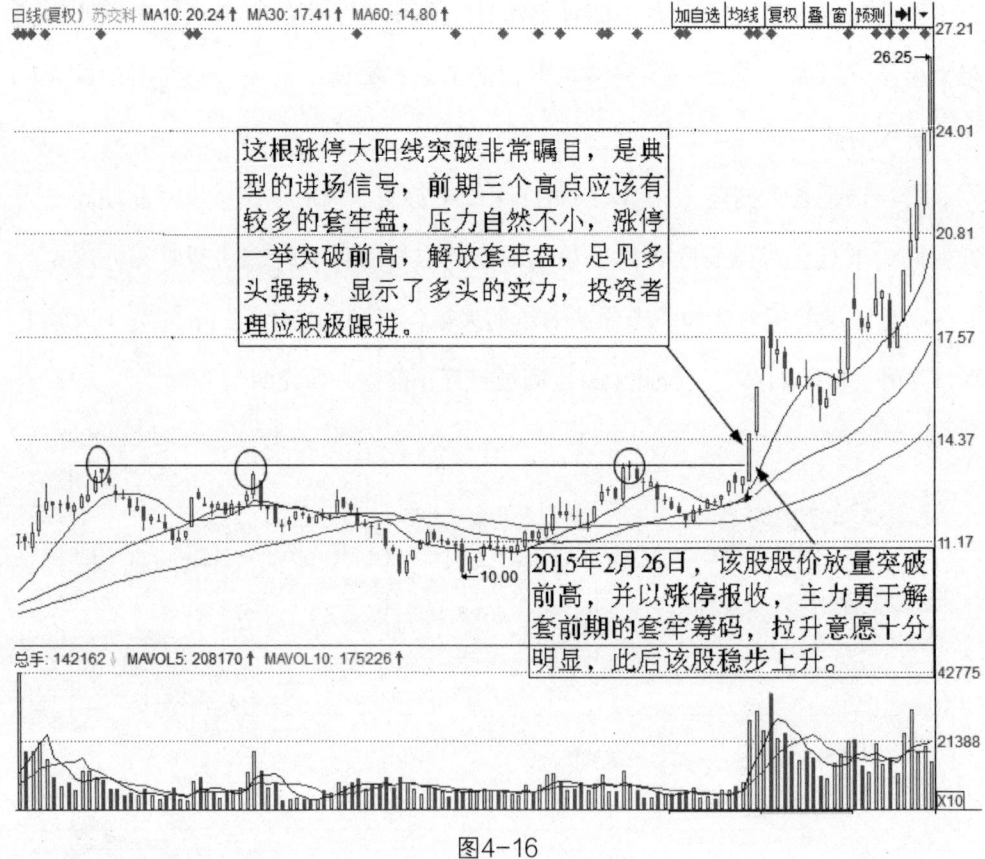

图4-16

该股经过较长时间的震荡整理,蓄势比较充分,既然主力以放量涨停方式发动攻势,我们自然不能轻易放过这样的好机会。

图4-17是中南传媒(601098)的日K线走势图。从该股的压力线很容易看出,三个高点都相差无几,说明此处有明显的压力。我们这里关注的是突破这个动作,该股在2015年3月4日以涨停板突破,收出大阳线,成交量也有所放大,自

然是极佳的买入点，投资者可积极跟进，不可错过。此后该股一路震荡上行，新高不断。

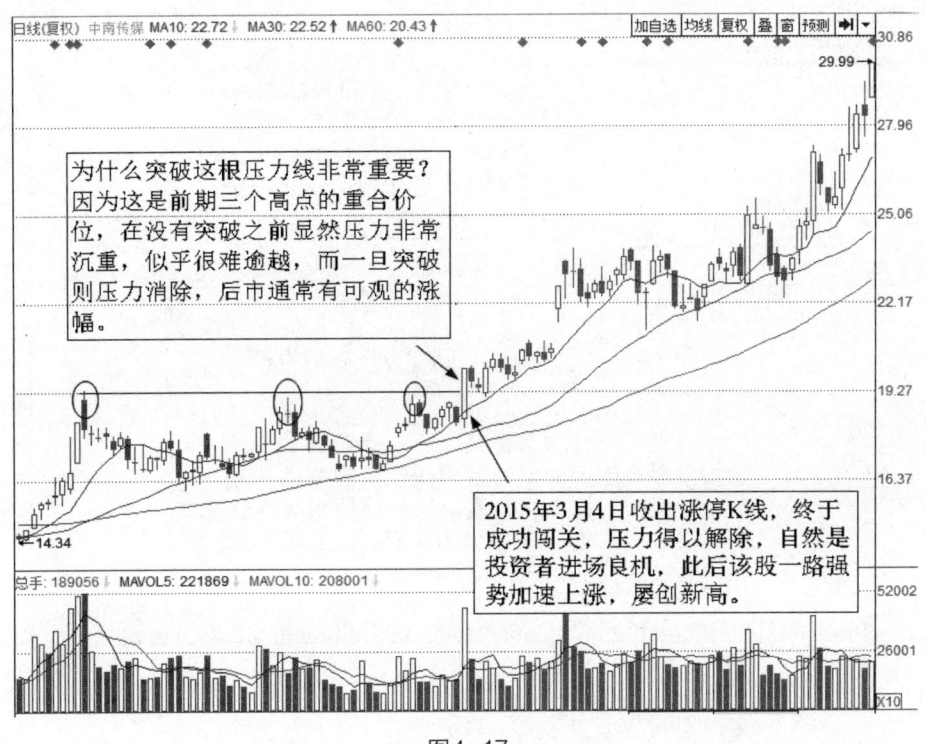

图4-17

图4-18是骆驼股份（601311）的日K线走势图，该股在15.40元附近有一道很明显的压力线，因为在这个价位，股价曾多次冲高回落，一直难以逾越，说明压力巨大，多次冲击失败也留下了较多的套牢盘，给后市拉升带来不利影响。2015年3月16日，该股突然涨停，突破了这道重要的压力线。一旦突破这道压力线，上升的障碍就扫清，后市拉升就变得比较轻松，该股后来的走势也确实如此。

图4-19是铭普光磁（002902）的日K线走势图，该股于2023年6月2日涨停突破一条重要的压力线，上升空间豁然开朗，是投资者介入的极佳时机。这个突破非常有价值，因为此处压力线所处价位是一个长期压力位，这个高点曾经几次被试探，都没有过关，也留下众多的套牢盘。而终于突破重重压力，可谓云开雾散。此后该股能持续快速拉升，也得益于突破了这道重要的关卡，扫清了上涨的最大障碍。

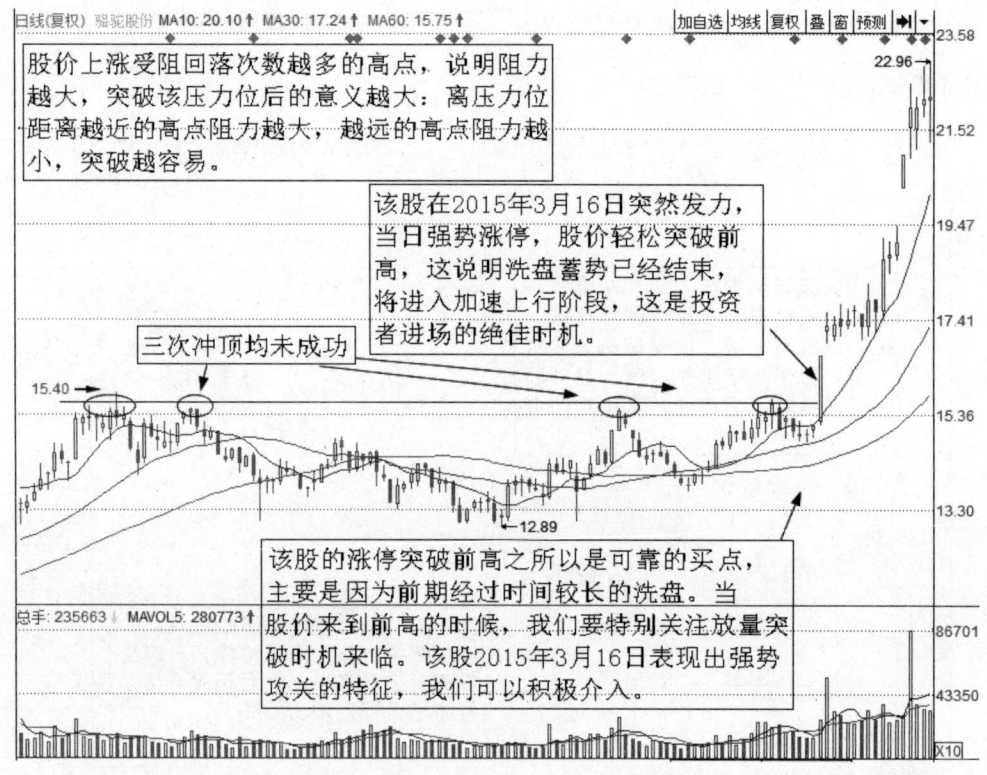

图4-18

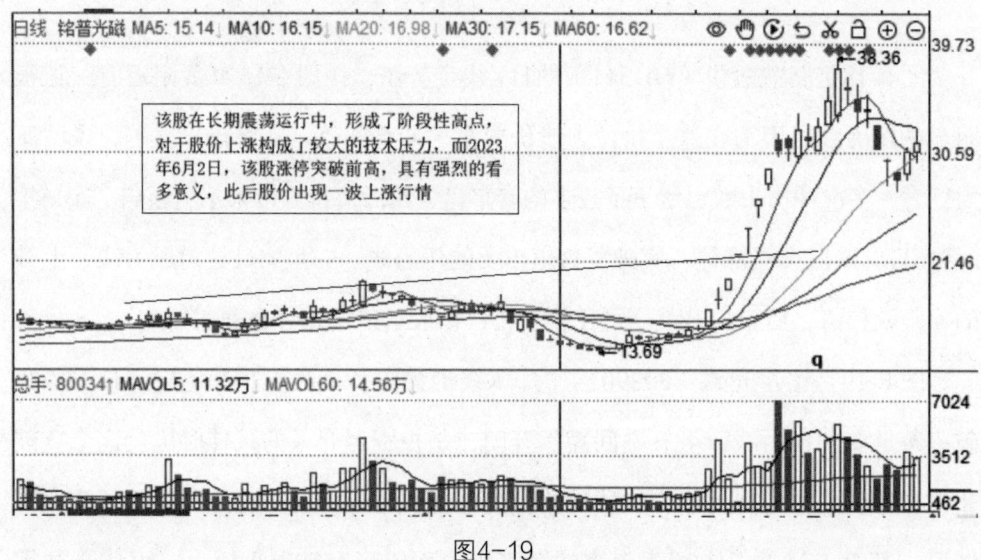

图4-19

图4-20是东峰集团（601515）的日K线走势图。2015年3月5日这个涨停突破非常强势，因为压力位是历史沉淀的几个高点共同构筑的，长时间难以突破，可

见压力之大。以放量涨停的方式突破，更见主力的强悍，完全不惧压力，足见其信心。当然该股主力准备工作比较充分，在突破之前，持续长时间震荡，化解压力，后面的突破不过是对空头的乘胜追击，我们自然要果断跟进。突破后该股强势拉升，涨幅可观。

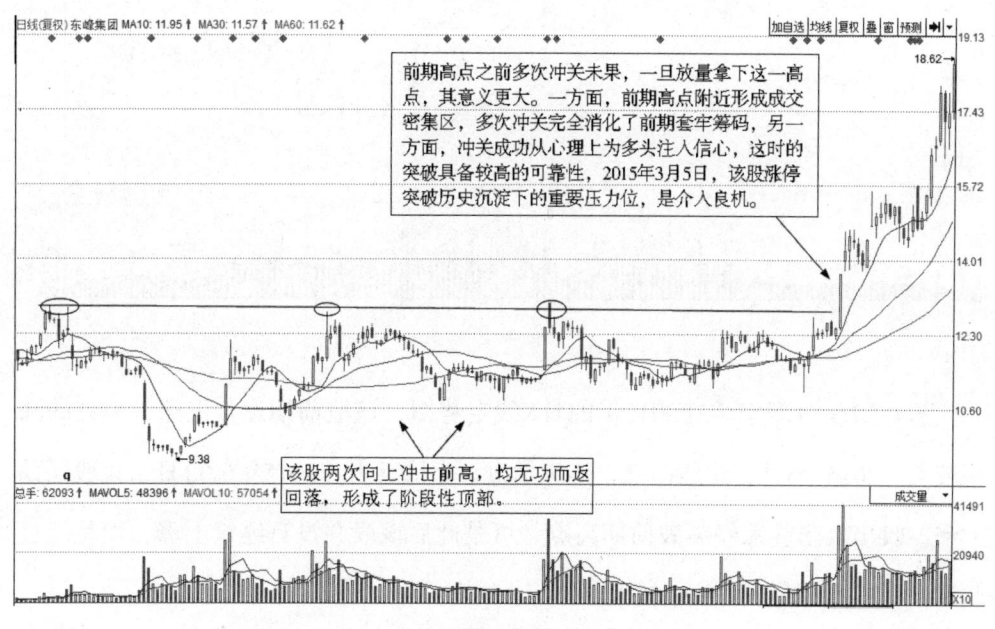

图4-20

4. 注意股价突破的位置

突破前期高点买入，最好是在上升趋势的初、中期出现突破，这样的信号才更加可靠。而在上升趋势的末期出现的突破，多为诱多陷阱，投资者需小心。

图4-21是四方达（300179）的日K线走势图。2015年5月20日，该股放量大涨，股价一举突破前期高点，看似非常强势，带量的突破通常是追进的好时机。该股后市也如期上涨，但上涨的幅度不大，随即反转下跌，跌幅较大。

回头看，该股5月20日的突破更像是主力的诱多陷阱。因为突破后又短暂拉高，在此过程中主力已经悄悄准备潜逃。当然现在这样说有些"事后诸葛亮"的味道，但至少说明一个问题——在前期涨幅比较大的前提下，追涨是充满风险的，投资者在高位要注意止损。

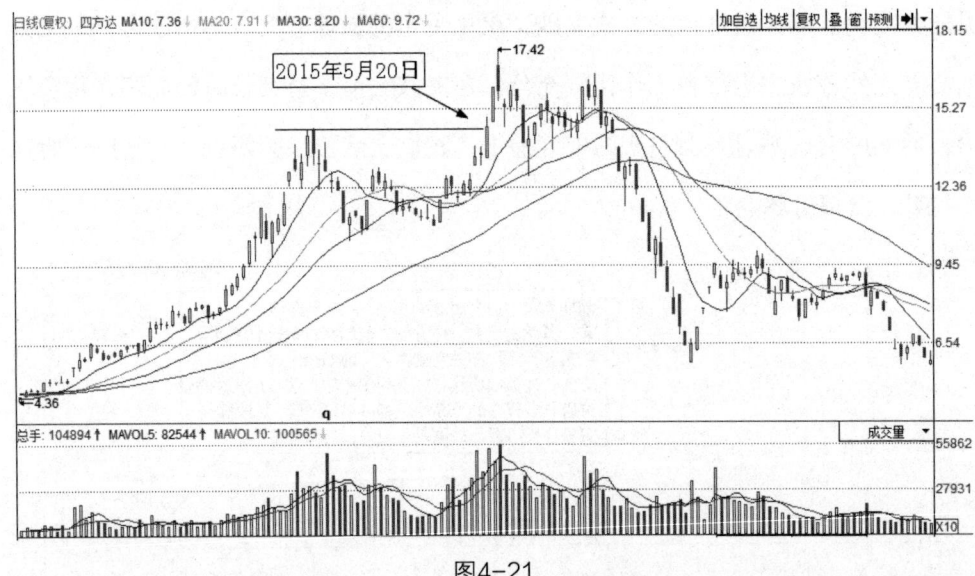

图4-21

图4-22是ST新宁（300013）的日K线走势图，该股前期逐步上涨，累计的涨幅较大。2015年5月，该股滞涨，连续横盘，上涨乏力。2015年6月1日，该股强劲上涨，收出大阳线涨停突破前期高点，可是此后该股并没有继续上涨，而是经过几天挣扎后掉头向下，跌幅较大。

图4-22

本例该股是一个诱多陷阱，投资者一不小心就会被深套。判断的最大依据就是股价前期涨幅过大，而突破的时候又没有得到量能的支持。追进的投资者可在后市无力上攻，跌破突破位置时及早卖出。

图4-23是山推股份（000680）的日K线走势图，该股前期累计的涨幅已经非常大。2015年6月3日，该股大幅上涨，股价突破前期高点，看似新一轮的上涨拉开了大幕，可是该股次日即反转下跌，后市更是连续下行，跌幅较大。回过头来看，该股6月3日的突破是典型的假突破，是主力掩护出货的诱多陷阱。

图4-23

但当时如何判断呢？除大盘的因素外，该股本身的涨幅也已经很大，股价高高在上，主力随时都有出逃的冲动，因此蕴含的风险也极大。对于这种股价较高，突破时量能比前期各波段上涨的量能明显萎缩的个股，投资者还是要谨慎小心，不能盲目进场，即便进场了也要做好止损。因为这种前期涨幅较大的股票一旦反转下跌，后市的下跌幅度都不会小。

图4-24是中工国际（002051）的日K线走势图，该股经过数波上涨，涨幅已经十分惊人。2015年6月5日，该股放量拉出涨停大阳线，股价轻松越过前期高点，看似还有更大涨幅在后面。不过未过几日，股价很快反转下跌，跌穿前期高

点位置后更是加速下跌,短期跌幅较大。为什么前面如此优美的涨势没有继续,反而倒是个陷阱呢?

图4-24

除股价整体涨幅太大的原因以外,我们还可以从成交量看出端倪。该股放量突破前期高点的位置,按理说是较好的量价配合形态,但成交量也放得太大了。这么大的成交量说明买盘踊跃,但也说明出货的人不少,难免有主力借拉高出逃的嫌疑。最后股价跌破前期高点,说明主力已经逃跑得差不多,用剩余的筹码砸盘出货。所以说,在股价整体涨幅较大的情况下,即便突破前期高点也可能是主力的诱多陷阱,投资者须小心。

第五章

过前期高点回调买入擒杀牛股

一本书搞懂波段中线战法：翻倍牛股擒杀术

第一节　基本原理

第四章我们说的是过前期高点是个很好的买点，但我们在实际操作过程中往往因各种因素可能错失这样的机会，并非每只个股在突破前期高点后都会迅速上涨，有些个股上行一段后会回调确认走势，在前期高点位置获得可靠支撑，这时候也是投资者买入的较好时机。

把握回调买入的时机不难。对于已经突破的股票，如果股价开始回调到前期高点附近就可以密切关注，按照阻力位和支撑位相互转换的原理，阻力位被突破后就将变成支撑位。因此股价回调到前期高点附近获得支撑，这对投资者来说是较好的介入时机；而且从安全角度出发，以"抄底"的方式介入，风险相对较小。

图5-1是荣盛石化（002493）的走势图。2015年1月19日，该股向上放量突破成功，股价跃居于前期高点之上，不过之后并没有直接上行，在前期高点价位附近受到明显支撑，这就留给投资者很好的介入良机。

一般来说，前期高点突破后，阻力位就会转变为支撑位。该股回调至前期高点，受到明显的支撑，表明此处是一个阶段性的底部，后市应该还会有较大的涨幅，投资者可积极介入。该股后市逐波上涨，涨幅不小，验证了过前期高点回调是个很好的买点。

为什么通常突破前期高点处能有较强支撑呢？原因在于突破前期高点的位置是多空激烈对决的地方，也就此形成一个筹码密集区；同时，此处也很可能是主力的集中成本区。这就不难理解为什么后市股价回落到前期高点处会获得较强支撑，投资者可以逢低买进，但是万一跌破支撑则需要果断止损出局，这是本章的技术原理。

第五章 过前期高点回调买入擒杀牛股

图5-1

第二节　实战操作要领

（1）通过回调买入要做好止损准备，一旦股价跌回到前期高点之下，则说明前面的突破是假突破，投资者应及时止损出局。

（2）关注突破前后的成交量变化，通常突破的时候应该有成交量的放大，说明做多动能充足，而回调的时候应是缩量走势，回调结束后放量上涨。涨时放量、跌时缩量是较好的量价配合形态，具备这两个条件，一旦股价回调至前期高点时，获得支撑投资者便可积极买入。

（3）股价缩量回调有市场成本或均线支撑为好。

第三节　具体运用实例解析

1.把握缩量回调的机会

回调的目的是清洗跟风获利盘，让持股不稳的浮筹与解套盘兑现出来，同时测试下方的支撑，以确认突破的有效性。缩量回调往往至前期高点附近便企稳回升，这也给我们提供了较好的低吸买入机会。

图5-2是九华旅游（603199）的日K线走势图。该股股价在拉升的过程中要回调，这是因为在拉升过程中该股积累了不少的获利盘。主力需要清洗浮筹，回调震荡洗盘也就在所难免。回调是为了后市拉升做准备，回调越充分，后市的拉升越强劲。进入缩量回调状态的个股，我们应特别关注，一旦获得支撑就可以积极跟进。

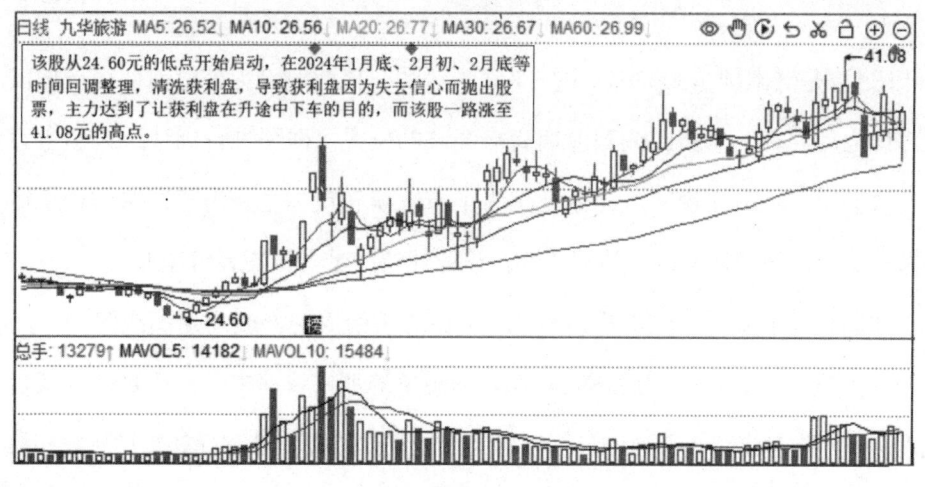

图5-2

图5-3是浙江世宝（002703）的走势图。从图中可以发现该股成功突破前期高点，既然主力敢于将套牢的大众都解救出来，自然是准备要做一次大行情了。该股随后进行长达22天的调整，为即将进入的下一波行情做准备，回调对获利筹码进行消化和洗盘。

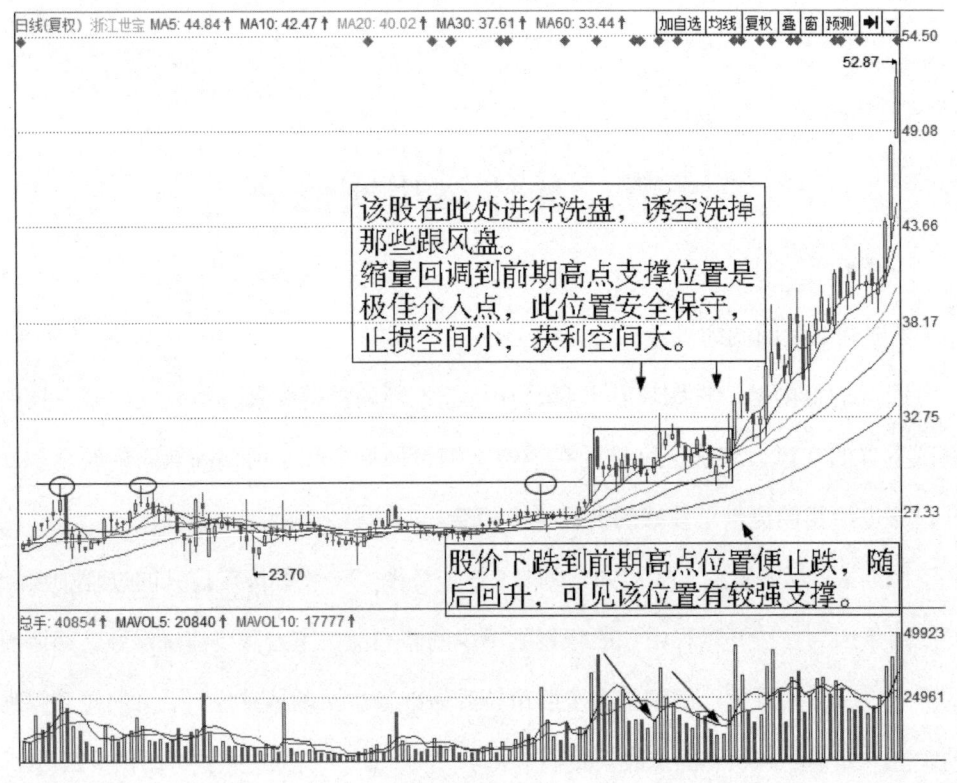

图5-3

图5-4是舒泰神（300204）的日K线走势图。该股股价突破由前期高点构成的阻力位之后回落，重新回调到前期高点突破的位置。回踩进行确认，说明主力操盘比较谨慎。一般来说，这样做既是为了清洗获利盘，也是为了试探市场承接盘和抛压盘，从而确认突破后的有效性。该股回调缩量，投资者可逢低买入。

如图5-5所示，金隅集团（601992）在箭头处成功突破前期高点阻力，看似打开了上升空间，不过此后该股并没有如想象的那样快速拉升，而是陷入横盘窄幅震荡。对这种走势，普通的投资者可能比较犹豫，去留难定。其实只要我们耐心地思考一下，就明白这种横盘震荡极有价值。由于该股是快速拉高突破前期高点压力位，短期获利盘必定很多，如果再继续拉升，主力的压力较大，而经过一段时间的横盘，则可以清理浮筹，化解后市上涨的压力。此后该股果然开始拉升，投资者可以加速进场。该股后市涨幅可观，也来自于前期窄幅震荡洗盘，这是不可忽略的步骤。

第五章 过前期高点回调买入擒杀牛股

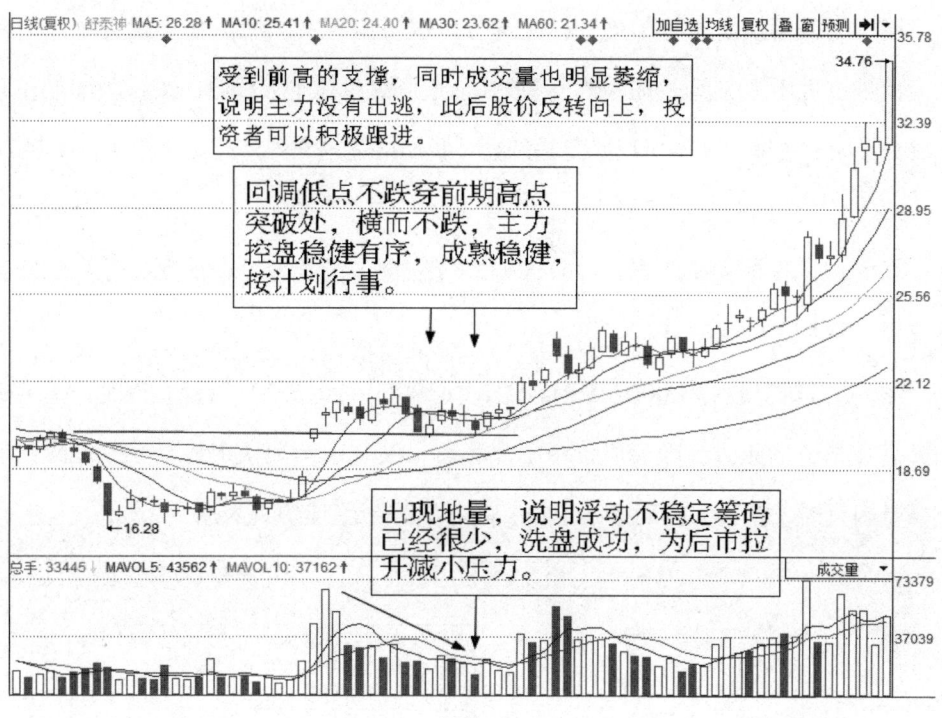

图5-4

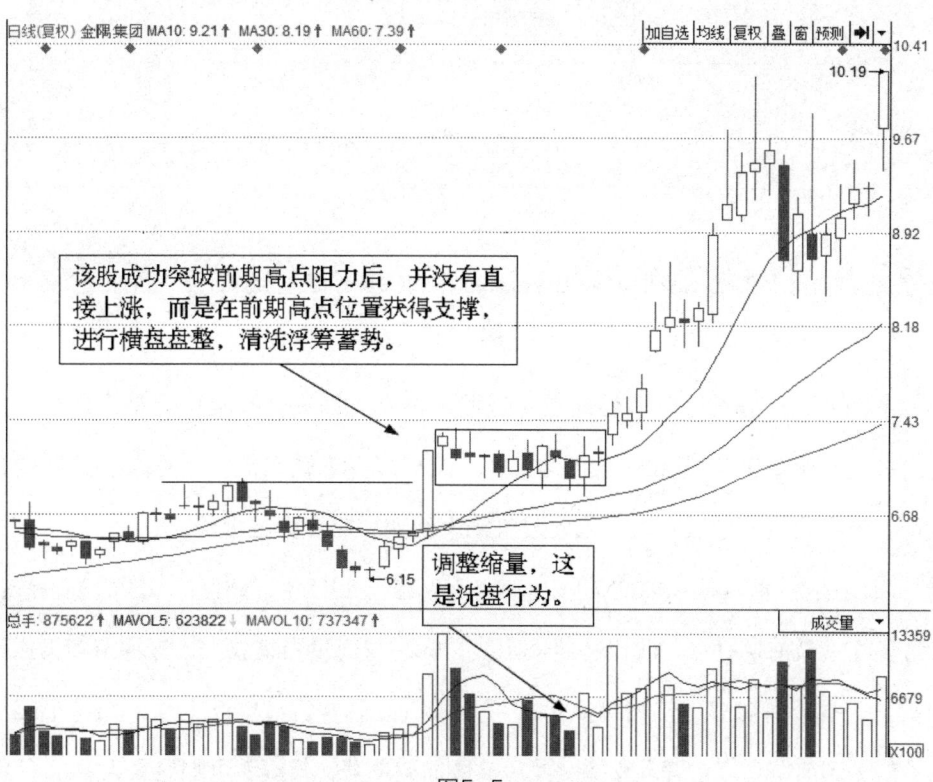

图5-5

该股突破后横盘蓄势整理,扫除部分持股不坚定者。所以作为投资者如何判断横盘是出货还是洗盘就很关键。该股在前期高点价位上方横盘,支撑很明显,而且成交量明显萎缩,基本可以确定是洗盘,我们可适当介入。此后该股快速拉起。

2.股价结束回调时逢低介入

在操作过程中需要注意:股价回调时应缩量,投资者可在前期高点突破处获得支撑、重新企稳时参与。

图5-6是新宝股份(002705)的日K线走势图。2015年4月1日,该股一举突破前期高点形成的压力,随后股价小幅上涨后,展开回调确认走势。当股价回到前期高点附近时,获得支撑而继续走强,此时是一个绝佳的买入点。

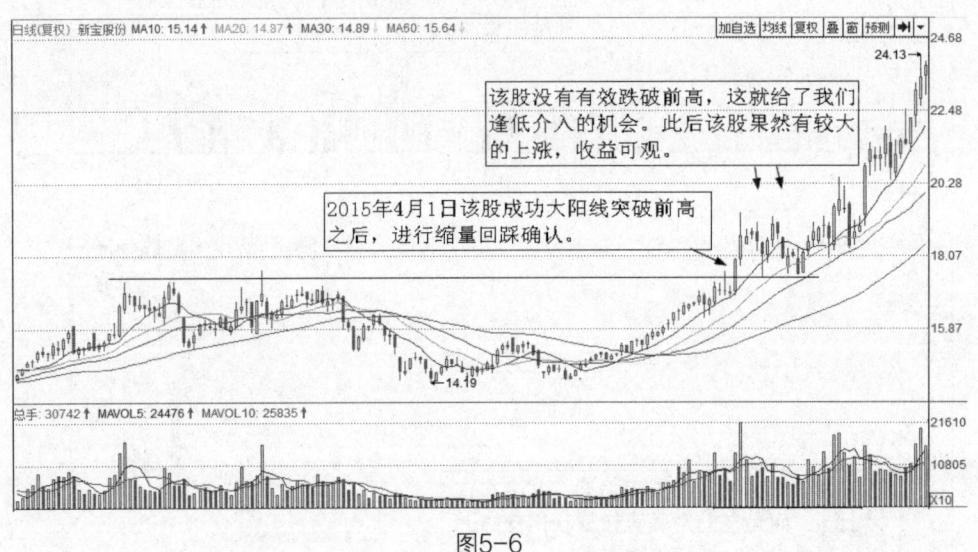

图5-6

本例中,该股突破阶段性高点,但股价没有立即展开上攻,而是出现缩量回调走势。在突破前期高点位置获得支撑,没有多少下跌动能,足见空头的虚弱,投资者可在此位置逢低介入。该股股价结束回调后再度大幅上涨。

图5-7是中通客车(000957)的日K线走势图。2015年1月5日,该股大幅上涨,股价轻松突破前期高点,收出涨停大阳线;同时成交量密集放大,显示出多头强劲的实力,投资者做多的热情被点燃。可是该股此后并没有继续上涨,而是小幅下跌,但受到前期高点位置的支撑。此后该股加速上涨,投资者可加码买入。

第五章 过前期高点回调买入擒杀牛股

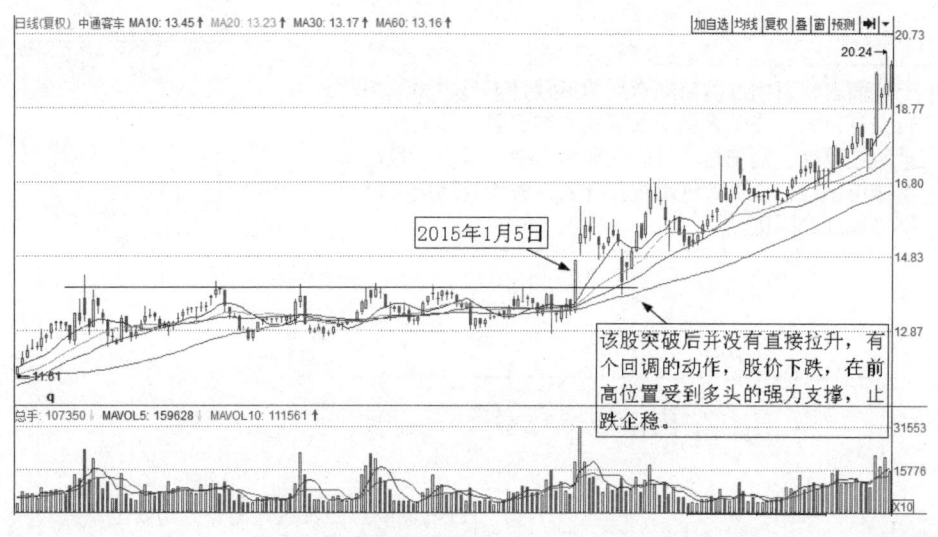

图5-7

股价突破前期高点后有时会出现回调，我们要特别关注回调能否在前期高点位置获得支撑。如果跌回到前期高点之下，说明是假突破。比较好的时机是回调结束，股价再度上行的时候。因此股价回调到位后，再度启动上行时，是我们要抓住的关键时机。

图5-8是深物业A（000011）的日K线走势图。该股运行在明显的上升走势中，经过一段时间横盘震荡整理后，于图中箭头处成功突破前期高点。按理说此后应该进入快速上行走势，可是该股又陷入回调中，其最低价止步于前期高点突破价之上，可以说前期高点突破位置是一个非常扎实的支撑。既然该位置有强劲支撑，那么我们就可以逢低买进，这种机会不能浪费。

该股股价突破前期高点发生在上升走势中，且前期涨幅不大，后市应该还有上升空间；而此后回调又受到前期高点的支撑，说明多头的实力本身非常强。事实上前期高点常常是主力筹码集中的地方，主力必定会全力守住这道防线，这也是我们判断走势的一个关键点位。此位置进可持股，退可卖出，亏损较少。

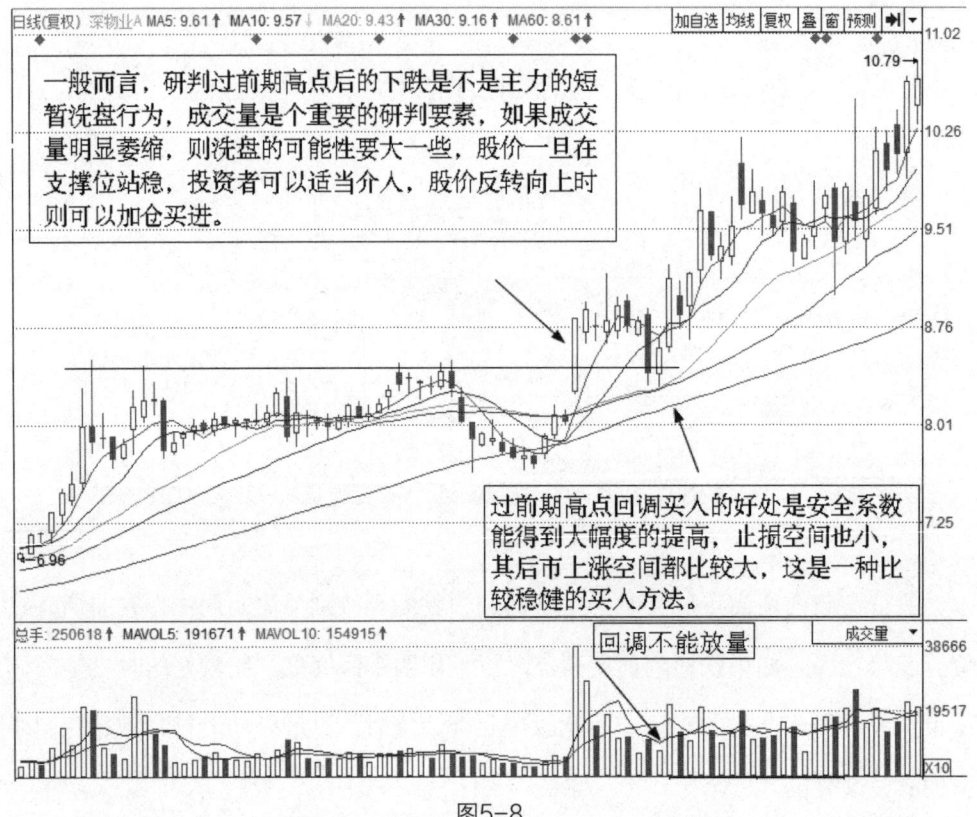

图5-8

如图5-9所示,浙江世宝(002703)的股价突破前期高点阻力位时,该股此后并没有立即延续升势,反而回调整理。大家可以清楚地看到回调的低点就在支撑线上,没有破位,支撑有效且中长期均线向上,投资者可抓住机会吸纳。另外,该股在小幅回调的过程中,成交量是明显缩量萎缩的,这说明筹码稳定,后市无忧,更增添了吸纳的安全性,是买入信号。

如图5-10所示,国海证券(000750)自低位上行,然后突破前期高点,不久后反转下跌,最终止跌于前期高点位置。可见此处有较强支撑,投资者可积极追进,该股后市短线涨幅较大。

第五章 过前期高点回调买入擒杀牛股

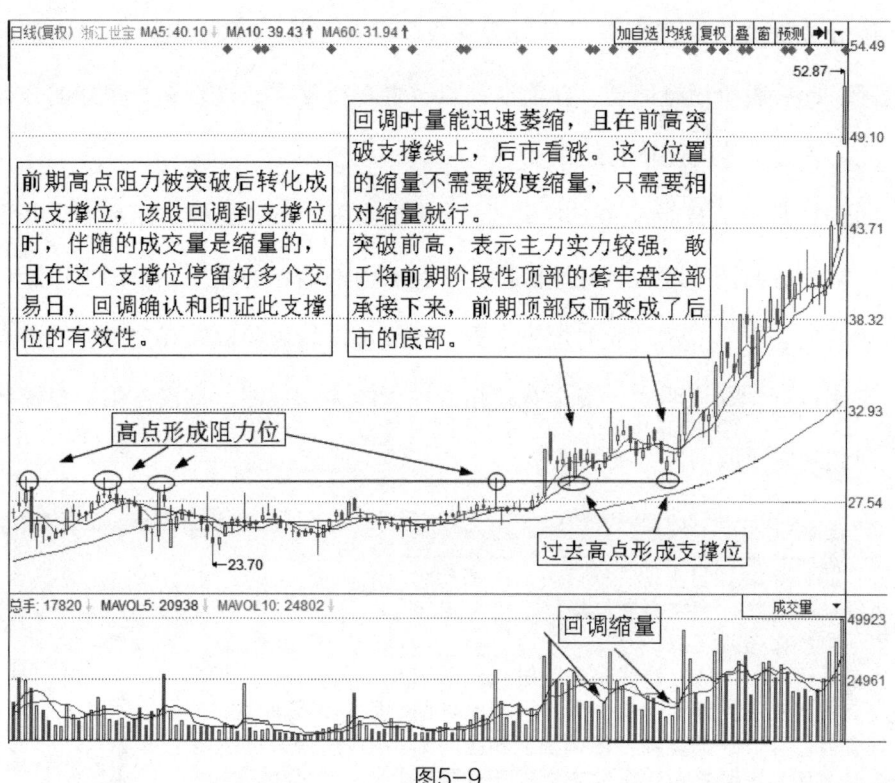

图5-9

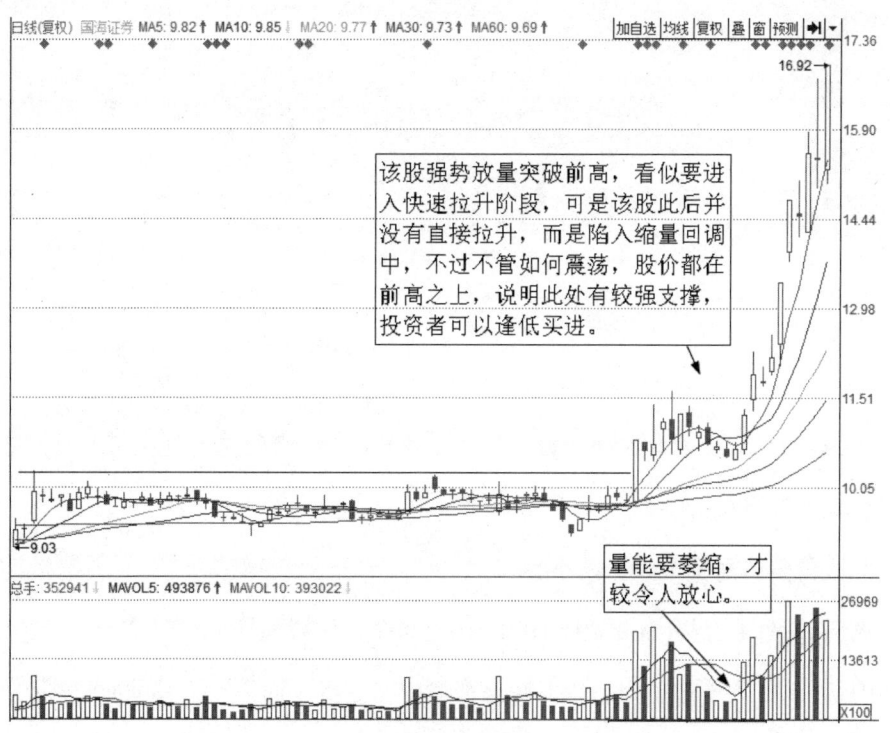

图5-10

该股放量突破前期高点,可以说解放了前期的众多套牢盘,自然也是筹码密集区。此后股价缩量回调,在前期高点位置获得支撑,这是一个很好的介入机会。此后该股又继续拉升上行。

图5-11是金卡智能(300349)的日K线走势图。该股突破前期高点后并没有出现大幅度的回调下跌,较好地保持住了突破前期高点的成果,我们可以逢个股回调后的低点买入。从随后的走势来看,该股可以较为稳健地在突破后的高点区域上震荡运行,这说明主力资金有较强的护盘能力和意图。在操作中,投资者可以在回调阶段性低点进行买股操作。

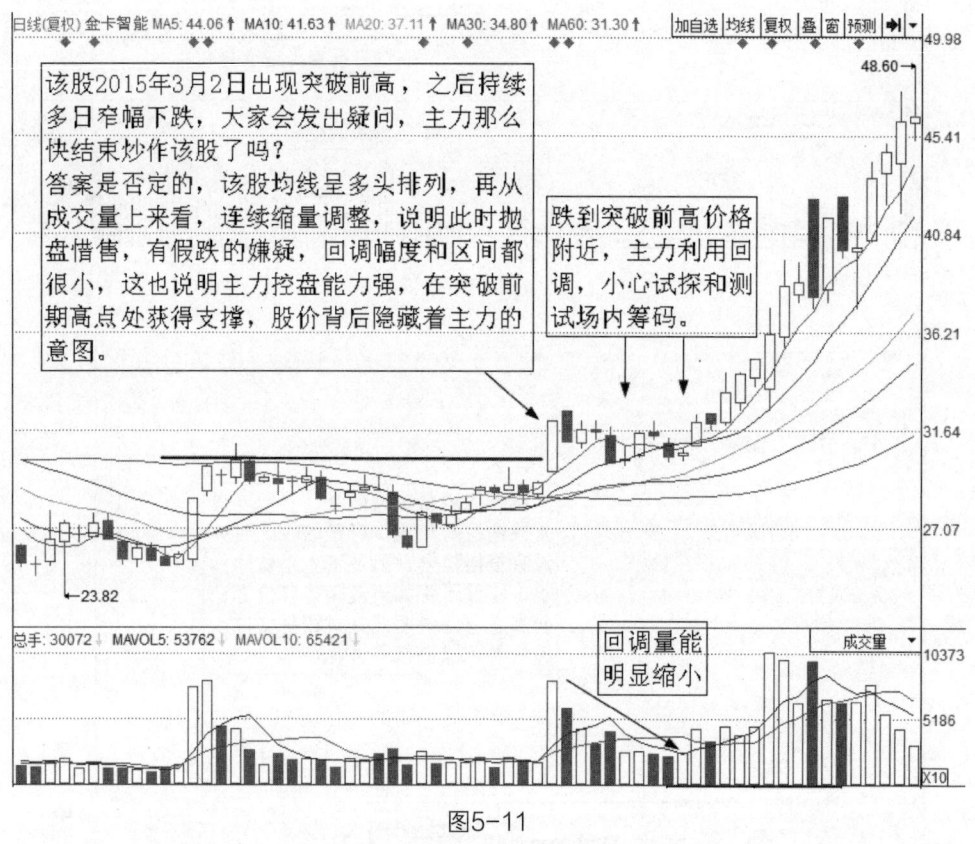

图5-11

3. 股价整体涨幅太大,需小心

图5-12是四方达(300179)的日K线走势图,该股前期上涨幅度较大。2015年5月20日,该股突破前期高点,但在上涨途中"一步三回头",其间股价多次下跌

至前期高点位置,看似主力在夯实基础。未承想6月19日,该股暴跌,轻松跌穿前期高点支撑,此后更是加速下挫,短期跌幅较大。为什么多次回调验证的支撑如此不堪一击呢?要想寻找答案还得从整体出发。前期该股总体涨幅不小,积累了大量的获利盘,它们随时都可能出逃。而大盘在2015年6月也有顶部的特征,此时该股虽然突破前期高点,但跟大盘一样处于"滞涨"之中,市场追高的意愿不高。因此当大盘反转向下时,该股跟随反转下行也在情理之中了。

图5-12

该例表明,当股价"高高在上"时,就要十分小心了,提防主力借机出逃。如果股价过前期高点后迟迟不能快速上行,则需要减仓,一旦股价反转则应清仓出局。

第六章

大周期狙杀牛股

第一节　基本原理

很多股市新手，通常不留意周K线、月K线的走势。因为对大部分新手来说，日K线还看不过来呢，哪里顾得上看周K线、月K线？

其实，有经验的投资者都懂得，大周期测市是比日K线更趋势、稳定和准确度更高的一种技术手段。

日K线是股价每天波动的反映，但如果我们过分沉迷于每日的股价涨跌，无疑会只见树木、不见森林。避免此类情况发生的最有效的方法是看大周期K线图，也就是把观察的时间放得更长一些，目光更远一些。用中、长期的眼光看股市，自然不容易一叶障目。

平时我们看的是日K线，它记录的是股票一天当中的涨跌情况、最高点、最低点、开盘价和收盘价。周K线记录的是股票一周的涨跌情况、一周中股票的最高点、最低点、开盘价和收盘价。在电脑端大部分股票软件上，按快捷键F8可以切换K线的周期。

对日间交易、短线操作不感兴趣的投资者，可以选择使用周线图、月线图来作为研判行情的窗口。因为日K线系统的时间周期太短，而且容易为市场主力资金所操纵，难以展示出行情真实的运行轨迹。也有些品种的走势从日线上很难给投资者以趋势性的判断，而利用周线和月线却能够使投资者一目了然地看清全局。

一般来说，时间周期越短的K线图，灵敏度也越高，时效性也越强。短周期K线的缺点是波动较大、反应过于灵敏，投资者无法依此判断未来股价的大方向，而将中长期K线用于判断大的趋势，往往能起到意想不到的作用。要从更长的周期把握股价的走势，需要应用大周期K线图来观察。

第二节 实战操作要领

（1）不要把自己的视野局限在解读日K线上。因为有些在日K线上看不懂的东西，拿到周K线上很快就能弄明白，在纷杂的日K线图上下不了的决心，不敢做的个股，你能从简洁明了的周K线图中找到信息。

（2）无论是日K线还是周K线、月K线，我们在买与卖的博弈中需要注意一点——虽然周K线和月K线随机波动的幅度较小，走势比日K线更稳定、趋势更清楚、信号更明确，但具体时机选择还得结合日K线的买卖区域，如此才能精确把握买卖点位。同时，分析预测后市走势，建议多结合日K线、周K线、月K线等各个级别K线进行综合研判，以大大提高胜算机率。

第三节　具体运用实例解析

一、周K线看得更清楚

周K线是以一周为周期的单根K线，以星期一的开盘价为周开盘价，以星期五的收盘价作为周收盘价。一周交易中的最高价和最低价分别作为周K线的最高点与最低点。

大多数投资者只侧重于日K线走势方面的分析，在周K线方面，却不重视。实际上，日K线只是对一个交易日多空双方博弈结果的记录，其许多时候股价变动快、波动频繁，在日K线上极易出现技术性骗线；而周K线却是一周交易时间里多空双方博弈结果的记录，它反映的是股价中期趋势，周期较长，可以过滤许多短期分时及日K线上出现的杂波，简化走势分析。股票的周K线连续走势就显得比较稳定，周K线看得更清楚，信号更明确，趋势延续性更容易把握，波段行情更分明。对中、长线的散户而言，周K线的意义重大，因为周K线趋势分析的准确度要高于日K线，选股可避免和减少失误。

由于主力机构实力强大，可以通过买卖直接影响股价的即时涨跌，也可以人为控制股价数天的涨跌，技术性骗线极易出现。比如，主力机构想拉升前故意打压股价，恐吓出短线客，普通投资者不明白主力的真正意图往往被主力机构从拉升途中吓出来而失去后面股价大幅上涨的利润。在实战操作当中，我们经常遇到股价启动前，跌破前期盘整平台，然而过不了多久股价又涨上来了，随后轻松突破前期调整的高点，这是主力拉升前设置的技术陷阱。而由于周K线分析周期比日K线长，反映的是中长期的股票走势状况，不容易骗线，周K线的运行状态可以真实地反映股价的运行趋势。因此，如果投资者能够将日K线的分析和周K线的走势相结合，则对分析股票的走势会有更好的效果。

投资者如果在操作中分析一下周K线的走势，也许就不会轻易上当了。因为主力虽然可以控制股价短期内的走势，但很难控制中长期的趋势。尤其从周K线上观察，底部出了成交量放大的个股，隔不了多久都会爆发出大行情，如果加上具备诱人的题材，比如资产重组、高送配等，其爆发性就更大。所以投资者在选股过程中最好将周K线和日K线结合在一起看，可能就会发觉选牛股其实就是这么简单。

图6-1是威海广泰（002111）的周K线走势图。从图中可以看到，该股出现了连续的上涨，均线保持排列向上，多头发散，股价也从最低点的6.24元上涨到44.68元。这无疑是市场中的牛股。

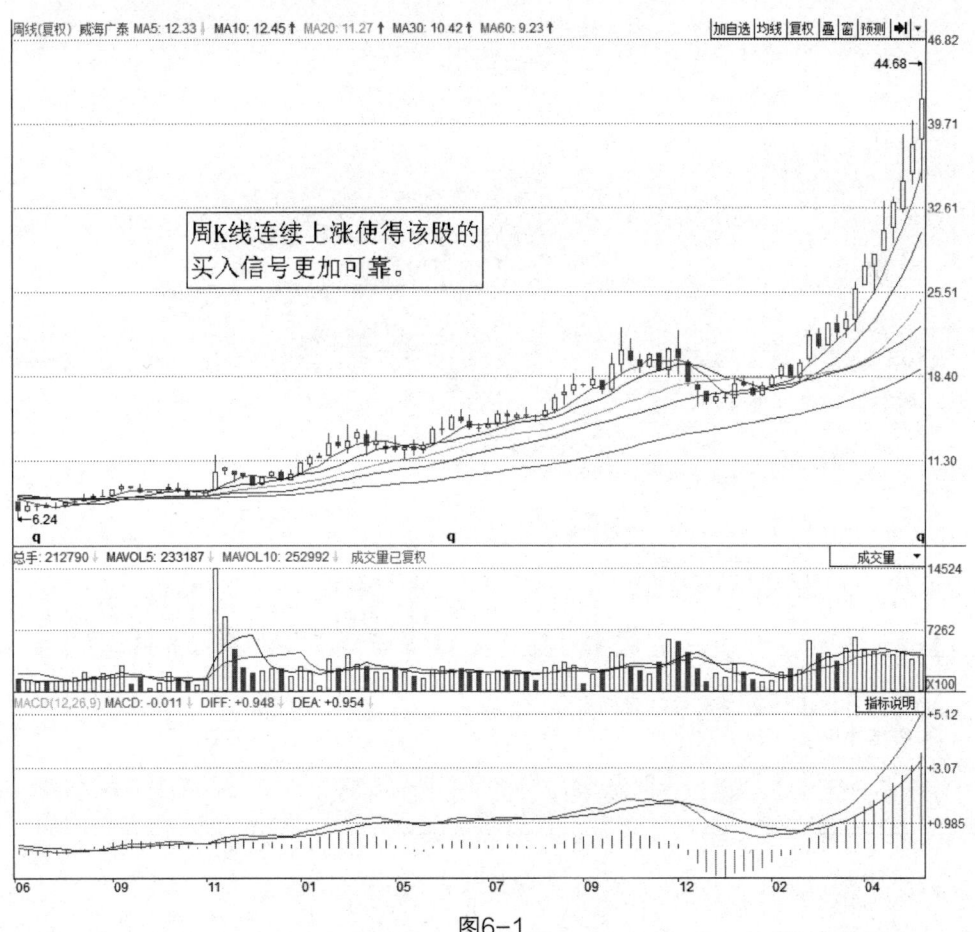

图6-1

周K线能够反映出股票中长期的走势。看周K线，还有一个大好处，就是不容易受主力机构的欺骗。因为日K线是对一个交易日的记录，反映的是股价的日常波动，由于变化太快，极易出现技术性陷阱；而周K线反映的是一周的交易状况，日K线上出现的较大波动在周K线上一般都会被过滤或烫平。周K线一星期才有一根K线，要做这样的骗线，主力机构要花大量的时间和金钱，是很困难的。如果能够将日K线的分析和周K线的分析相结合，则对操作指导的效果会更好。

图6-2是中信海直（000099）的周K线走势图。图中出现两次三线共振金叉的信号，该形态呈现的看涨信号强，随后果然向上运行一波行情。该股的均线向上，股价形成标准的多头排列，底部不断抬高，上升趋势形成，发动行情的基础条件已经具备。这样的股票已经具备介入价值，投资者可积极参与。

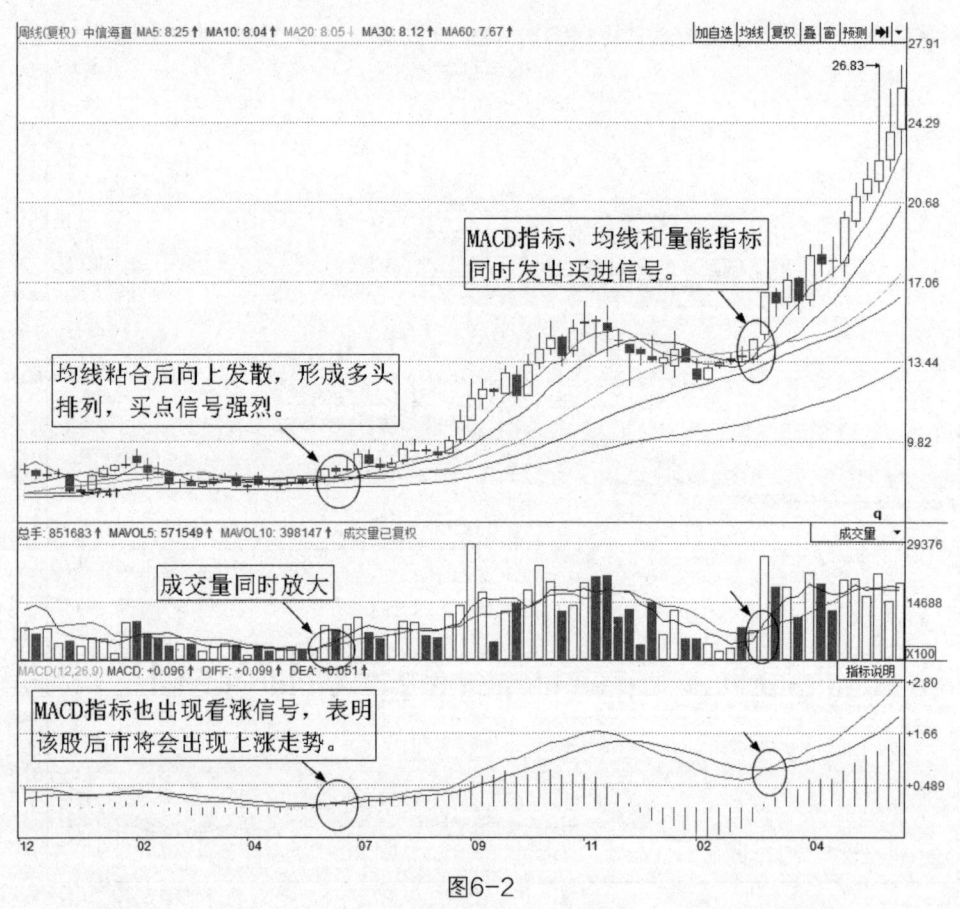

图6-2

从周K线的角度选择牛股，主要着眼于中长线机会，在这一周期中，主力骗线的机会会很少。

图6-3是荣丰控股（000668）的周K线图。从图中可以看出，60周均线向下且股价空头排列，说明该股处于中级下跌过程，就不用对该股有任何大涨的幻想。这样的股票无论股评家如何宣传该股前景光明无限，在其60周均线未走平前，股价未摆脱60周均线的压制之前，都不会有大行情的发生，即便是上涨也是反弹行情。该股不具备大幅上涨的条件，空仓是上策。不要被该股的短线反弹利润所迷惑，中线持股更是严格禁止的。

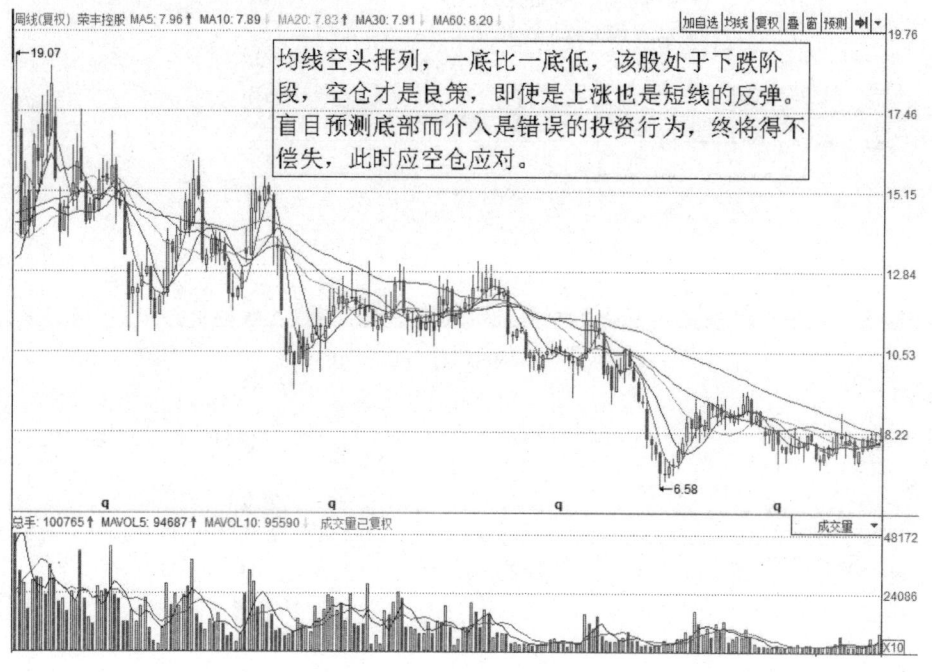

图6-3

图6-4是皇氏集团（002329）的周K线图。该股方框处，长期横向震荡近2年，"横有多长竖有多长"这句话是有道理的，因为筑底越充分越容易演变成牛股，遇到这样的股票要大胆地中长线参与，这是千载难逢的好机会，不要为短线的下跌而恐惧。该股后续股价翻了近5倍，从5元多涨到25.13元，可见这类股票上涨潜力巨大。

图6-5是电投产融（000958）的周K线走势图。该股在底部出现明显的成交量堆，说明有资金介入该股，行情发生质变。随后该股呈多头排列，均线方向向上，处于上涨的初中期，长线支持该股上涨，已经具备发动大行情的基础，选股

票就要选择这样的股票。

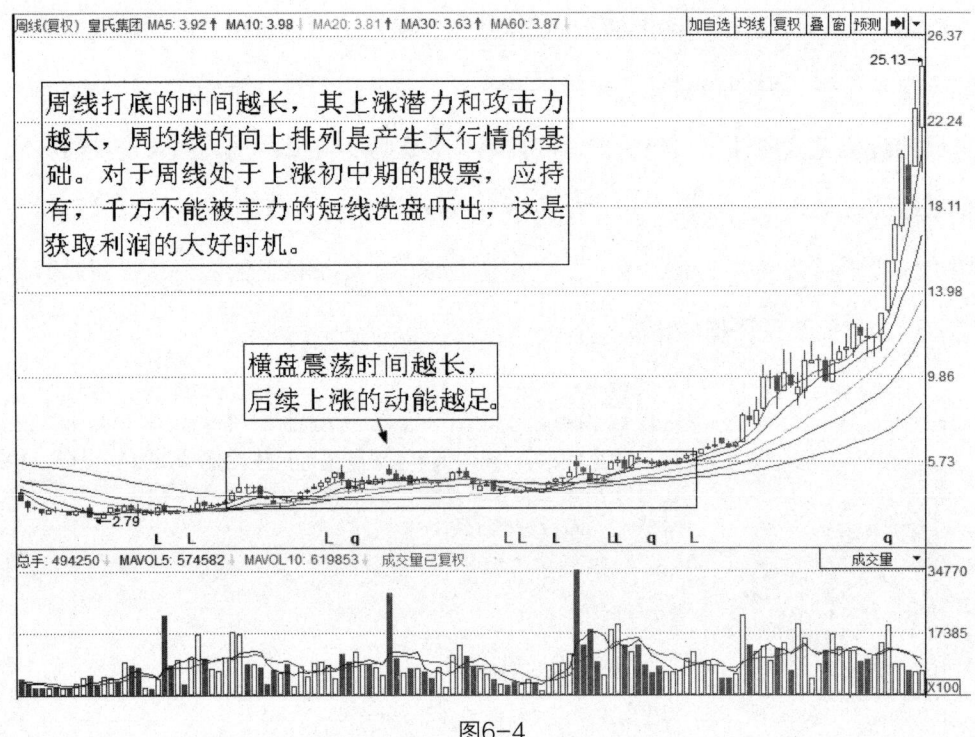

图6-4

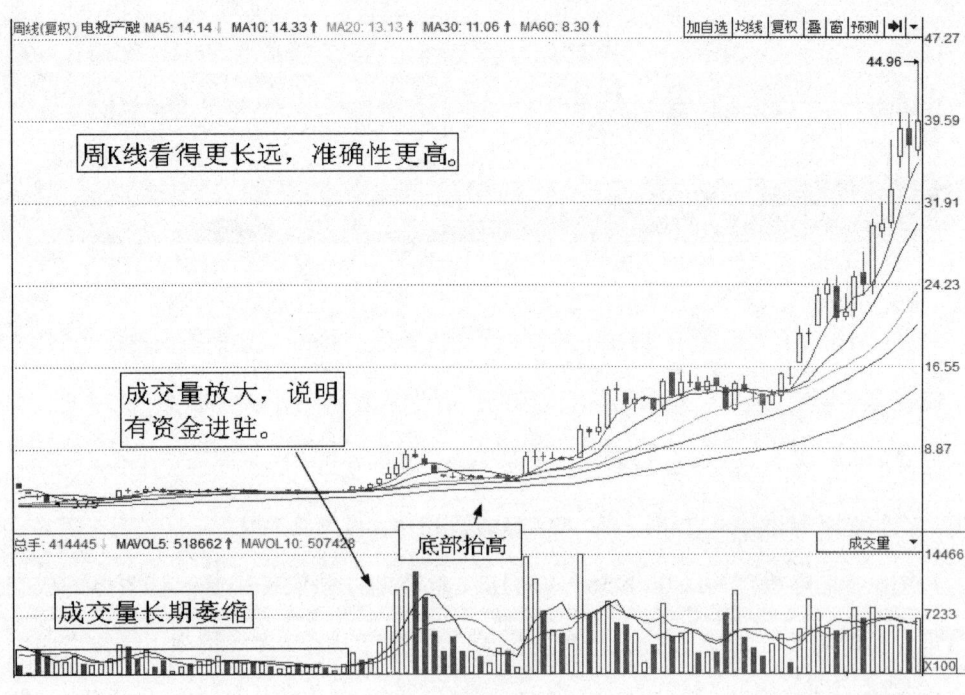

图6-5

图6-6是怡亚通（002183）的周K线走势图。从图中箭头处可以看到，该股的周K线走出了缓慢爬升的态势。可以想象，该股的日K线也突破了前期的高点，这是非常良好的买入时机。因为此时周线和日线都发出了买入信号，这样买入获利的成功率会大大增加。投资者如果在此时买入，那么在接下来的时间里，将会获得不少的收益。

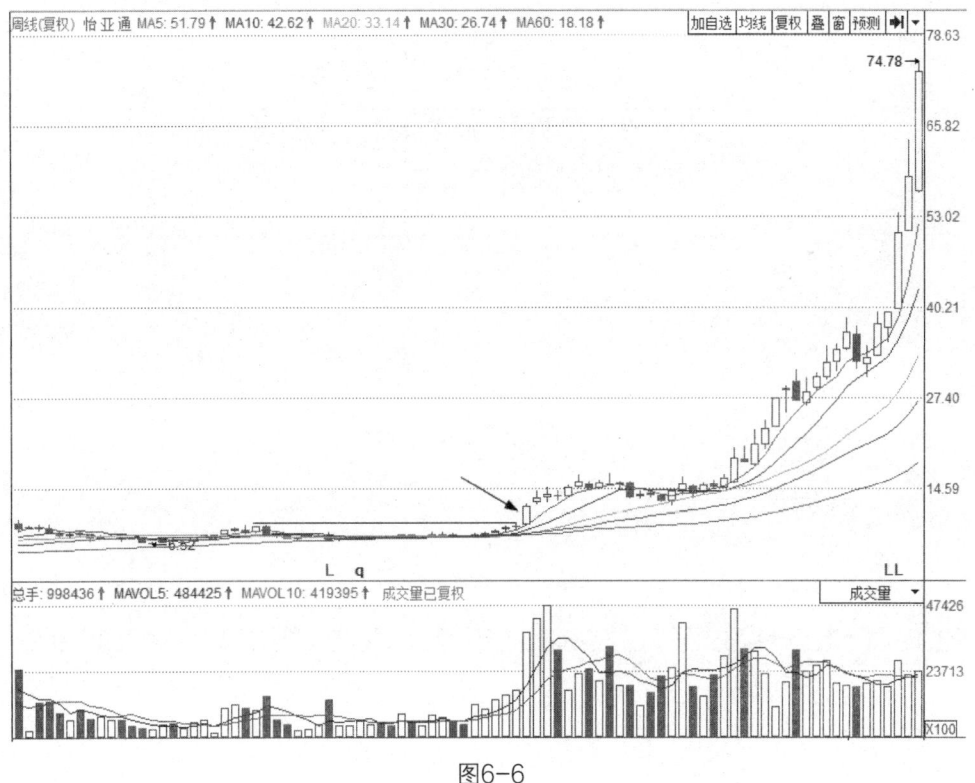

图6-6

在实际操作中，对买卖时机进行把握，首先要分析周K线是否安全，然后再分析日K线量价关系配合是否合理，最后才是在适当的时机选择操作方向。一般而言，将二者结合起来指导实际操作可以避免很多失误。如果仅仅依靠日K线的组合来判断操作方向，难免会面临较多的不确定性风险，同时也容易形成追涨杀跌的习惯。比如，在强势的行情中，遇到回调会过早抛掉手中的获利筹码，而在弱市行情中又由于反弹力度时强时弱难以掌握，十分容易被套。如果周K线指标发出买入信号，日K线的买入信号可靠性会大大增强。

图6-7是恒邦股份（002237）的周K线走势图。该股在图中左侧长期处于均线系统的压制之下，股价运行相对疲软。在图中箭头处突破前期高点站稳均线，此后出现一段短时盘整，股价进入长期上升行情。该股在上升行情中的流畅走势可为投资者带来丰厚的回报，买进的投资者可轻易获取翻倍收益。

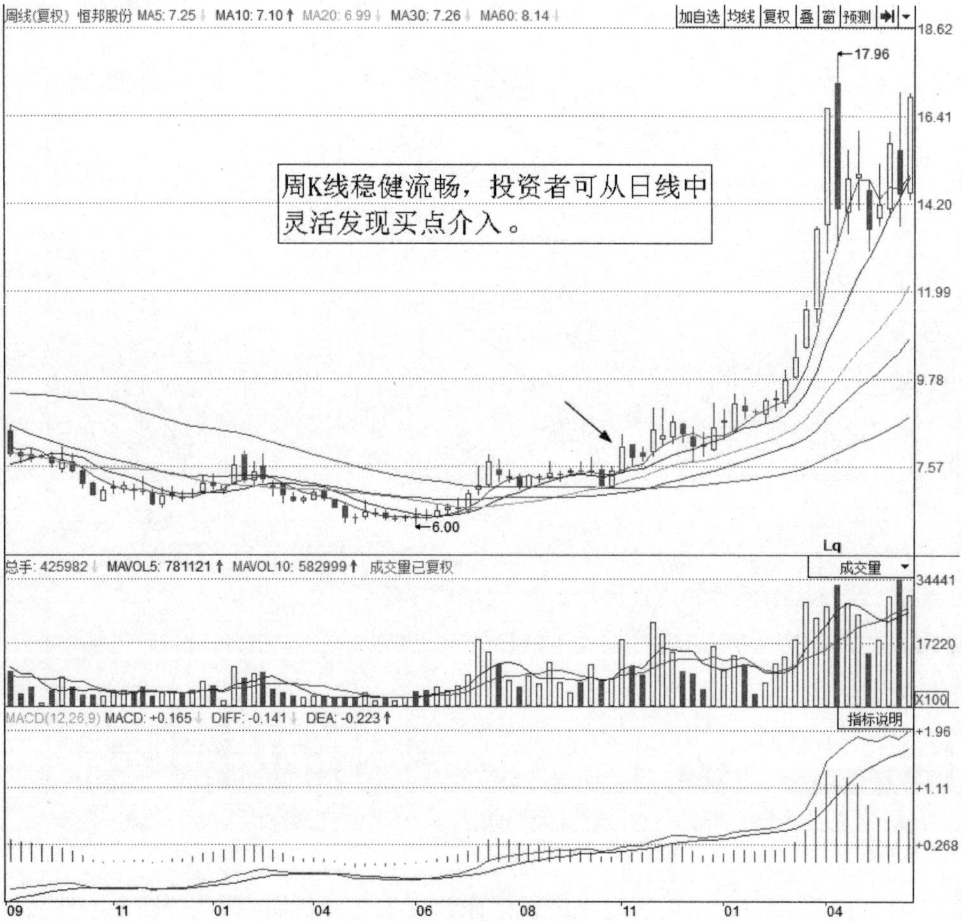

图6-7

我们再来看该股同时期的日线走势。

图6-8是恒邦股份（002237）的日K线走势图。我们看到该股在上升行情中出现多处卖出信号，投资者若是在行情刚起的时候就卖出，后期的损失想必巨大。此时投资者就必须借助周K线的走势观察，灵活做出安排，即使卖出以后，后续也要及时回补。

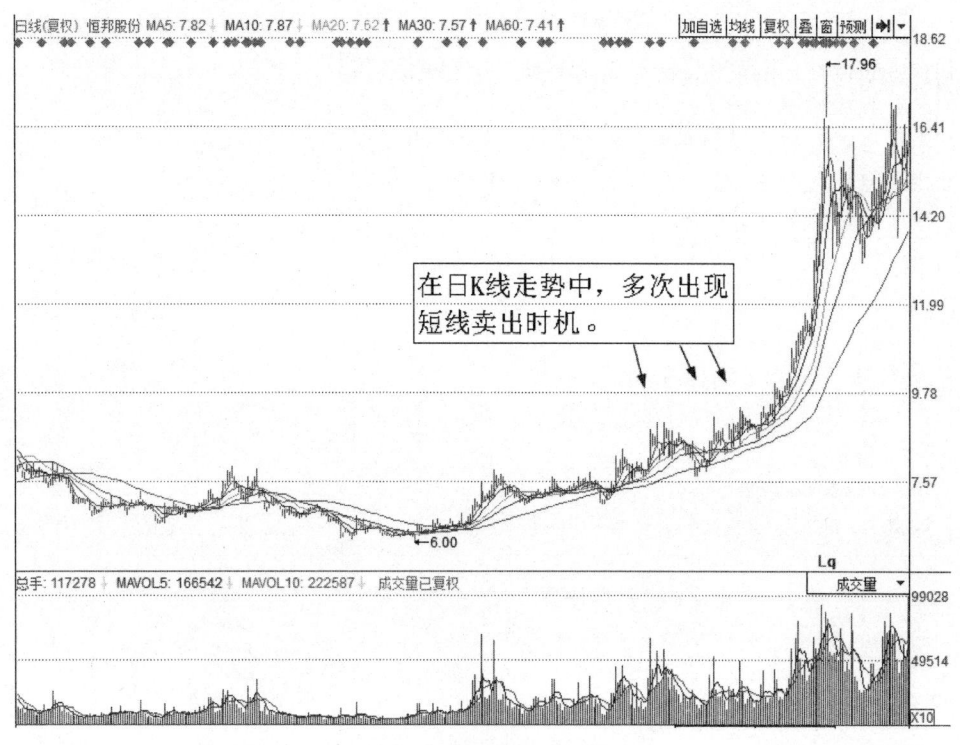

图6-8

  图6-9是山东路桥（000498）的周K线走势图。股价在前期出现一个长时间的下跌走势，该股在其中慢慢积蓄力量。图中箭头处该股以一个放量阳线的走势，开启了一波上升行情。股价在后续行情中出现大幅攀升，买进的投资者获利丰厚。

  个股在启动时，投资者们可从量能与均线系统上看到行情走势的好转，买进不成问题。那么接下来的问题则是如何坚定持有。我们现在看周K线图，投资者能看到在周K线上，个股走势非常流畅，稳稳地站在均线之上，卖出理由没有出现。

  这就是周K线能给投资者带来的好处，减少一些小的波动对投资者造成的困扰。股市获利是通过时间来实现的，时间又是通过持有股票来兑现的，买进而持有正是投资者的狙杀牛股之道。

  我们再来看该股同时期的日线走势。

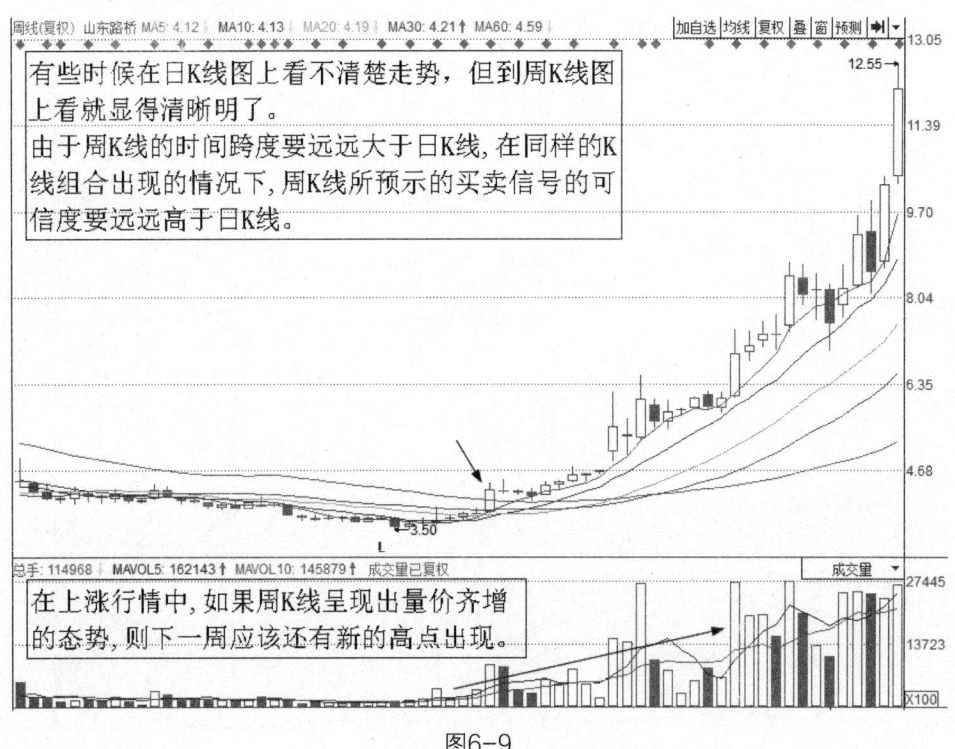

图6-9

图6-10是山东路桥（000498）的日K线走势图，通过与图6-9作对比，一目了然，周K线图走势更稳健。在图6-10中我们就能发现，该股在运行中出现很多的卖出位置。投资者若是单单依据日K线的走势做出卖出决定，就会损失后期的巨大利润空间。而如果投资者能兼顾周K线的走势，则可减少不必要的中途下车，或者在中途卖出以后及时回补。当然，对投资者来说，最好的就是在周K线的行情判断下看长做短，利用日K线和周K线的相互配合，通过日K线找出最好的买点与卖点。

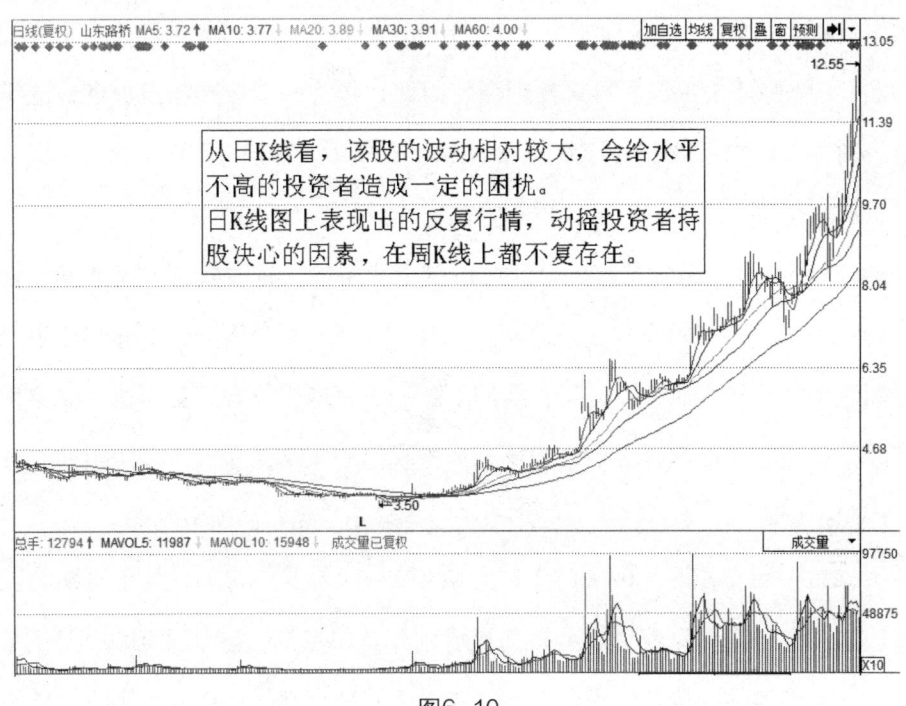

图6-10

将日K线的分析和周K线的分析相结合，可以提高操作的成功率。常说的"看长做短"就是指分时、日K线买卖时机的选择须建立在周K线及以上大级别的趋势明确的基础上。如果仅单纯依靠日K线的走势来判断股价短期的波动趋势，难免会出现失误。例如，投资者容易在股票强势上涨中的小回调时，过早抛掉手中的低位廉价筹码，而在弱市下跌中的反弹追买中被套。另外，主力机构难以在周K线走势图进行技术性骗线动作，如果那样的话，主力机构所花费的时间与成本巨大。因此，投资者在操作中要学会多运用周K线走势图分析。

二、月线整体处于上涨趋势

看小时K线，就像站在一座小土堆上，眼前是一草一石。

看日K线，就像站在一座小山上，眼前是一树一林。

看周K线，就像站在一座大山上，眼前是一座座小山，起伏蜿蜒。

看月K线，就像站在珠穆朗玛峰上，万座高山，千条低水，尽收眼底。

在股票的日常分析中，日K线是大多数股民经常用的K线，也正是因为大家都

习惯用日K线，所以主力资金常常操纵日K线，通过各种方式做假动作来干扰股民的判断。周期越长的K线，可靠性越强，因此，作为一个成熟的投资者，应学会从更大的周期，如周K线、月K线上去观察股票的真实趋势，从而不受主力资金的干扰，从容交易。

选择月K线处于上涨趋势的个股可以骑上大牛股，这时我们只需要操作处于多头行情的股票。有的投资者肯定要问，怎样判断股票是否处于上涨趋势呢？其实判断股票的趋势再简单不过了，我们眼睛一看就能很直观地判断这只股票是上涨还是下跌或是在横盘震荡中，只不过由于我们的大脑充斥着太多的指标、方法等，反而把最简单、最直接的方法忘记了，忽略了自己眼睛所看到的。

图6-11是荣丰控股（000668）的月K线图。股价空头排列，处于下跌阶段，此时应该采取空仓的策略，不要以为该股前期跌幅已深，就认为到底了，月K线图不支持发动大的行情。空仓是上策，要无条件地从你的自选股中剔除这样的股票。水平不高的投资者不应该去追求下跌过程中的反弹利润，其风险大于收益，资金的安全性较差。

图6-12是鼎汉技术（300011）的月K线走势图。该股股价在左侧长期的下降趋势后，出现回升的走势。股价在经过一段时间的上升后，牢牢站稳均线之上，预示股价的后期看好。这时，股价也在不断地突破前期高点，开启新的上升行情，买进的投资者后期获利颇丰。这一买点也可在日K线上同步反映出来。

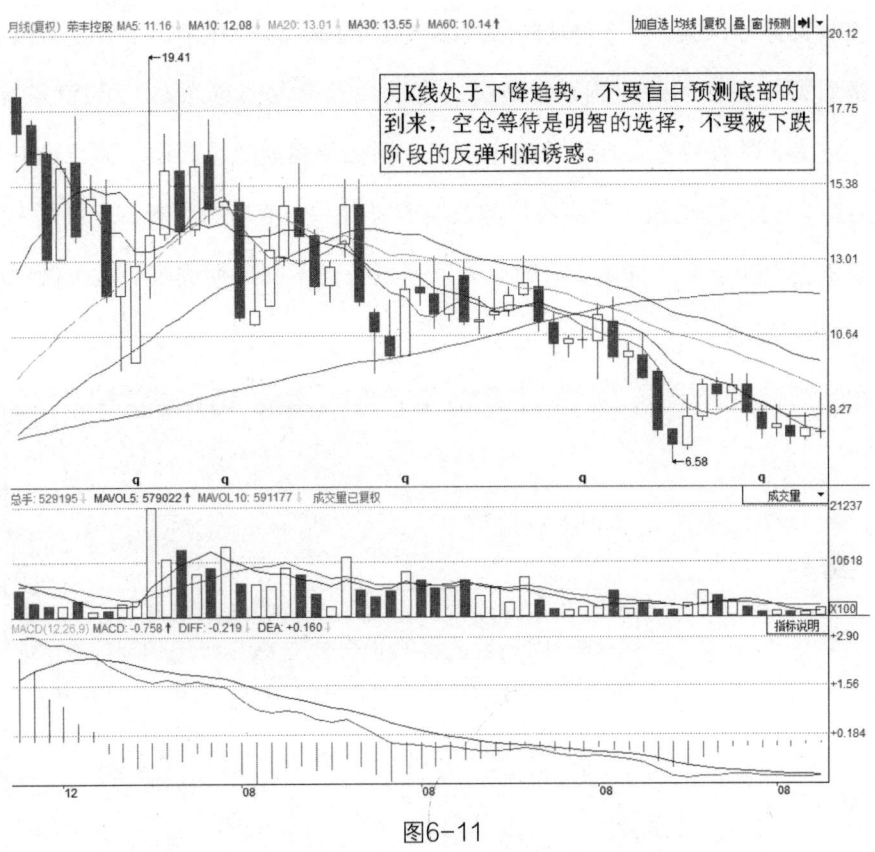

图6-11

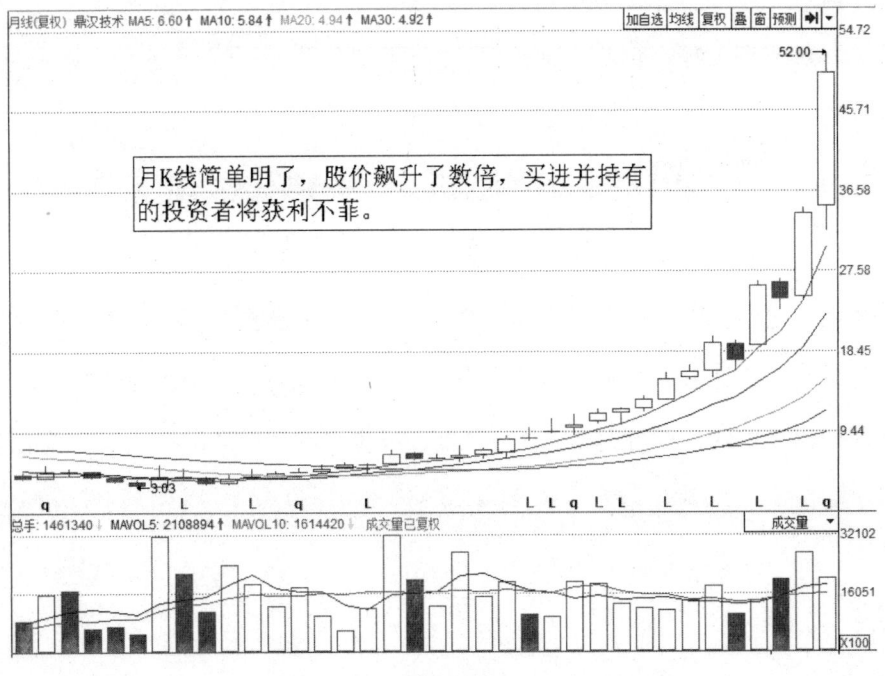

图6-12

图6-13是鼎汉技术（300011）的日K线走势图。该股在走出上升趋势后，虽然行情看好，但期间的回调和盘整会一直消耗投资者的意志力，干扰股民的判断，导致太多的投资者会在上涨途中下车，倒在黎明前的黑暗中。如果投资者在兼顾月K线与日K线的情况下对股价的长期走势有一个清晰的判断，规避其中的回调和盘整，在股价重新开始上升时介入，通过兼顾不同周期的走势就可做到事半功倍，获利倍增。

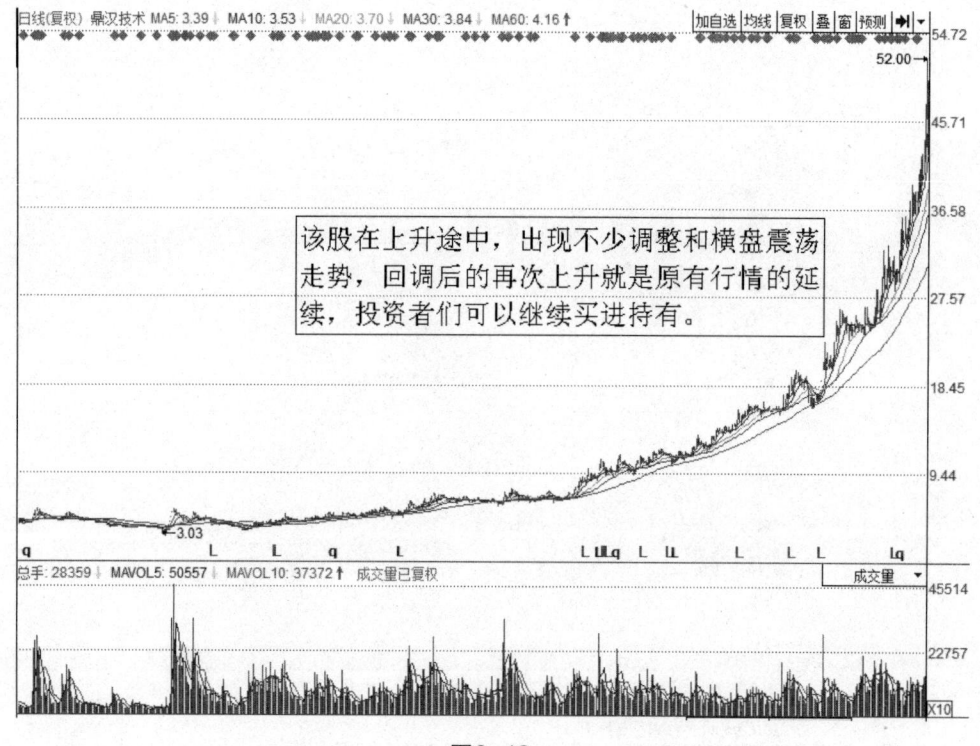

图6-13

总而言之，大周期的级别分析，可以帮助投资者从更长远的方向上把握股价的走势变化，也让其后的行情走势变得直观。投资者结合日K线的分析，综合利用大周期操作发现买点与卖点，该方法能让投资者在严控风险、获取收益的道路上稳步前行。

第七章

陷阱坑猎杀牛股

一本书搞懂波段中线战法：翻倍牛股擒杀术

第一节　基本原理

主力在拉升前期要洗出跟风盘，使普通投资者的成本比自己高，从而借助快速的下跌行情迫使跟风者下马，将不坚定的筹码洗出去以减少自己后市的拉升阻力。然后主力反手做多，股价便迅速从坑中拔地而起，一波行情随之展开，在K线图上就形成了一个坑状的图形，简称"陷阱坑"。

一般来说，陷阱坑是主力出于低位震荡建仓或是上涨途中打压洗盘的需要会经常性使用的一种技术手法，目的是逼出市场中的浮动筹码，进行建仓或增仓，然后反手做多。

陷阱坑具有如下价值和意义。

1. 折磨大户、驱赶散户

主力挖坑洗盘的目的是把在低位跟进的投资者清理出局，通过换手抬高普通投资者的持股成本，以减轻拉升过程中的抛压。

主力在洗盘过程中通常会以对技术图形进行破坏、放量下跌、恐吓投资者卖出股票来达到洗盘的目的。

挖坑洗盘在坑底伴随成交量的逐渐缩小，卖盘也越来越少。此时主力继续砸盘已没有多大意义，同时还有丢失筹码的风险。随着洗盘阶段进入尾声，股价出现上涨的迹象，成交量也才开始逐步放大，形成价升量增的走势，同时均线系统开始转好，呈现向上发散迹象。

我们在实战过程中，遇到主力洗盘是必然的。主力洗盘末期成交量呈现递减状态，表明持股者心态稳定，浮筹大多已清除，拉升即将开始，投资者可以伺机介入。

2. 机会是跌出来的

"机会是跌出来的",这是我们在股市常听到的一句话,是针对很多散户开出的一剂良方。从操作策略上看,陷阱坑是操作中跌出来的买点,一旦抓住陷阱坑的机会,短期之内就立马会有不错的收益。

"目的是什么?"挖坑完毕后,投资者关键是把握好坑中的买点。要想把握好坑中的买点,投资者就要对坑的形态、类型有深刻的理解。虽然我们不能把握好所有的坑,但是把握一些有典型特征的坑就足以让我们向赢家靠近一步。

在挖坑洗盘中,投资者要认准时机,胆大心细地操作,遵循自己的交易原则,不犹豫。一旦挖坑洗盘的形态呈现,要抓住时机果断买进。

第二节　实战操作要领

（1）陷阱坑形成的初期，股价下跌，恐慌的散户会出逃，而随着下跌洗盘的进一步深入，该出局的都已经出局，剩下的是所谓的"死多头"。而主力自己肯定不会主动交出筹码，因此成交量会萎缩，有的甚至会达到地量，这也说明洗无可洗，同时意味着洗盘即将结束。既然洗不下去了，那就说明股价随时可能反转向上，投资者可在此时积极介入，这是很好的"坐轿子"的机会。

（2）股价在上涨初期出现陷阱坑比较可靠；股价在高位出现陷阱坑，投资者应该提高警惕，预期利润不能过高。

（3）坑底调整时间不要太长，短些才好。

（4）从整体上看，陷阱坑成交量呈两边高、中间低的特征。

（5）在坑底右侧出现股价回升时，成交量应该有所放大，快速的回升往往预示着爆发力强大。

（6）当陷阱坑骗倒无数投资者之后，主力再度发力，股价放量走高形成价增量升之势。当股价运行到陷阱坑左边的平台临界点附近时，主力以凌厉的手法将股价一拉冲天，如出现放量大阳线或涨停突破平台，短线主升浪开始。

第三节 具体运用实例解析

图7-1是旗天科技（300061）的日K线走势图。该股处于上涨趋势中，均线多头发散，不少投资者对其充满期望，不料该股在图中圆圈处突然向下大幅下跌，这让已经介入的投资者都慌了神，很多人会止损出局。该股下跌以后，成交量明显萎缩，2015年2月27日及其次日，该股在探出底部后突然拉出两根跳空高开涨停板，此时投资者应果断在涨停板处挂单买入。K线很快重回原来的位置形成一个坑状，陷阱坑技术形态构筑成功，之后该股展开一段波澜壮阔的翻倍行情。

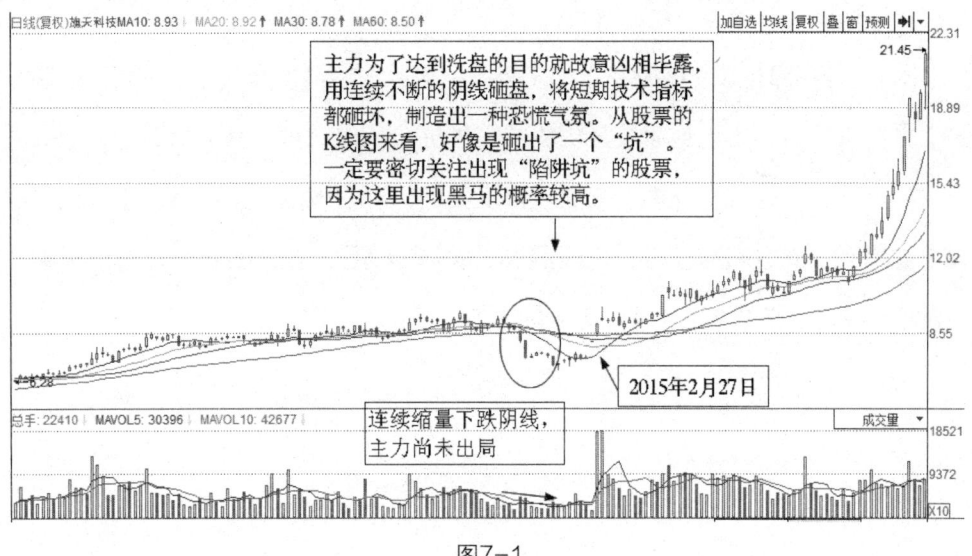

图7-1

如图7-2所示，丰乐种业（000713）运行在上升趋势中，股价向上走强，途中出现挖坑洗盘后5日均线向上金叉，且20日均线和30日均线发出黄金交叉的买点信号后股价受到买盘的持续涌入追捧，股价后市不断走高。

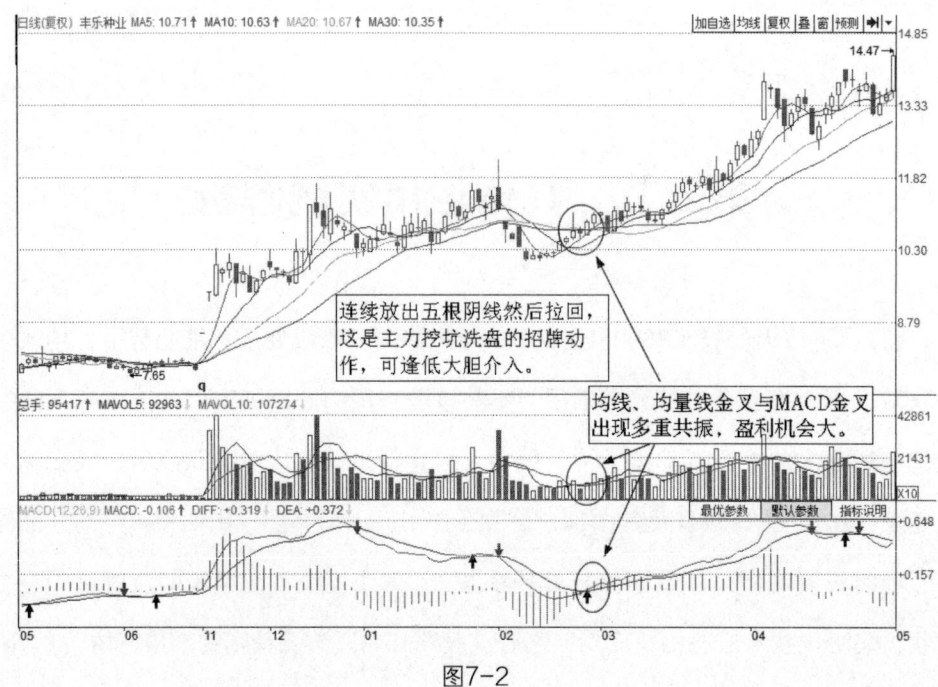

图7-2

图7-3是航锦科技（000818）的走势图。该股在启动主升浪之前利用业绩预亏的消息挖坑洗盘，走出连续缩量阴线的陷阱坑。从成交量和盘面情况看，主力并未出货。该股在挖坑洗盘中，成交量极度萎缩，可谓地量，这说明盘中已无多少卖出的筹码，此股相当稳定，也预示着下跌基本到位。投资者可分批逢低吸纳。陷阱坑出现后，股价短短时间，涨幅翻倍。

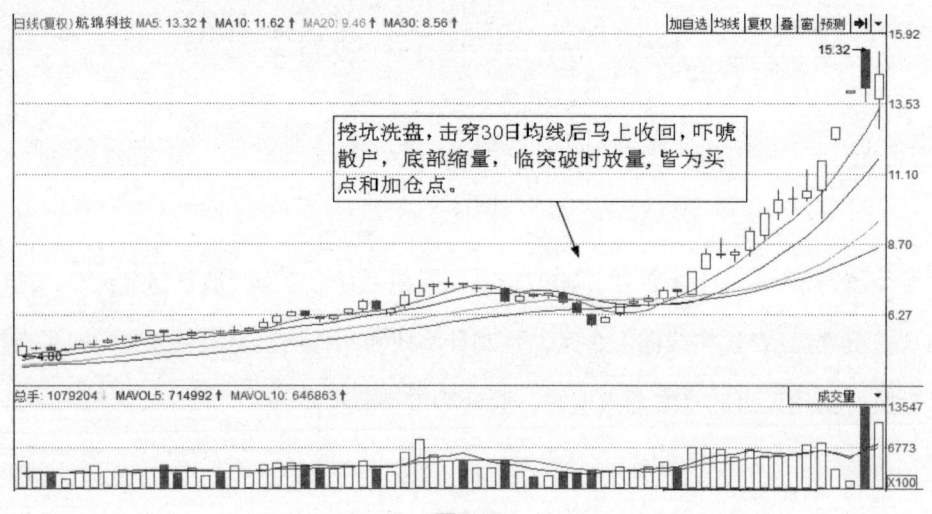

图7-3

图7-4是宝馨科技（002514）的日K线走势图。该股整体涨幅不大，图中圆圈处的破位下行更是蹊跷。当日成交量延续前几天的行情继续缩量，并没有多少真正的出货。这就让人生疑，主力不出而股价下跌，这只能是洗盘行为。对于这样的走势，我们要逢低吸纳。既然主力都还在里面，投资者又何惧？该股此后很快反转向上，证明了此前判断的准确。

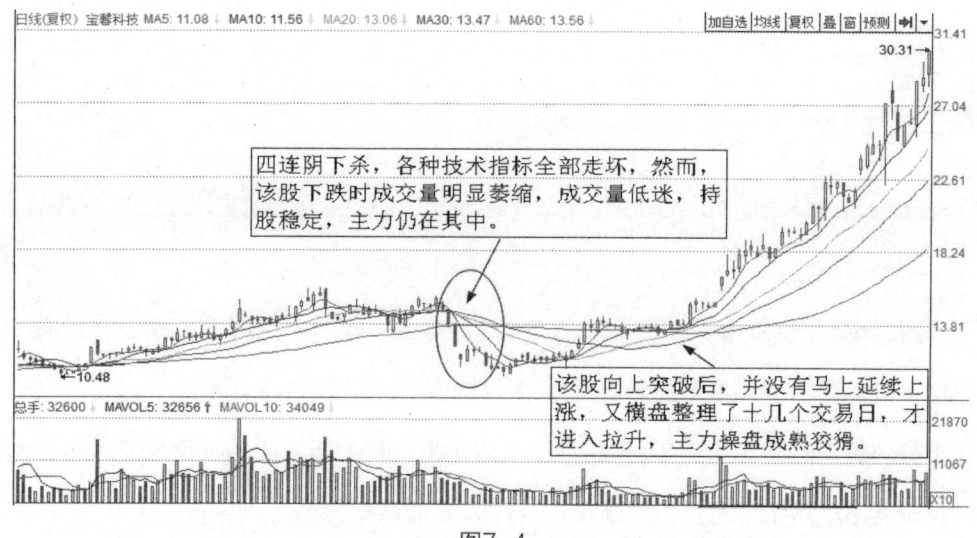

图7-4

本例中，陷阱坑成交量萎缩，可以说是地量，成交量极度低迷。这应该是好事，说明盘中持股相当稳定，几乎没有抛压，股价自然也跌不下去，投资者可等止跌企稳，股价反转上行时，如有成交量配合则更好，跟随进场。

图7-5是九安医疗（002432）的日K线走势图。该股运行在上升趋势中，在图中椭圆处，主力突然走出长阴洗盘，欲将不坚定的散户清出局。2015年1月20日，突然在坑底走出放量涨停大阳线，此时投资者应积极追进，之后该股一路上涨，股价短时间内实现较大的涨幅。

本例中，在椭圆处该股下跌的时候，我们发现成交量是缩量的，可以用地量来形容，投资者可逢低介入。这样的形态很像主力挖坑洗盘的表现。支持主力挖坑洗盘的根据是：结合当时大盘的情况和个股整体涨幅并不大的情况，这很可能是主力挖坑洗盘的行为。

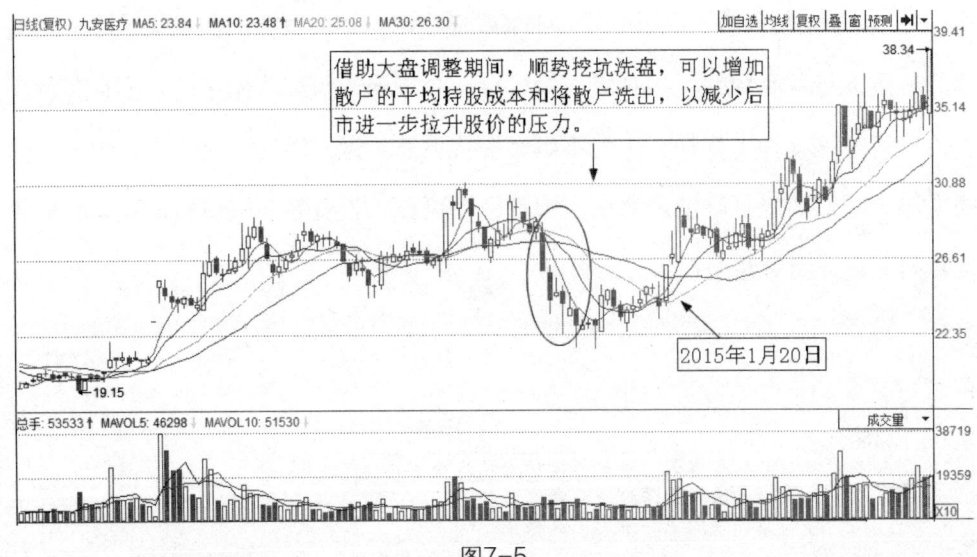

图7-5

图7-6是华金资本（000532）的日K线走势图。在图中椭圆处，该股突然向下击穿上升趋势，大阴线下跌吓跑了很多投资者。之后调整几日再次下跌，洗盘动作十分凶悍。然而，2015年1月20日，该股走出放量大阳线吹响了反攻的号角，此时投资者不应居于常态，应果断出击，之后股价稳步上涨。

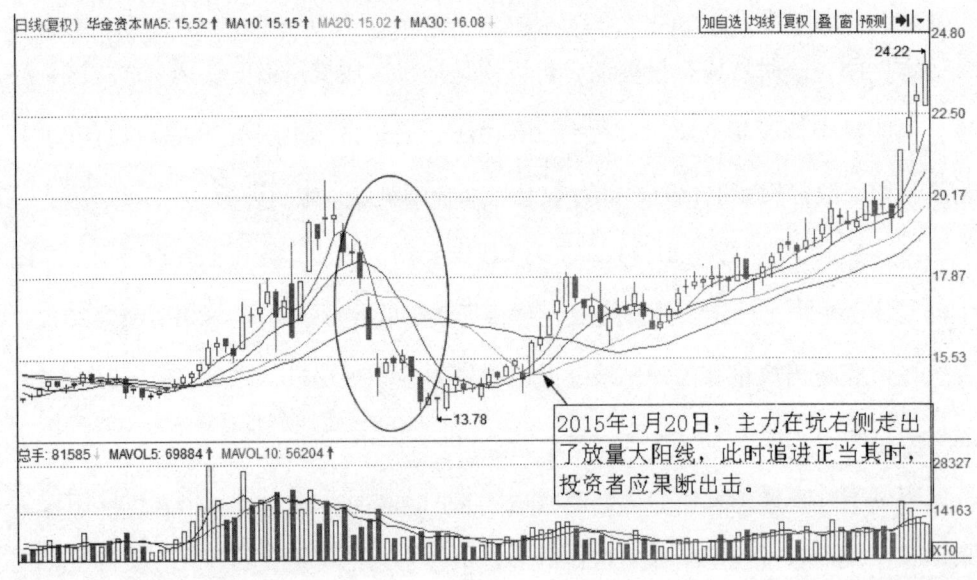

图7-6

在该股股价拉升了一段时间后，由于有大量的跟风盘和资金介入，股票的浮筹大幅度增加，这时主力需要进行震仓洗盘，甩掉低成本买进的跟风者，减轻上升压力。通过新老跟风盘的换手，除主力自身以外的市场平均持筹成本不断提高，这利于主力后期拉升筹码的稳固性。总之，主力挖坑洗盘的目的就是让低位买进该股的投资者卖掉该股，同时可以逢低获取更多的廉价筹码。

图7-7是吉电股份（000875）的日K线走势图。虽然主力突然向下击穿上涨通道，但是K线图呈现缩量下跌，并未伴随巨量，洗盘迹象明显在坑底只调整了几天。2015年1月29日，突然在坑右侧走出放量涨停板，一举突破中长期均线压制，此时投资者应果断进场，之后股价快速上涨。

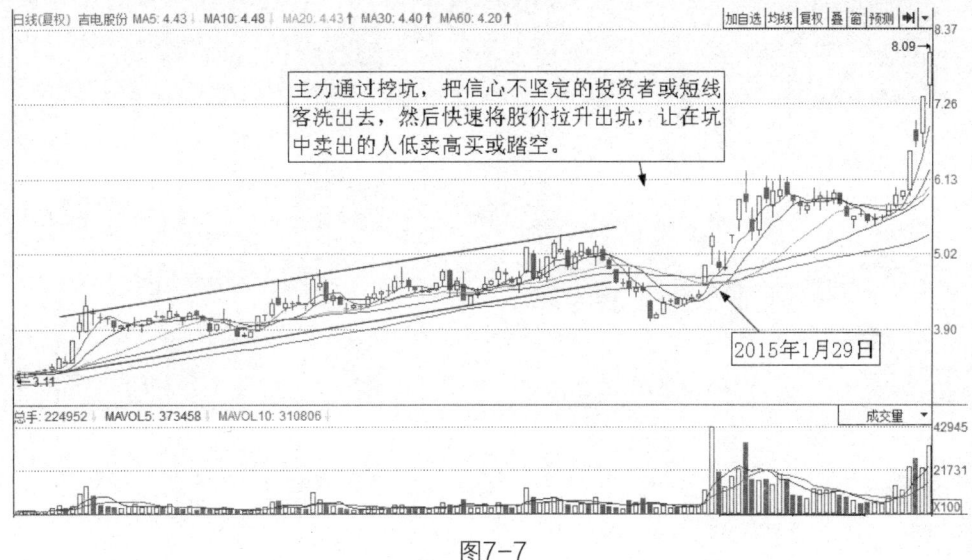

图7-7

本例中，该股的主力用了十分犀利的手法。2015年1月29日，股价大幅高开后，没有过多久就被拉至涨停。要在此时抢筹进入，投资者也必须具备敏捷果断的手法。此后，该股迅速进入加速阶段，短短时间，股价就有了较大的涨幅。

主力手法的犀利也显示出在股价拉升前，其早已收集好筹码，不愿意让散户捡到便宜的筹码。

第八章

生命线上捕捉牛股

第一节　基本原理

均线是股票软件上的默认指标,被多数人采用,它被认为是最有影响、最有效用的指标之一。使用均线进行涨跌判断可以说是一种最简单、最基本的分析方法。均线是最贴近股价的指标,同时也最能反映出价格的真实面目,也是股价趋势最直接的反映。

一、均线的优势

1. 易于量化

均线作为最简单且实用的指标,它可以帮助投资者制定投资策略。比如,经常使用的以10日均线由下向上穿越30日均线作为买入信号,或以股价有效跌破30日均线作为卖出信号等。如果只看K线,投资者难以形成一个明确的买入或卖出条件标准。这也是为什么有些投资者在看K线时,总是下不了决心卖出股票,而一旦习惯使用均线作为卖出依据就很容易执行交易策略。在K线图表中,投资者容易受各种因素的干扰,导致在做买入和卖出决策时犹豫不决。造成这种情况有两个方面原因:一是对投资者来说看K线需要一定的功力;二是K线表现出的信息比较多且大盘中又会有很多无序的波动,面对如此多的信息,经验不足的投资者很容易受股价的剧烈波动影响持股心态,从而改变既定的操作计划。投资者在开始阶段应该首先掌握最简单实用的方法,然后逐步提高看盘水平。当到达一定水平后,使用均线便是化繁为简的好办法。

2. 助涨助跌

助涨助跌是指:当股价在上涨时,运行在均线之上有赚钱效应,市场资金容易形成资金抢筹码的局面,推动股价进一步上涨,这是由投资者普遍看好后市造成的；股价在均线之下，因为股价持续下跌容易形成抛筹兑现的局面，从而推动股价进一步下跌，这是由投资者普遍看淡后市造成的。

3. 具有平滑稳定的优势

均线可以反映股价平均波动幅度，对股价波动起到了平滑的效果。所以从行情图上看，K线可能出现连续的暴涨大阳线、暴跌大阴线或者有很长的上、下影线，而均线却很平滑。均线反映的股价是一般趋势和波动情况，具有稳定性。短期波动可能被操纵，而中长期趋势不会改变，均线正是反映了这种趋势的稳定性。

均线有它的优势，也有相应的劣势。均线的劣势在于，因为它反映了股价的一般趋势性，具有平滑和稳定性，所以它会相对股价稍有滞后。这种不足可以通过适当调整操作周期和使用多条均线相配合来减少。所以，使用均线必须要承认和接受这种不足，相对它的诸多好处来说，这种瑕疵还是可以接受的。

均线指标很好地反映了价格的平均波动，各种周期的均线相互配合使用更是能发挥其作用。根据均线的周期不同，所反映的趋势大小也不同。5日、10日均线反映短期趋势；20日、30日均线反映中期趋势；60日以上的均线则反映长期趋势。所以在众多周期的均线中，我们选择哪一条均线作为主要的操作依据呢？

选择均线的原则要由投资者的操作周期来决定，因为长短线是相对的。一般来说，偏爱做短线的投资者可以用5日、10日均线；偏爱做中线的投资者可以用20、30日均线；偏爱做长线的投资者可以用60日均线。

二、选择哪条均线作为生命线要考虑的因素

1. 投资者的操作周期习惯

每个人都有自己习惯的操作周期，有的人喜欢做短线，有的人喜欢做中长线，这个习惯决定了对均线周期的选择。所以说，平时人们在讨论买点与卖点或推荐股票时，在没有定义操作周期的前提下基本是没有意义的，因为只有在你了解对方所指的操作周期时的买点与卖点才有意义，否则产生的分歧就很难统一。

比如，有人认为的买点可能是他想短炒的买点，他今天买进了过两天有盈利就可能卖掉了。但是假如你是一位中线操作的投资者你就不会同意他的买点，从而会因此产生争执，但这并不能说他不对，只能说他在做他操作周期内的正确操作，而你正确地坚持了你的操作周期内的原则。

2. 个股的波动性

均线的选择也要考虑到个股的波动性，有的股票波动较小、较慢，比如一些大盘蓝筹股等，针对这些品种，可以选择偏中长期的均线，这样既可以抓住大波段，也不用担心发生剧烈和快速的反向波动。而有些个股波动比较大和快，比如一些中小盘股，特别是一些创业板股票，它们有的流通市值最少的只有几千万，大一些的也就在几亿左右，而且价格一般都被炒得比较高，这样的股票就需要选择将短期均线与中期均线相结合使用。这样可以防止大的波动回撤风险，也能最大限度地保护利润。

3. 看盘时间的多少

因各种因素，有些投资者看盘时间比较少，所以不得不选择较长周期的均线和比较温和的个股来做。这其实未尝不是一件好事，因为盘中看盘时间越多，往往越容易产生冲动性的操作，盘后一总结很多是误操作、乱操作，所以很多投资者不是输在没有时间看盘，而是输在看得太多、离市场太近。因此，对于看盘时间有限的投资者，长期均线如 60 日、120 日均线更具参考价值。这些均线过滤了股价的短期噪音，反映出股价的长期趋势，如同沉稳的舵手，引领投资者顺应大的市场潮流。投资者无需时刻盯盘，只需在股价触及或远离这些长期均线时做出决策，避免被短期的无序波动干扰，以一种更为从容的姿态参与市场，将长期均线作为坚守的"生命线"，在长期趋势中收获财富增长。

4. 交易佣金的影响

交易佣金作为交易成本的重要组成部分，深刻影响着投资者对炒股"生命线"均线的选择。

对于交易佣金较高的投资者来说，频繁交易意味着高额成本，因此会倾向于

选择较长周期的均线，如 60 日均线或 120 日均线作为参考。这些均线反映的是股价长期的趋势走向，投资者依此操作，减少交易次数，避免因频繁进出市场而被佣金侵蚀过多利润，通过捕捉大的价格波动趋势来实现盈利，降低佣金成本在总收益中的占比。

相反，交易佣金较低的投资者，交易成本压力小，更有条件选择短期均线，像 5 日、10 日均线来指导操作。他们能够灵活地跟随股价短期波动，及时调整仓位，利用短期价格变化获取利润，即便短期内多次交易，也不会因佣金支出而使收益大打折扣，从而可以充分发挥短期均线对股价敏感反应的优势，实现资金的高效周转与增值。

5. 个人风险偏好

盈亏同源，能承受多大的风险，就能赚多大的利润。对于均线的选择没有最好的，只有更合适的，正所谓"尺有所短，寸有所长"。

短期均线的优点是：对近期价格比较敏感，利润回撤比较小，产生的亏损也较小。

短期均线的缺点是：对价格反应过于灵敏，容易被震荡出局。

长期均线的优点是：可以反映大趋势，容易抓住大波行情。

长期均线的缺点是：对价格反应滞后，利润回撤比较大，若产生亏损，亏损也较大。

投资者如果能承受较大的风险和回撤，则可以选择较长周期的均线。因为长周期的均线，其浮盈和浮亏都会比较大。

第二节 实战操作要领

均线在K线图上排列的特征是——越短周期的均线,距离K线越近,对股价变化越敏感;越长周期的均线,距离K线越远,对股价的变化越不那么敏感。

均线的使用在趋势研判当中是一个简单直观的分析指标,通过观察均线的走势,投资者可以直观明了地分析出股价的趋势和运行方向。

第三节 具体运用实例解析

一、短期均线捕捉牛股

下面首先介绍以10日均线为生命线捕获牛股的参考方法。10日均线作为一个短期均线指标，对捕捉牛股的分析有着相当重要的作用。

10日均线在短线炒股中是非常重要的参考指标，通过其判断牛股或强势股的标准是：

（1）股价在10日均线之上。

（2）10日均线角度向上。

如果同时满足这两个条件，则说明个股运行良好，走势很健康，可以买入并持有；后续如果个股违反第一条，投资者可以考虑开始卖出部分仓位；之后的图形走势如果又违反了第二条，投资者不应再抱有幻想，应该及时兑现利润出局。等待行情调整后，如果再次出现这两个条件，则再次介入该股。

如图8-1所示，亚太股份（002284）在图中买入箭头处以一根大阳线一举突破前期调整小平台且站上10日均线，这意味着短线上行空间被打开，可看高一线。突破时成交量较前期明显放大，这也是一个支持股价走高的有利条件。该股有较强的上涨趋势，投资者可买入。当股价跌破10日均线，投资者应果断出局寻找其他个股机会。

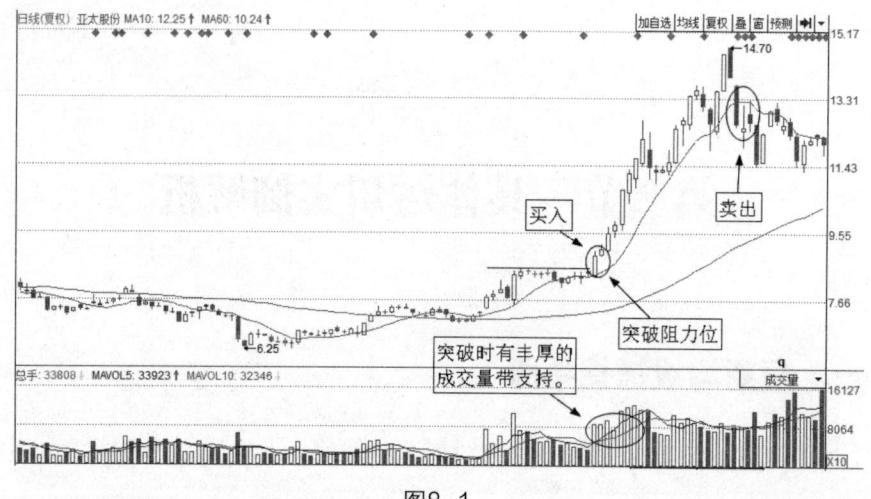

图8-1

图8-2是ST富通（000836）的日K线走势图。该股在经过3个多月的窄幅横盘震荡后形成了较为坚实的底部。图中圆圈处，该股一根放量长阳线有力地突破多根均线，启动一轮新的上涨行情。当股价突破10日均线时，投资者可积极买进。当时的大盘环境也为短线操作提供了安全的条件，投资者可放心操作。

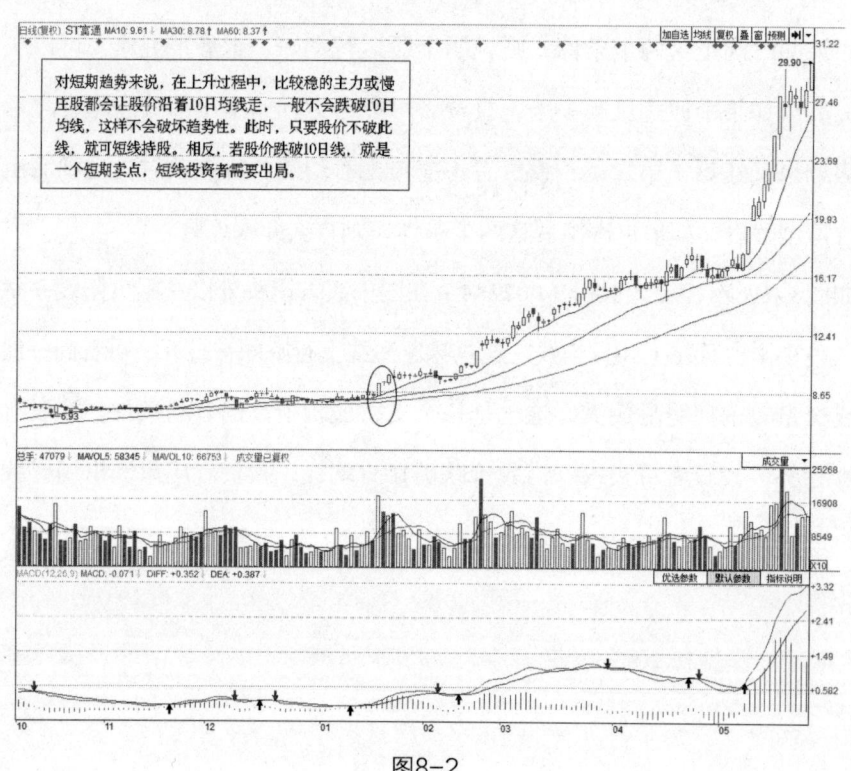

图8-2

图8-3是东方海洋（002086）的日K线走势图。2015年10月9日，股价再次站上10日均线，投资者应果断买入，之后，伴随着放量，该股股价开始出现连续拉升，并且一直维持在10日均线之上，这说明该股表现良好。直到图中第二个圆圈处，该股在这次操作中跌到10日均线之下且10日均线向下，这说明该股有结束行情的可能。投资者此时应不再恋战，应果断出局。到此为止，就完成了一次完整的波段操作，抓住了牛股的一波行情。

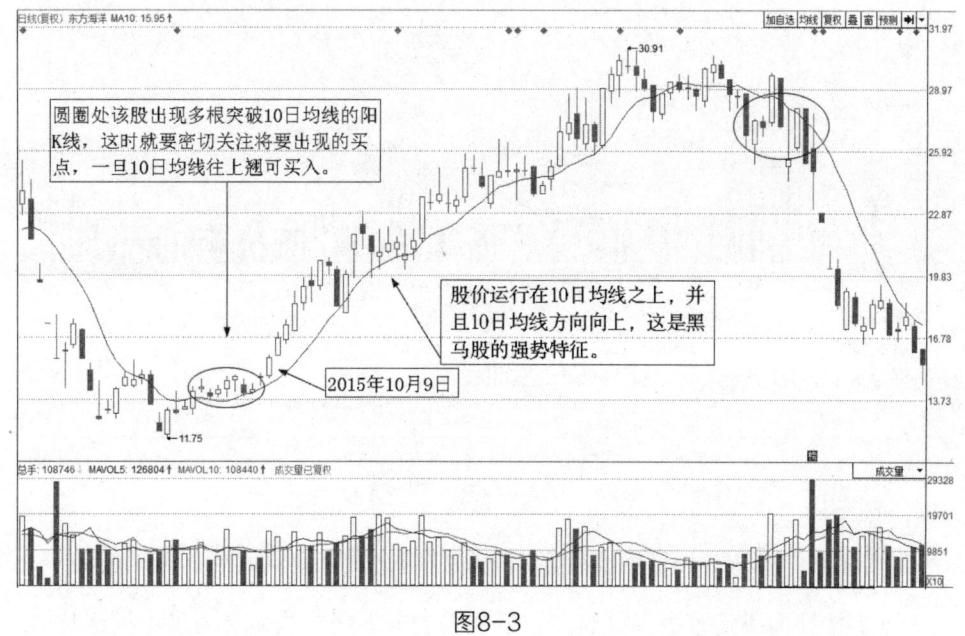

图8-3

图8-4是天音控股（000829）的走势图。当下方MACD指标上穿零轴并出现金叉时，这是非常好的买点，投资者应在股价第二天收盘前站稳10日均线时买入；之后，该股以10日均线为生命线陡直拉升，直到MACD指标高位出现死叉，卖出。在短短的三个月内，股价已经翻倍，投资者获利巨大。后续股价又被再次拉升，这时投资者也可以放弃鱼尾行情而转战别的股票。若还想再做这只股票，一定要快进快出，因为股价与MACD指标顶背离。当股价再次有效跌破10日均线时，卖出，短期也能获得10%左右的收益，但要注意好风险。

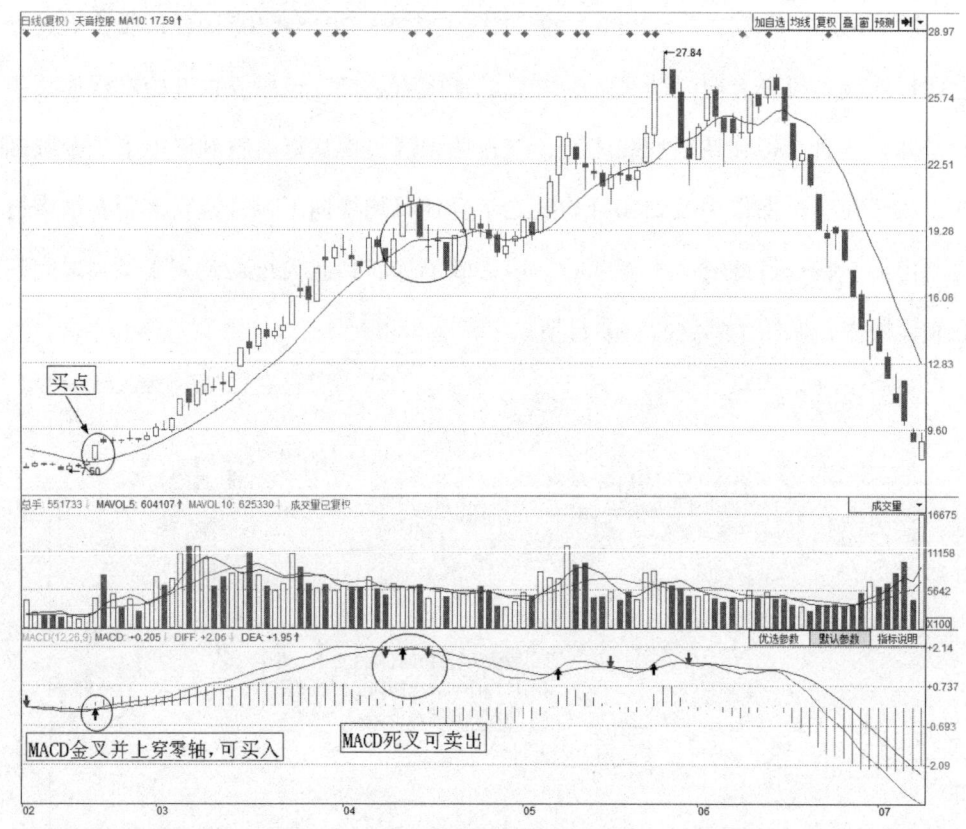

图8-4

在实际操作中,对10日均线捕捉牛股的技巧,投资者要把握下面几点:

(1) 10日均线是短线多空双方力量强弱的分界线。当多方力量占据优势时,市场为强势状态,股价会运行在10日均线之上,表明更多的投资者愿意以高于最近10日平均成本的价格买进股票,股价自然会上涨;反之,当空方力量占据优势时,市场就呈现出弱势的状态,股价会运行在10日均线之下,说明不少投资者愿意以低于最近10日平均成本的价格卖出股票,股价自然会下跌。

(2) 在上升趋势中,股价经过先期的快速上涨之后,由于短期获利盘太大,获利回吐必然出现股价调整。但只要股价不跌破10日均线且10日均线仍继续上行,说明是正常的短线强势调整,上升行情尚未结束,此时是逢低买入的再一次良机。特别是股价在10日均线获得支撑后又继续上涨,说明调整已经完成,一波新的上升行情即将拉开序幕,这是投资者追涨的好机会。

实践证明，用10日均线买入的最大优点：在上升行情的初期就可跟进而不会踏空，即使被套也有10日均线作为明显的止损点，损失也不会太大。在操作中，投资者可将10日均线与成交量、MACD指标结合起来综合运用，以此来提高判断行情的准确度。

图8-5是五粮液（000858）的日K线走势图。该股在图中第一个圆圈处以小阴小阳的方式启动行情，之前MACD指标率先低位金叉，随后5日均量线上穿10日均量线且5日均线上穿10日均线，投资者可果断进场。之后该股沿着10日均线一路上涨，股价涨幅较大，收益非常可观。图中第二个圆圈处，再次出现MACD金叉、均量线金叉，5日均线金叉10日均线，买点2出现。

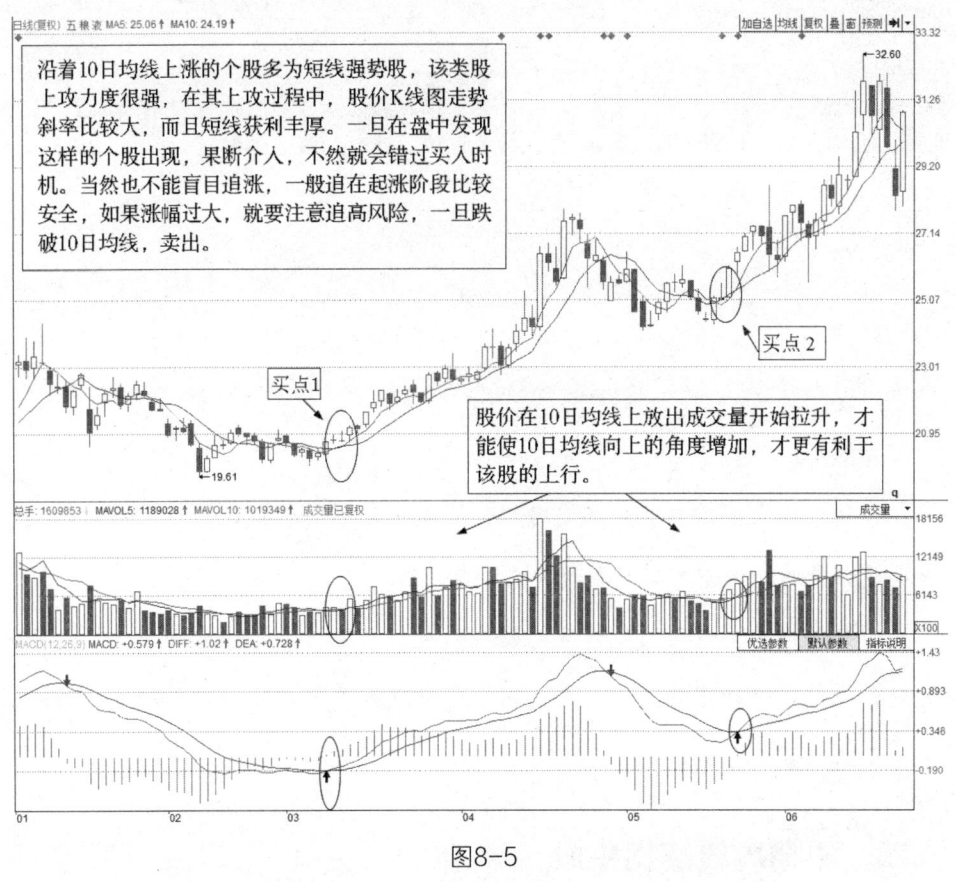

图8-5

在图8-6中，ST宇顺（002289）在下方MACD指标金叉，成交量连续放大，K线图圆圈处出现股价站稳10日均线，投资者可果断买入，之后该股以10日均线为

生命线走出一波强势上涨行情。短期涨幅一倍多,是了不起的短线大牛股。

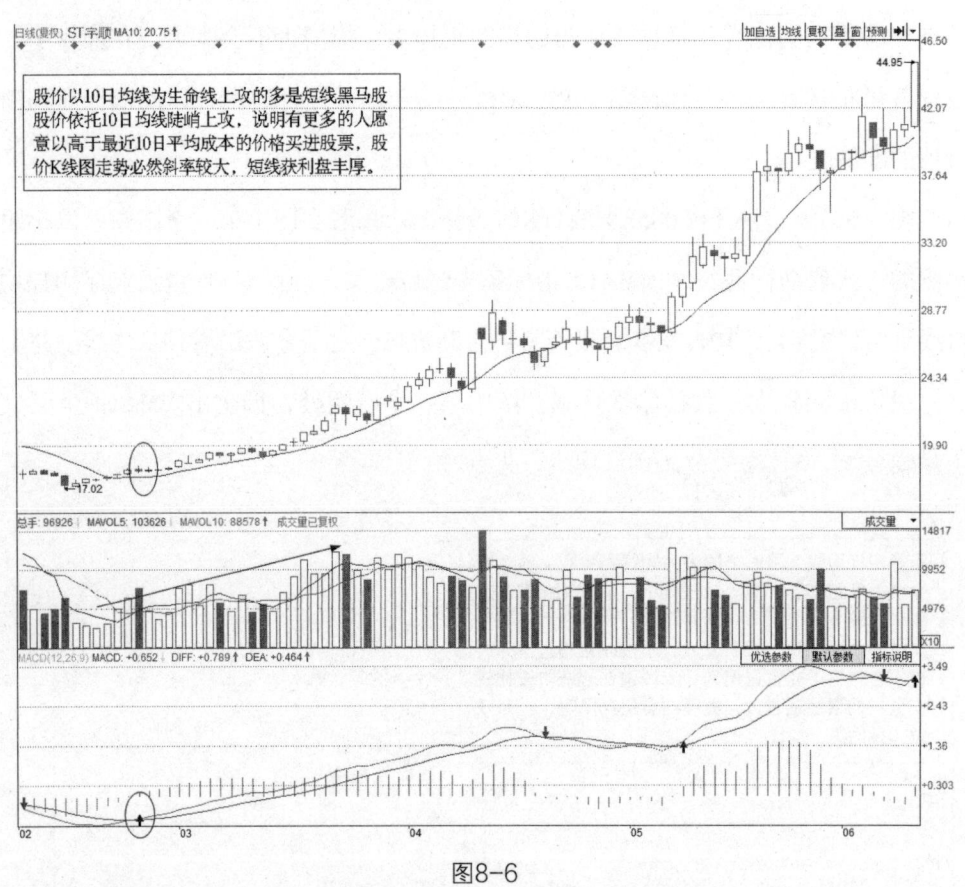

图8-6

温馨提示:

10日均线代表短期趋势的多空转换,其变化是频繁的,10日均线给出的买卖信号也是频繁的,适合有时间看盘的投资者使用。

以10日均线为生命线的股票多为短线牛股,买卖要讲究速度和纪律。进场时要在股价站稳10日均线时果断买入,出场时要在股价有效跌破10日均线时果断卖出,既要速度快,也要遵守交易纪律。

二、中期均线捕捉牛股

30日均线是中期移动平均线。与10日均线相比,30日均线比10日均线的时间周期要多20个交易日,它滤去了短期杂波,更能呈现出股票的中期趋势,适合中短期结合的投资者把握牛股的主要上升波段。

由于10日均线起伏比较大,尤其在震荡行情时该均线很不规则,10日均线出现买进和卖出信号较多且较难把握。在多数情况下,投资者可把30日均线作为买入个股的依据。

把30日均线作为生命线的操作参与者,基本上都是中线投资者了。投资者做股票以30日均线为生命线就需要耐心了,比较适合没有足够看盘时间的上班族中线操作,做股票期间不用刻意地关注股票的短期波动。

对30日均线,投资者在应用时要把握以下几点:

(1)当股价与30日均线顺势同步向下跌时,坚决不买。一般情况下,30日均线朝下就是该股票在走下降通道,这个阶段的股票绝对不能买进。

(2)当股价经过一段时间的下跌或调整后跌势趋缓,等到30日均线走平后再开始关注。一旦股价带量上涨突破30日均线并回抽确认或30日均线开始上翘时,就是技术上的买点。

(3)当股价站上30日均线,并同30日均线顺势向上时,应继续持有。

经过一段时间的上涨后,在涨势末期30日均线开始走平,此时若股价跌破30日均线反弹且站不上30日均线或30日均线拐头向下时,便是卖点。

需要指出的是,30日均线是主力操盘动作展开的生命线,其中的短线操作价值务必要引起我们的高度重视。在实际操作中,只要30日均线的方向朝下,这只股票就没有产生大行情的物质基础和市场条件,也就不是投资者展开买进操作动作的目标个股。同时,也说明该股票处于下跌阶段。因为此时正处于主力战略性派发过程之中,行情下跌就是主旋律,中间偶尔反弹也是为了更好地出货,在下跌趋势中的反弹是为了套人进去接筹码的,是主力为了找个好价位出逃的,这种反弹慎买。

图8-7是凯华材料(831526)的日K线走势图。在图中圆圈处出现突破前期高点阳线,MACD零轴线上金叉,成交量连续放大,此时投资者可介入。之后该股以30日均线为生命线开始主升浪,在主升浪途中边涨边回调洗盘,有时将股

价打到圆圈处的30日均线然后再拉起来，每次跌到30日均线企稳都是很好的中继买点，直至右上角股价有效跌破30日均线后卖出。该股股价涨幅巨大，是只大牛股。

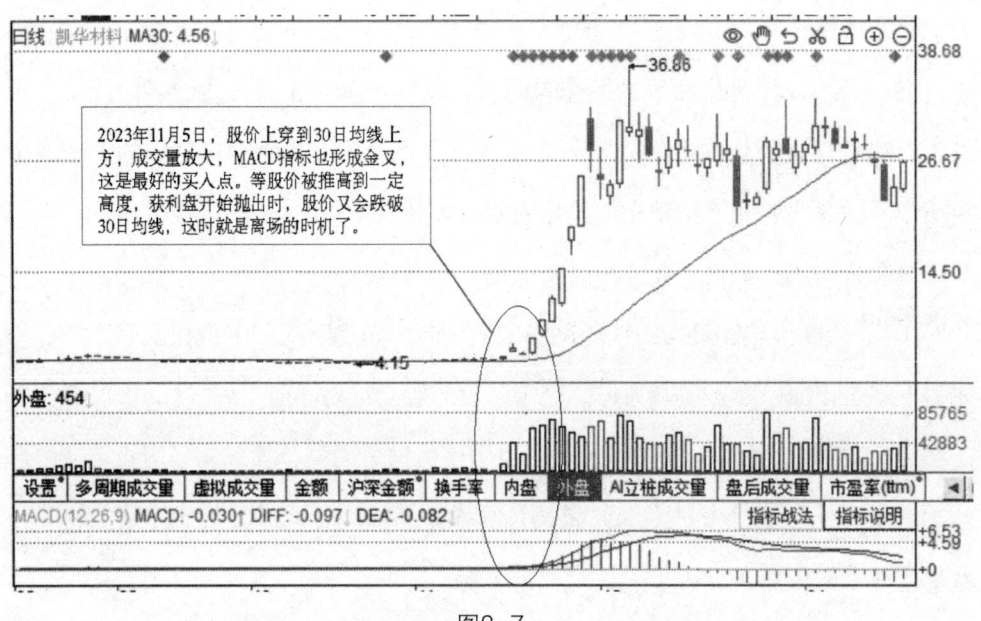

图8-7

图8-8是太阳纸业（002078）的日K线走势图。主力在进行拉升后，往往都会短线调整进行打压洗盘，使股价跌破5日均线甚至10日均线，这是主力故意诱空，吓唬散户，令其平仓。即使有主力诱空，股价依然在30日均线附近企稳，中期向上趋势不改，投资者可逢低再次介入。

运用30日均线操作的方法其实很简单，核心思想就是"顺势而为"。如果30日均线的运行方向是向上，且其他均线的方向也呈多头排列，那就可以确定该股票处于升势之中，此时可以在有效突破30日均线处买入并持股；如果30日均线的方向出现拐头向下，说明一轮升势可能会终结，此时建议减仓或卖出，获利了结，落袋为安。如果按照此方法做操作，投资者可大赚小止损，长期看稳赚不亏。

第八章 生命线上捕捉牛股

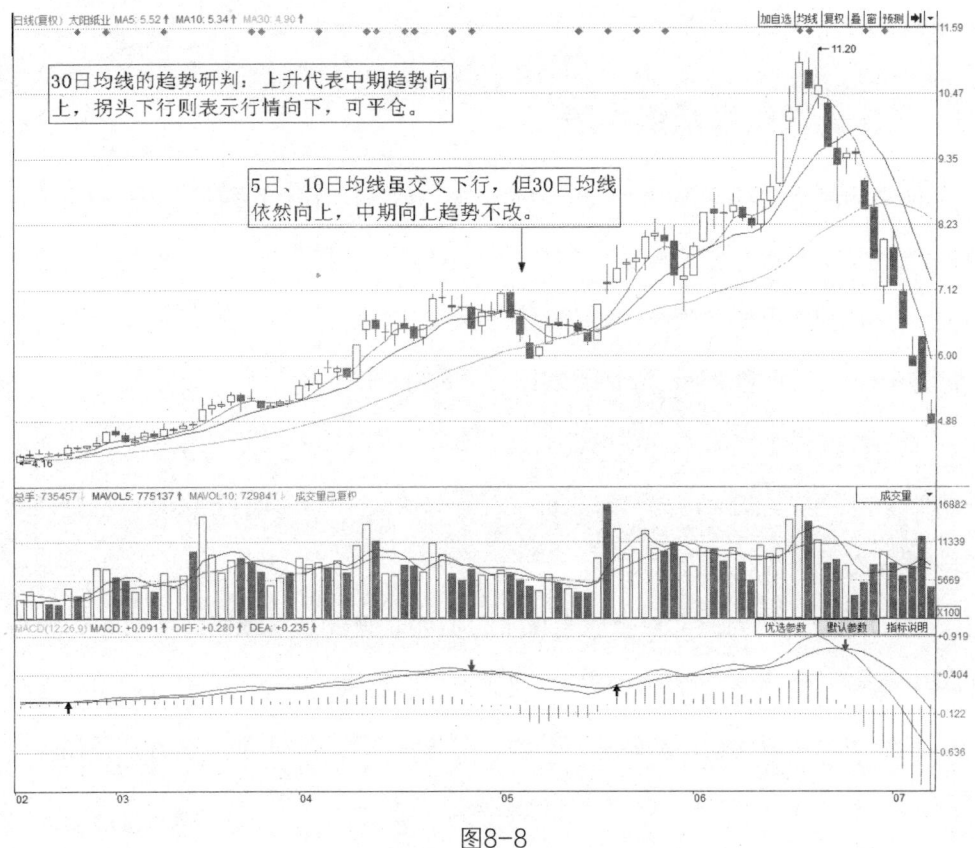

图8-8

温馨提示：

均线运用的周期越长，个股趋势的稳定性和可靠性也就越强。与以10日均线为生命线的股票相比，以30日均线为生命线的股票，买入信号和卖出信号都比较滞后，上攻斜率也没有10日生命线个股趋势陡峭，但走出主升浪行情的时间比较长，同时还有不容易被主力洗盘出局的优点。

依托30日均线操盘是介于短线和中线之间的一种操盘手法。与短线10日均线相比，它更容易被普通投资者接受。以10日均线为生命线的个股爆发力比较强，变化较快，而以30日均线为生命线的股票，相比起来就稳定很多了。以30日线为生命线的牛股周期较长，涨幅和翻的倍数也较大。

以30日均线为生命线的个股，在上升过程中明显具有波段操作的机会。当个股远离30日均线，可以考虑短线出局；回调到30日均线时若企稳则考虑买入，这

样波段操作可以大幅度增加短线收益，适合于比较有一定经验和水平的投资者。

三、长期均线捕捉牛股

60日均线是3个月的成本均线，也是长期均线，同样还是季线。60日均线无论对大盘还是个股都有极其重要的作用，比如在熊转牛拐点时期，若60日均线拐头向上，一般都能引发一波像样的行情；反过来，在牛转熊的拐点时期，若60日均线拐头向下，大盘和个股一般都需要较长时间的调整。

在股票震荡上攻的主升浪里，只要60日均线向上，即使股价跌破5日、10日短期均线也不要害怕。因为只要股价没有有效跌破60日均线且在60日均线企稳的时刻里，都是非常好的买入点。

60日均线的重要意义对个股来说不言而喻。把60日均线当作实战中的生命线或决策线，使用的方法和10日均线或30日均线类似，即个股在底部放量站上60日均线就可以考虑建仓；跌破60日均线，意味着有下跌的可能，最好选择是卖出平仓。

这是一种既轻松又有效的方法，一条60日均线就可以让你在相对底部建仓，获取收益，轻松擒获牛股，也可以让你在相对高位规避风险。该方法的出发点是能做到大赚小赔、多赚少赔、长期看只赚不赔；同时，该方法简单易懂，普通投资者也能掌握，只要坚持该方法操作就能达到持续稳定获利的目标。

对初入股市的新手或者是历经股市涨跌而挣不到钱的投资者而言，60日均线的买卖法则就是一个简单的买卖股票的方法。可简单地按照收盘价在60日均线上买入股票，收盘价跌破60日均线卖出，线上持股，线下持币。

图8-9是高新发展（000628）的日K线走势图。该股股价放量站上60日均线，买入，跌破60日均线，卖出，这个方法很简单实用。我们可以看暴涨的股票，股价都在60日均线上方运行；所有暴跌的股票，股价都在60日均线下方运行。严格按照此方法来操作，可以让你抓住持续暴涨的股票，同样也可以回避持续下跌的股票。

第八章 生命线上捕捉牛股

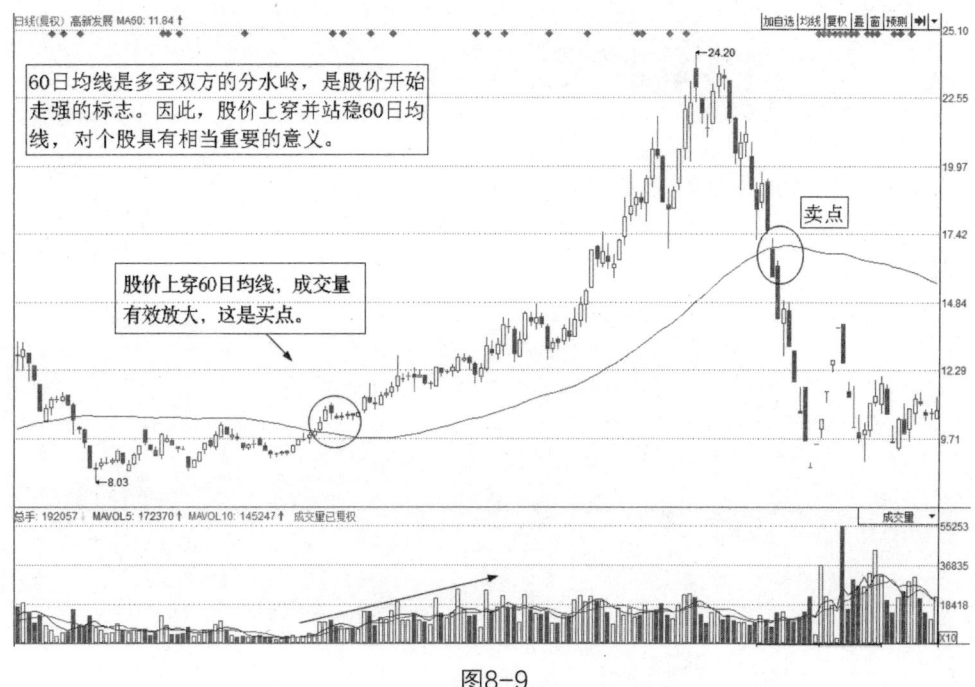

图8-9

按照这种买卖方法，就某一次操作的结果而言，可能并不是很理想，但若投资者能够始终严格按此法操作，必然能做到大挣小赔。按照60日均线操作时，若还能考虑到大盘如何、成交量、MACD指标等因素，必然能够提高成功概率。

图8-10是国创高新（002377）的日K线走势图，当均线组合形成多头排列后，股价一路上行，并不断创下新高。虽然在上升途中，10日均线和30日均线有过纠缠，但60日均线仍在向上运行，如果投资者在图中箭头处跟进买入，收益将是十分可观的。当股价见顶回落后，10日均线和30日均线开始调头向下，随后跌破60日均线，均线组合形成了空头排列的状态。这种形态的出现表明股价将走坏，这时就不可再继续看多和做多，而是赶紧离场才好。

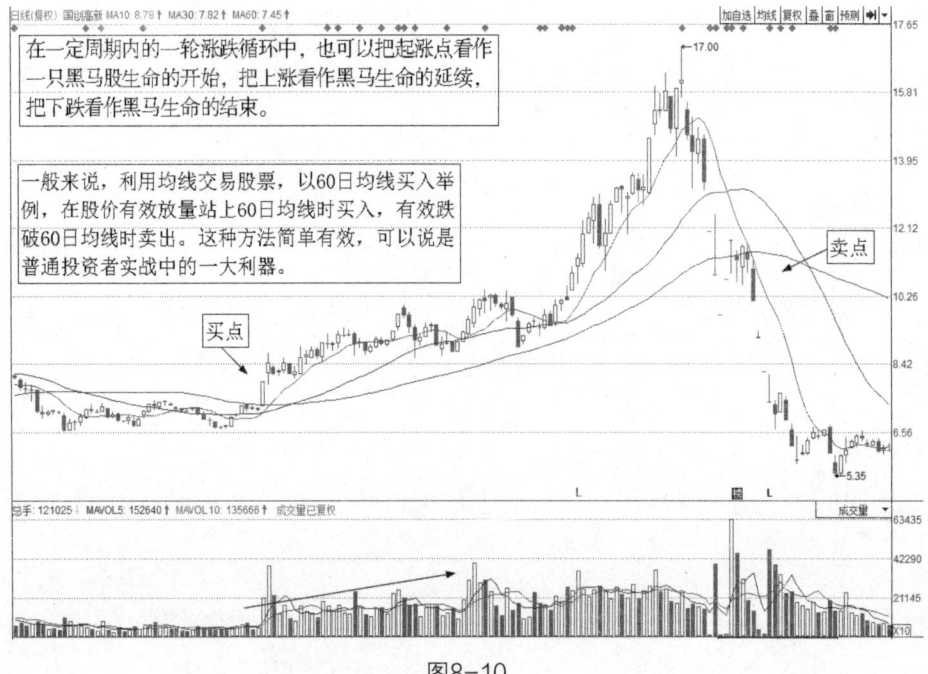

图8-10

四、中短期均线交叉捕捉牛股

均线交叉是指用两条均线的交叉作为买卖依据的操作方法,这是一种常见的指标应用方法。当股价在低位区域且10日均线拉阳上穿30日均线形成金叉时,投资者可于此时买入股票。

10日均线和30日均线的金叉和死叉可以使投资者捕捉到买点和回避风险。该方法可作为投资者的分析工具,因为这两条均线的周期长短合适,把握中小波段行情还是不错的。操作具体而言:当大盘10日、30日均线金叉之后,再挑选10日、30日均线也金叉的个股买进;当大盘10日、30日均线死叉之后,投资者所持有的个股一旦出现死叉,要坚决卖出。

除此之外的行情,空仓休息不操作,需要说明的一点是:当市场横盘震荡的时候,这个方法失效。尽管按此交易可能会错过一些盈利机会,但长期坚持下来,它的好处就会慢慢体现出来了。

如图8-11所示,上证指数(000001)在图中圆圈处形成10日、30日均线金

第八章 生命线上捕捉牛股

叉，按照先大盘后个股的思路，根据以上的交易原则，就可选择个股了。

图8-11

如图8-12所示，可以通过同花顺软件里的"智能"点击"选股平台"，把符合要求的股票统统选出来，然后根据自己的喜好选择其中某一只作为跟踪交易的对象即可。

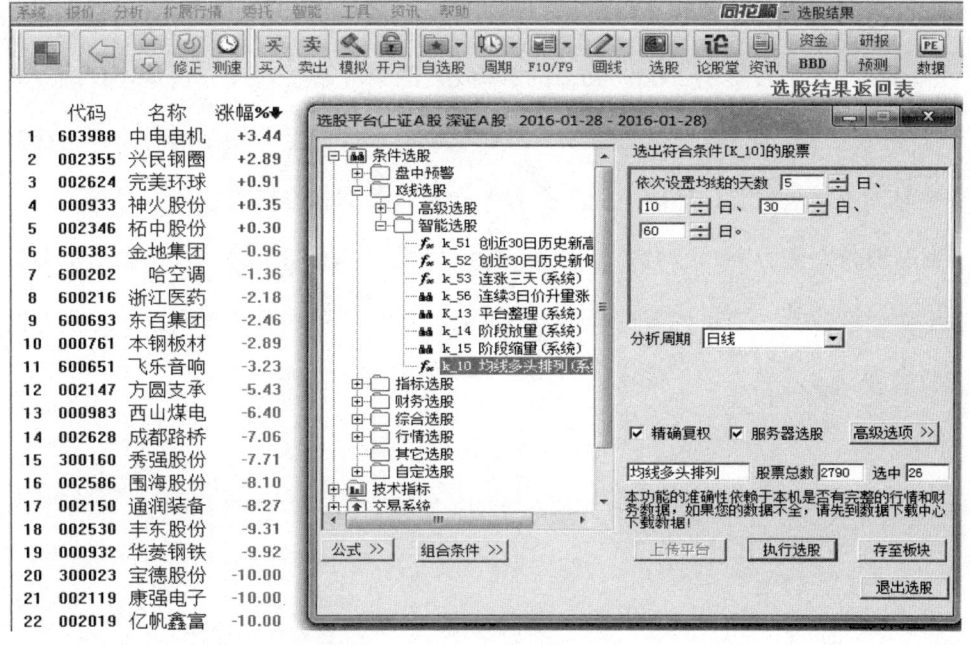

图8-12

151

图8-13是中电电机（603988）的日K线走势图。该股10日、30日均线金叉，成交量也随之放大，随后展开稳健的上涨，一直到两条均线死叉的时候，再考虑卖出，坚持原则、简单投资、快乐炒股。

图8-13

图8-14是东百集团（600693）的日K线，图中的两条均线分别是10日均线和30日均线。当股价处在横盘过程中，且在较小的幅度中上下震荡的时候，均线会逐渐靠拢呈黏合状态，此时说明多空趋于平衡，是面临方向性选择的时候了。如果此时股价上涨，则均线会开始向上发散，这是走势开始走强的标志，后市通常会引发一波拉升，这是买入良机。均线开始发散后就呈现多头排列，这是良好的持股信号。

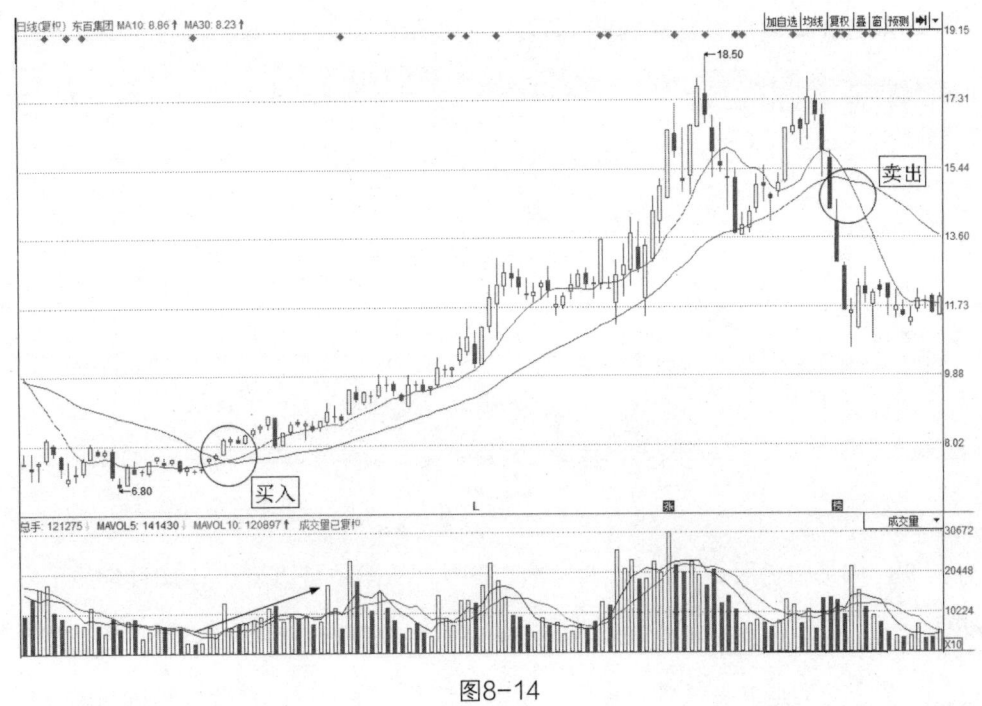

图8-14

五、长短期均线交叉捕捉牛股

短周期均线发出的信号较频繁，而周期较长的均线相对稳定性更高。所以在运用长周期的时候尽量配合短周期，其中，10日均线就是好选择。

当10日均线由下往上穿越60日均线时，此时10日均线在上，60日均线在下，其交叉点就是黄金交叉，是多头的表现，后市会有一定的涨幅空间，这是进场的时机。

图8-15是上证指数（000001）2014年6月到2016年1月的日K线图。用10日均线和60日均线组成的双线交叉，能非常简单、清楚地判断出上证指数大势的情况，将一年半时间内的上证指数多空情况对比尽收眼底，根本不用分析什么经济数据或基本面，只看双线交叉就可以做到准确地判断大势。投资者使用双线交叉的判断方法，不仅可以把握买入的机会，而且可以避免下跌行情。看大势做个股，在大势不好的情况下少操作或不操作，"覆巢之下，焉有完卵"和"君子不立危墙之下"，经验丰富的投资者一定深有体会。

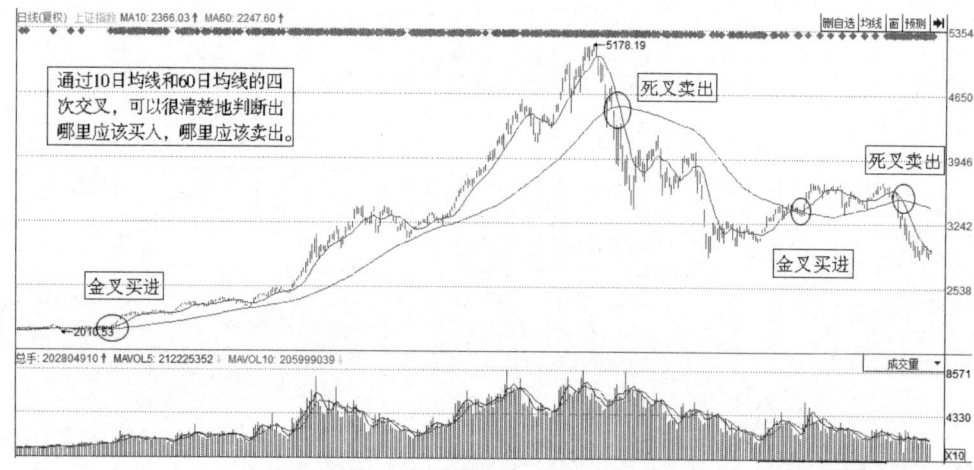

图8-15

图8-16是中色股份（000758）的走势图。从图中可以看出，10日均线上穿60日均线，这是典型的转势信号，上涨的指示性较强，其后的低点也是建仓买入机会，黄金交叉是多头强势的表现，预示后市股价将上涨。当股价经过一段较长时间的扬升之后，10日均线下穿60日均线，这是行情结束的信号，可果断清仓卖出，持币等待下一波行情的到来。

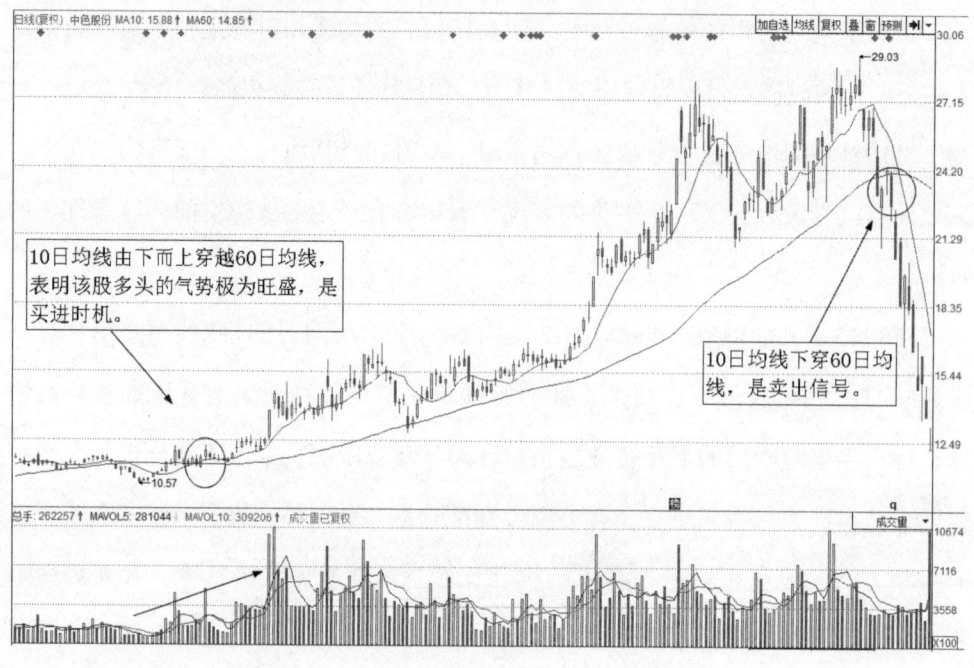

图8-16

第九章

MACD擒牛股

第一节　基本原理

　　MACD是股票行情软件中默认的副图指标，也是投资者进行学习的入门经典指标，被广泛运用，是很多投资者进入指标研究的开始。很多人在接触了其他指标之后，最终又回归原来的MACD，所谓"众里寻他千百度。蓦然回首，那人却在，灯火阑珊处"。

　　MACD是趋势指标，是众多指标中意义最丰富、最实用、适用性最强的指标。因其具有稳定性的特点，所以熟练运用这一指标就能对趋势和震荡行情有良好的判断和把握。该指标适用于长短线各个周期，具有广泛的指导意义，所以，MACD又被称为"指标之王"。

第二节　实战操作要领

MACD是被运用最多的指标，也是被历史检验过的最有效和最实用的指标，对趋势和震荡行情都有很好的应用效果。该指标能帮助投资者研判行情、提供操作依据、提高操作胜率。投资者要重视市场波动的实际情况，应在顺应大盘大势的背景下，结合均线、压力位、支撑位等综合运用MACD，做一位顺势而为的市场赢家。

MACD基本应用总结：

（1）当DIF和DEA同时大于0（处于零轴之上）并向上移动时，一般表示股市处于多头行情中，投资者可以在大部分时间里看多股价，买入并持股。

（2）当DIF和DEA均小于0（处于零轴之下）并向下移动时，一般表示股市处于空头行情中，投资者可以在多数时间里看空市场，卖出股票或持币观望。

（3）当DIF和DEA均大于0（处于零轴之上）但都向下移动时，一般表示股票行情处于退潮阶段，股票将下跌，可以先卖出股票和观望。

（4）当DIF和DEA均小于0时（处于零轴之下）但向上移动时，一般表示行情即将启动或反弹。

（5）DIF向上穿越DEA。如果穿越发生在DIF和DEA都大于0的时候，是买入信号；如果穿越发生在DIF和DEA都小于0的时候，那么多数情况都是股价在下跌途中的反弹，时间不久又会恢复到下跌的状态中去。

（6）DIF向下跌破DEA。如果下跌发生在DIF和DEA都小于0的时候，则是卖出信号；如果下跌发生在DIF和DEA都大于0的时候，那么大多数情况是股价在上涨途中的回调，时间不久股价又会开始上涨。

（7）DIF和MACD同步看涨情况。DIF向上穿越DEA，并且MACD也由负数转为正数的时候，属于看多信号。特别是DIF在大于0的时候向上穿越DEA，看多的信号比较强烈。

（8）DIF和MACD同步看跌情况。DIF向下跌破DEA，并且MACD也由正数转为负数的时候，属于看空信号。特别是DIF在小于0的时候向下跌破DEA，看空的信号比较强烈。

（9）股价在横盘整理时MACD指标失真。当股价在横盘整理的时候，DIF会频繁向上穿越DEA或者向下跌破DEA，这时候发出的买卖信号是非常不准确的。只有在持续的行情中，指标才足够准确。

（10）在DIF与DEA的行进中，可以将其看作DIF在带动DEA运行，当DIF由下向上突破DEA时，表明短期内的上涨动能打破下跌惯性，股价进一步上涨的可能性很大；当DIF由上向下突破DEA时，表明短期内的下跌动能打破了上涨惯性，股价进一步下跌的可能性较大。

第三节　具体运用实例解析

一、上穿零轴操作技巧

零轴是多空的分界线，当MACD一直游走在零轴之上，表明股价处于多头市场，说明市场中多头力量强于空头力量，投资者应以买入为主；当MACD在零轴之下，表明股价处于空头市场，说明市场中的空头力量强于多头力量，投资者应以空仓观望、持币为主。

零轴线的运用很简单，也有十分重要的实战意义，但很多投资者恰恰忽略了这一重要的判断市场状况的简便方法。在多头市场，投资者可以大胆操作，比如以持股为主，做足上涨行情；在空头市场，投资者应该谨慎操作，以空仓持币观望或轻仓试探为主，避免下跌趋势，不和趋势作对。

当MACD再次跌破零轴时，基本宣告中长线的上涨行情已经结束，此时该股进入空方，要少操作或不操作。

图9-1是ST嘉寓（300117）的走势图。该股经历了深幅下跌之后，MACD指标线运行于零轴下方。图中圆圈处出现MACD指标线缓慢向上运行并上穿至零轴上方，多预示着趋势的转向，这是中级波段上涨行情有望出现的信号。

当MACD由下往上穿越零轴时，表明一个多头市场的扬升即将开始，市场的性质方面，将由连续下跌的空头市场进入不断上升的多头市场。MACD指标线上穿零轴的那一天应该引起投资者的密切关注，它是一个中长线难得的买点，可逢低吸纳，必要时可以追涨。

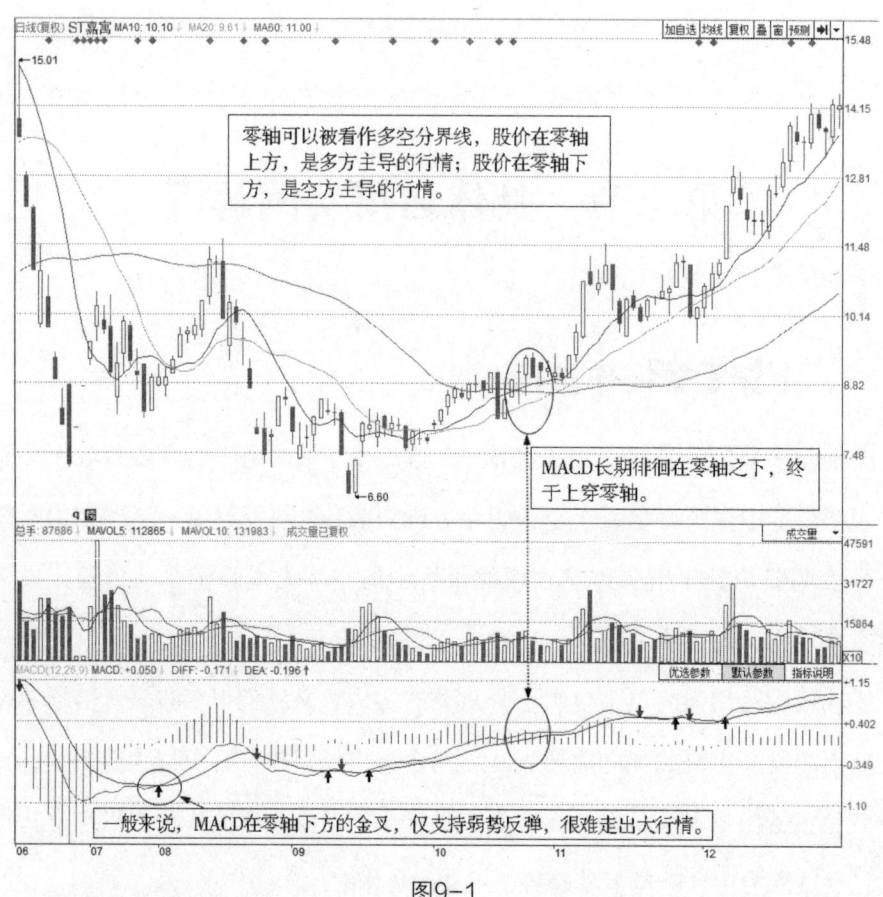

图9-1

二、拒绝死叉操作技巧

MACD是一个趋势指标,在实战中用它不仅可以判断大盘的走势,还可显出特殊功效。在挑选个股方面,MACD也有着十分重要的作用,如果运用得好,可以成功地在相对低位捕捉到个股的起涨点。特别是"拒绝死叉"这种形态,其出现后,股价企稳回升的概率较大,具有较大的实战价值。

拒绝死叉是指股价处于上升通道中,中途回调整理,但是MACD指标拒绝产生死叉,此后再度开口上行的一种指标形态。这种指标形态的出现,预示着主力打压过程即将结束,后市将会产生新一轮上涨行情。

图9-2是冀东水泥(000401)的日K线图。该股横盘调整了几个月,其间反复震荡,筹码换手较充分,不坚定者已尽数被清洗出局。在启动行情前,主力在K线

走势图两个箭头处洗盘，做最后的启动前准备工作。当MACD即将死叉时，主力突然拉出阳线，MACD走出拒绝死叉图形。投资者可及时跟进，之后该股一路上攻，波段涨幅收益可观。

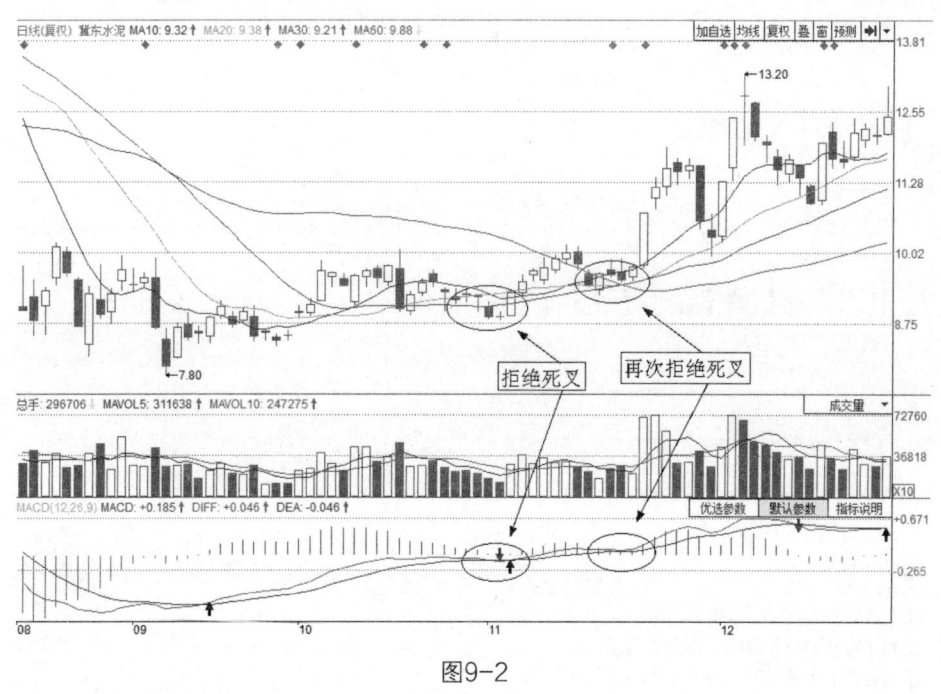

图9-2

图9-3是创元科技（000551）的日K线走势图。在股价上升途中，主力突然在箭头处凶狠洗盘，股价经过连续几天的下跌，在副图圆圈处MACD双线即将死叉，此时相信很多恐慌的短线客会被清洗出局。这时大家要做的是密切关注MACD双线能否真的死叉，若死叉，说明主力做空坚决，大家暂时不要操作。当MACD马上要死叉的时候，行情突然启动，MACD返身向上。

图9-4是中国天楹（000035）的日K线走势图。副图圆圈处DIF线与DEA线在零轴上方几乎黏合在一起，好像马上就要死叉，就在这一时刻，DIF放量向上勾头，形成"将死叉不死叉"形态。这说明主力故意打压震仓洗盘但又不愿股价大幅度下跌，所以故意打压使MACD指标将要形成死叉，制造空头陷阱，以此来恐吓散户卖出手上的股票，达到洗盘的目的。随后股价一路攀升。

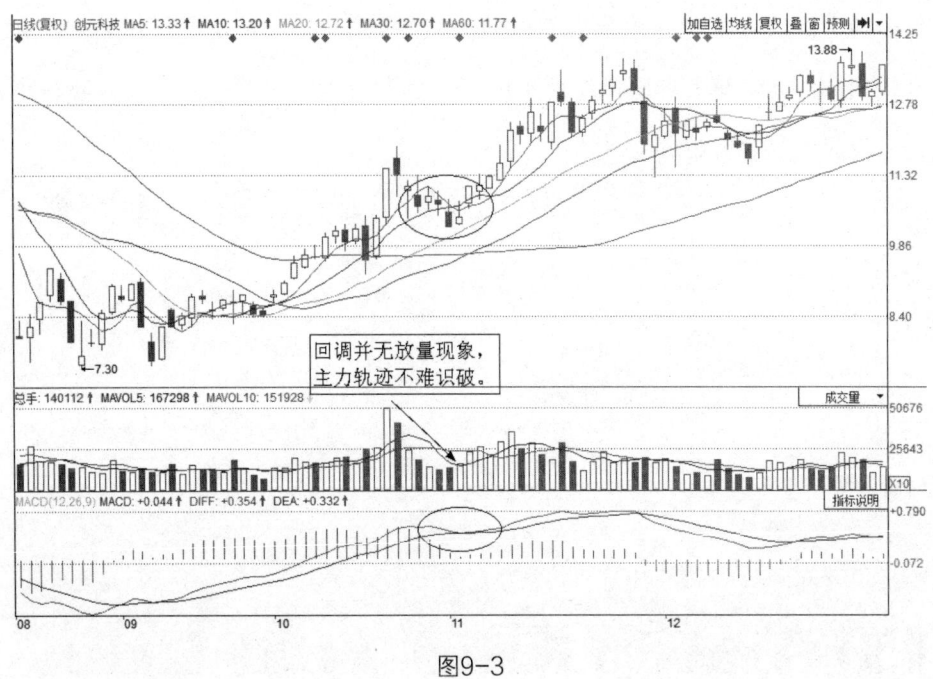

图9-3

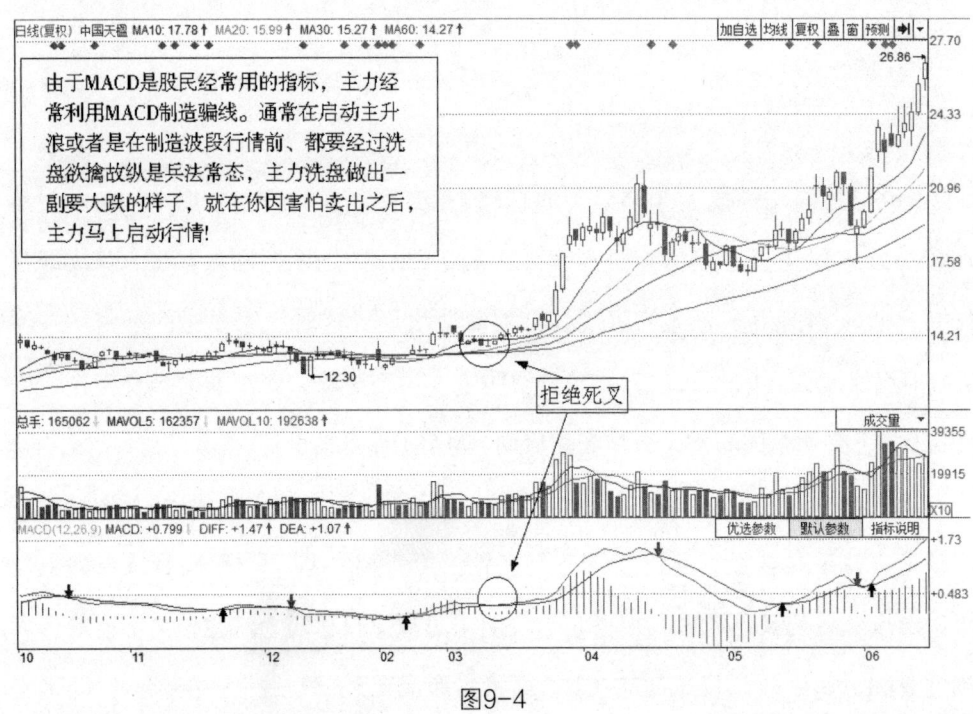

图9-4

图9-5是皖能电力（000543）的日K线走势图。图中圆圈处，随着股价的回调下行，MACD指标两线只是轻轻触碰一下就再度向上发散，拒绝死叉，这是空头

无力大幅打压股价的表现。当股价重新上升，MACD指标两线再度向上拉起发散的时候，是短线投资者快速介入的极好时机。

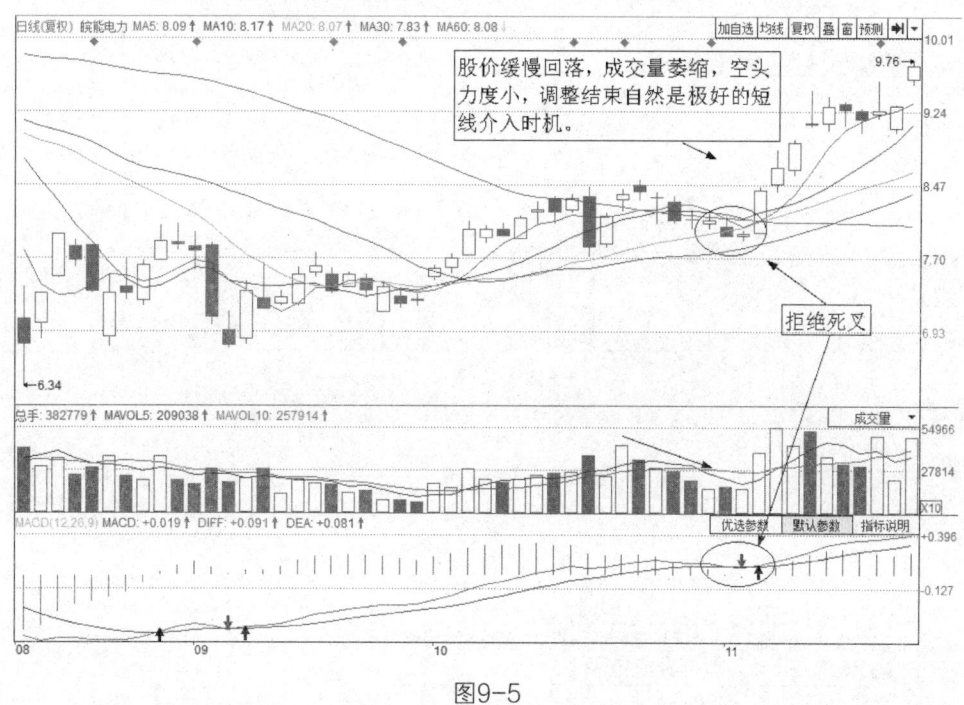

图9-5

图9-6是众兴菌业（002772）的走势图。该股在2015年11月2日大阳线拉起，这是一个标准买点。从整体看，该股此前早就突破60日均线进入多头走势，一段回调后MACD并没有产生死叉，仅仅是黏合在一起，拒绝死叉。这是强势调整的表现，说明空头反击的力度非常有限。经过一段时间回调后，该股得到充分调整，最后大阳线拉起；同时，MACD指标两线也开始向上发散，这是一个非常好的短线买入机会。

图9-7是深南电A（000037）的走势图。该股的MACD指标两根线随着股价的滞涨而逐渐靠拢，有死叉的迹象。不过出人意料的是，此后股价止跌回升，指标两线只是轻轻触碰一下，拒绝死叉，再度抬头上行。这是调整结束的表现，投资者可以积极参与。谨慎型投资者也可以等到突破前期高点再果断进场，后市继续上涨是大概率事件。

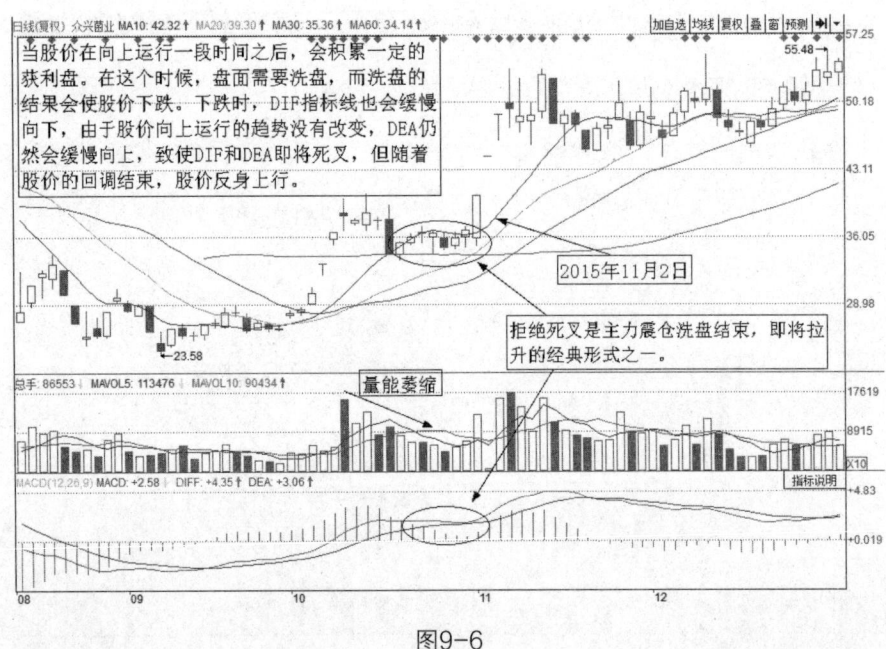

图9-6

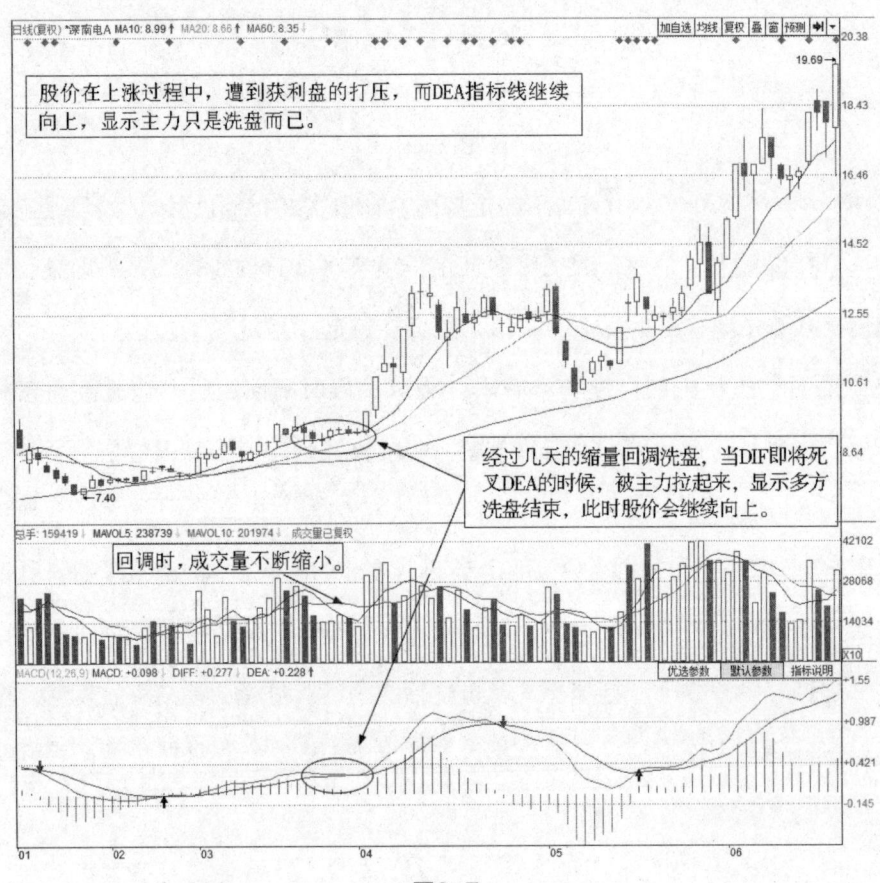

图9-7

图9-8是华金资本（000532）的日K线走势图。该股经过回调后继续上涨，致使MACD拒绝死叉。之后该股形成重新上涨的形态，投资者可继续跟进，后来该股延续上涨，利润可观。而且该股是在60日均线上回调而形成的拒绝死叉，多头走势未变，后市向上涨的可能性更大。

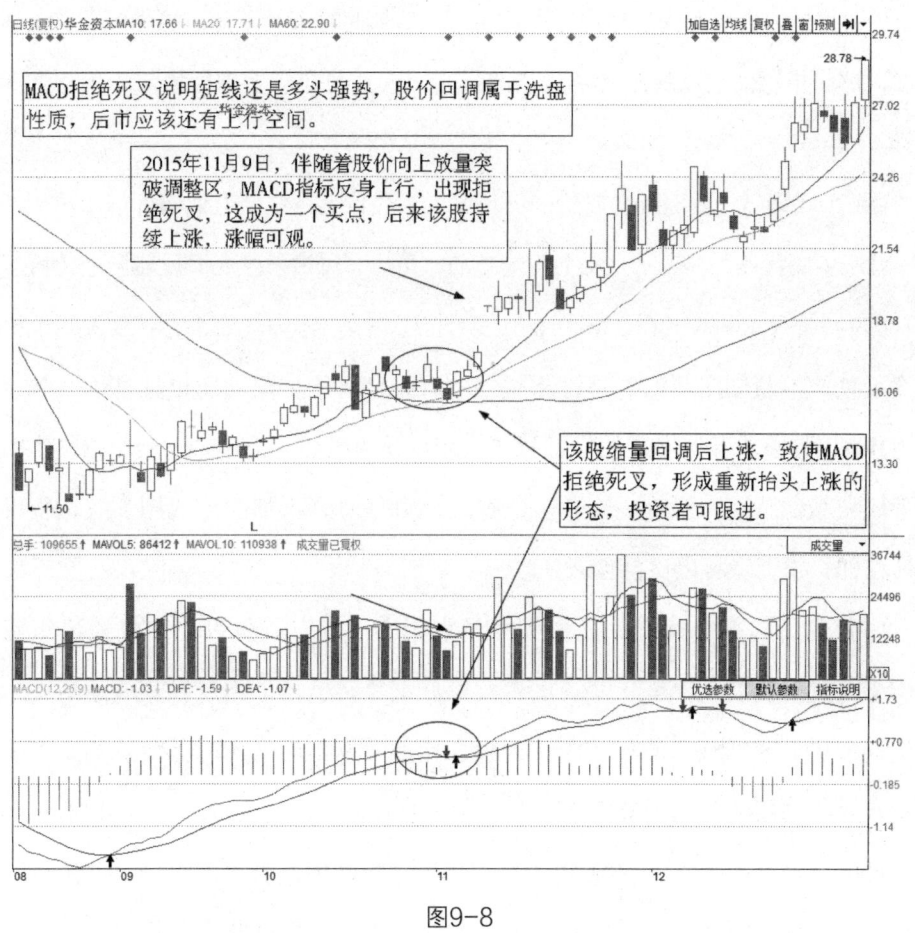

图9-8

温馨提示：

（1）当股价处于低位时，出现MACD拒绝死叉，可以适当逢低介入，一旦指标再度开口上行，可加仓买入。

（2）当股价处于突破前期高点时，出现MACD拒绝死叉。此时，可以考虑加仓，但要结合其他看涨信号进行判断。因为高位风险较大，不能单以一个简单的信号就贸然入场。

（3）如果将MACD配合成交量、均线一起运用，那么获利的成功率将大大提高。

三、MACD底背离的买入技巧

底背离发生在超卖区，对应价格的是底部区域。当股价经过一波强势的向下运行之后，指标值会快速到达高位，即超卖区。如果此时市场不能以更强劲的势头继续发展，那么指标值会反映出市场力量的强弱，这时便会产生指标值与股价相背离的现象。

MACD底背离一般出现在股价的低位区。当股价继续创新低而指标值不再创新低时，就产生底背离，其表示空头力量的减弱，市场有可能发生底部反转向上行情。

图9-9是汉王科技（002362）的走势图。图中左侧该股在盘中继续大幅下探且持续下跌，不断创出新低。不过从整体上看，该股的下跌动能也越来越疲软，表现为MACD与股价开始出现明显的背离。当股价继续创出新低时，MACD却不断上行形成典型的背离，这是一个积极的探底回升信号，再加上形成圆弧底，很可能反转在即，投资者可以试探性介入。

底背离又称多头背离，是多头力量集聚的过程，股价可能已经完成筑底过程，多头随时会发起上涨攻势。底背离是底部反转信号，不过在实战运用中，底背离最好得到其他技术的相互验证配合，比如在发生底背离时伴随着均线多头排列、双底或圆弧底、成交量逐渐放大等，才能确定股价的反转。

图9-10是华金资本（000532）的走势图。从图中左侧可以看到，前期该股的MACD一直在零轴之下运行，股价不断创出新低，MACD形成底背离；在之后不久，该股的MACD突破零轴均线形成多头排列，投资者可择机介入，该股进入多头市场，股价大幅上涨。

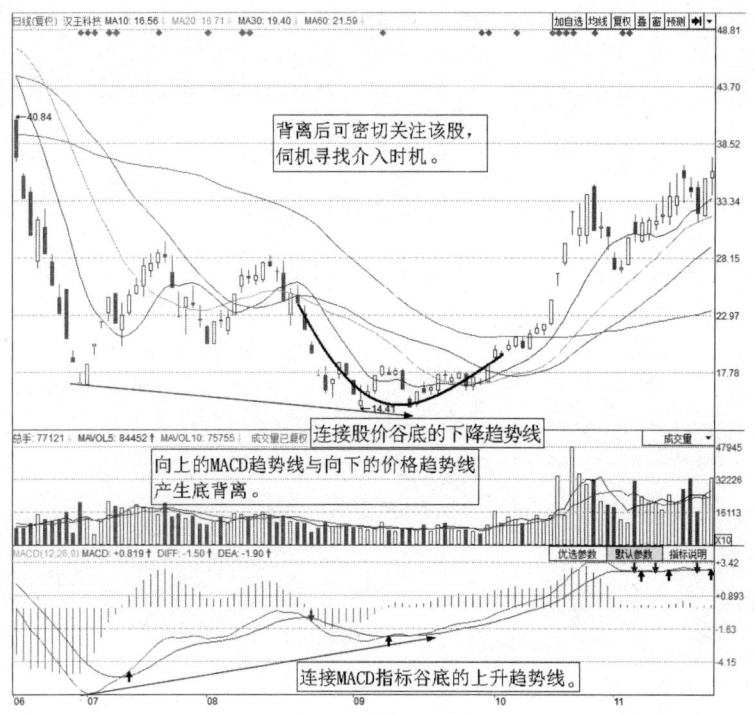

图9-9

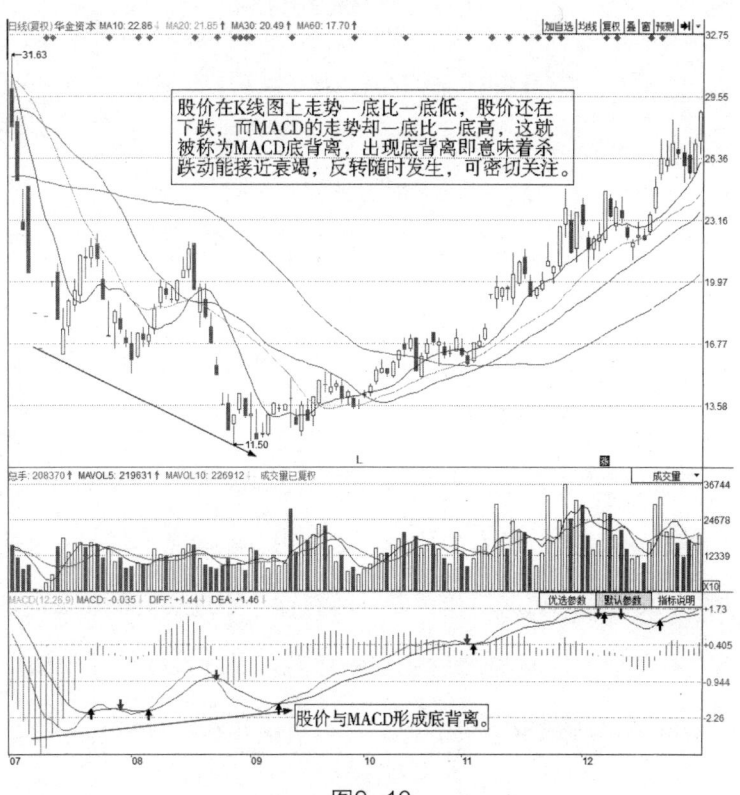

图9-10

图9-11是赞宇科技（002637）的走势图。2015年9月15日，该股创下13.01元的阶段性最低点，而MACD的低点却比前一次的最低点高，这样就形成了MACD指标的底背离。这预示着该股在低位可能有反转向上波段行情，因此建议投资者密切关注该股票。当MACD向上穿越零轴时，此时均线多头排列，此为最佳买进时机。果然，该股后市展开了一波快速拉升行情，涨幅较大。投资者如果及时买入，就相当于入手了一只大牛股。

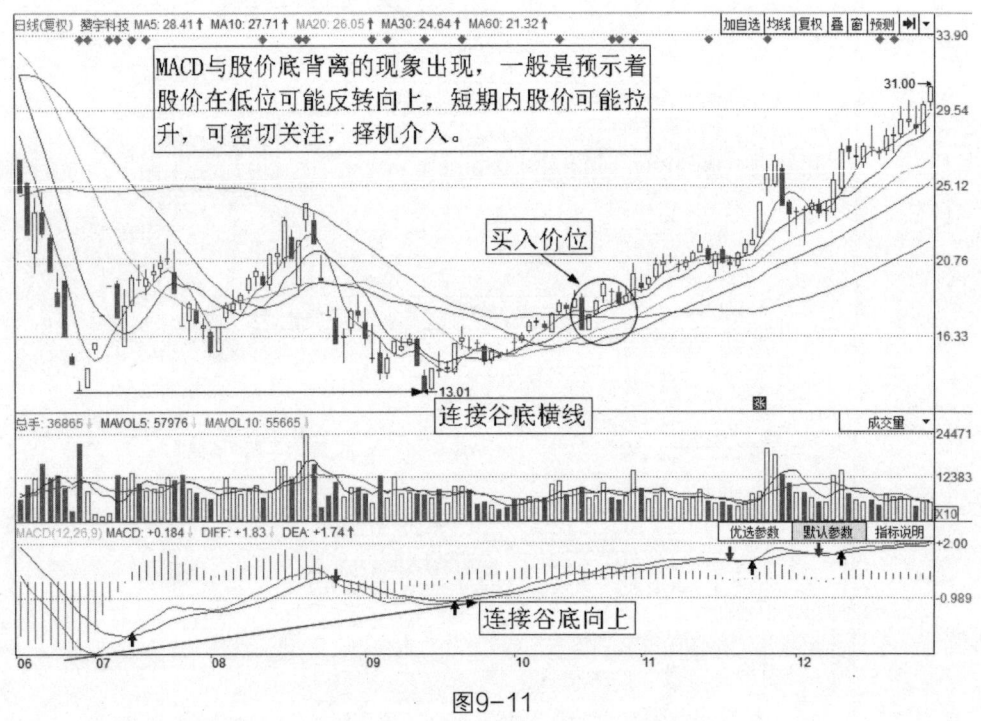

图9-11

图9-12是宝武镁业（002182）的走势图。图中左侧是绵绵的跌势。2015年9月15日，股价下探到7.54元，创出下跌的新低，看似下跌没完没了。不过此时盘面上也有一个积极的变化，那就是股价虽在不断创出新低，但MACD却没有跟随创出新低，其数值远高于前波低点的数值。这说明下跌动能不足，有衰竭的表现，这种下跌往往是黎明前的黑暗，预示着反转在即。不过我们不能在出现底背离时就进场，因为有些股票底背离之后还有底背离，因此最好等一个明确的反转信号，比如突破均线且均线形成多头排列，此时可以介入。

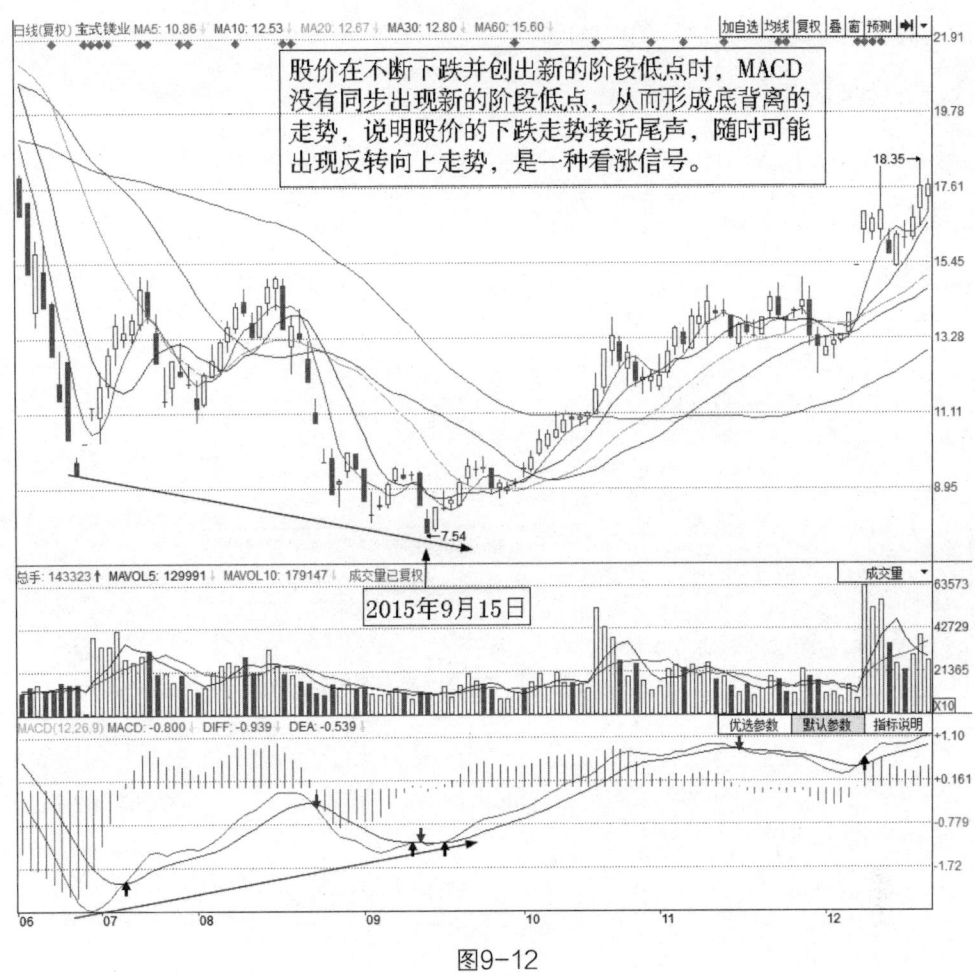

图9-12

图9-13是ST长方（300301）的走势图。该股在图中左侧股价不断下跌，走出新低。不过在盘面上有一个积极的变化——股价与MACD产生了明显的底背离，但MACD的数值高于前波的最低值，看起来空头杀跌力度不足，这说明做空的杀跌力量正在衰竭。鉴于该股整体跌幅较大且此时出现底背离，投资者可以试探性分批介入。因为底背离通常表示中短期内有极大的转势可能，有可能是底部反转信号。

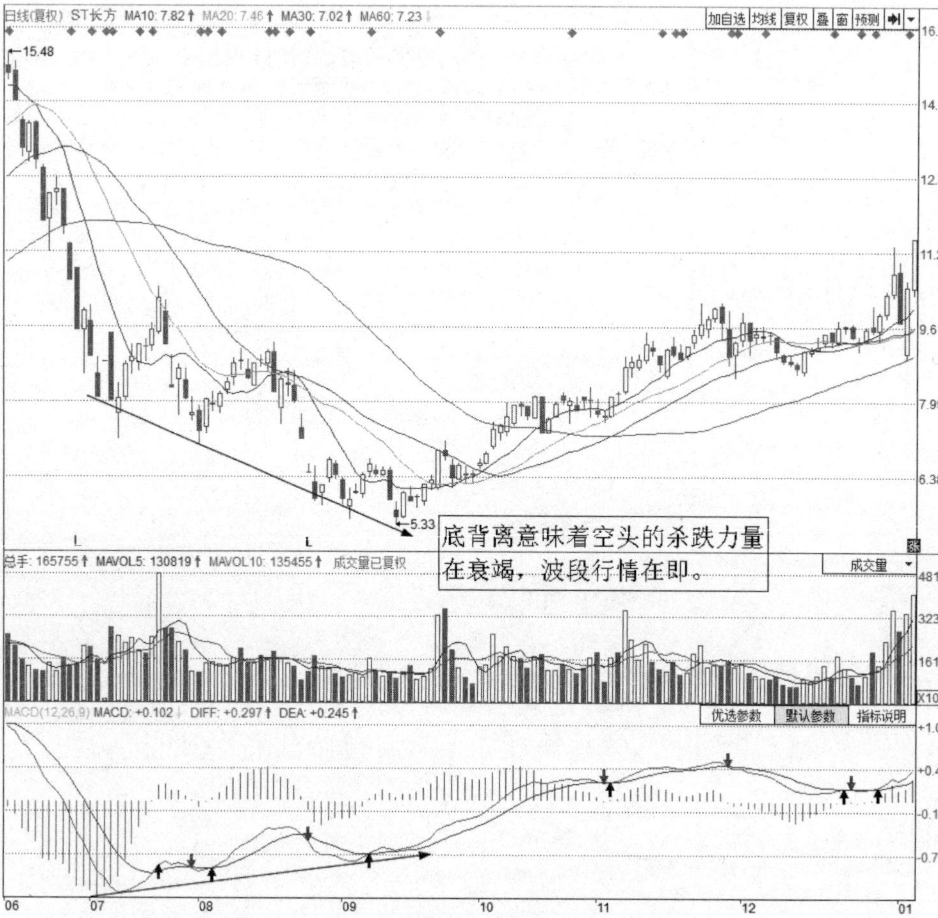

一本书搞懂波段中线战法：翻倍牛股擒杀术

图9-13

图9-14是广宇集团（002133）的日K线走势图。在下跌趋势中，股价由高位下跌到最低每股5.24元，下跌幅度较大。再看MACD，随着股价每一次低点的出现，虽然MACD不断上涨，但股价的底部不断下移而MACD却不断上移，最终达到一个新的高位。这时的股价和MACD就形成了严重的背离。同样，在背离发生的初期，只是说明底部正在形成当中，至于何时能够形成真正的底部以及底部形成之前股价还将下跌多少，都是未知数。因此，投资者应该在该股开始上涨，MACD上升到零轴线以上并且形成拒绝死叉时买入该股。这时候可能不一定是最好的入场点，但一定是最安全的入场价位。

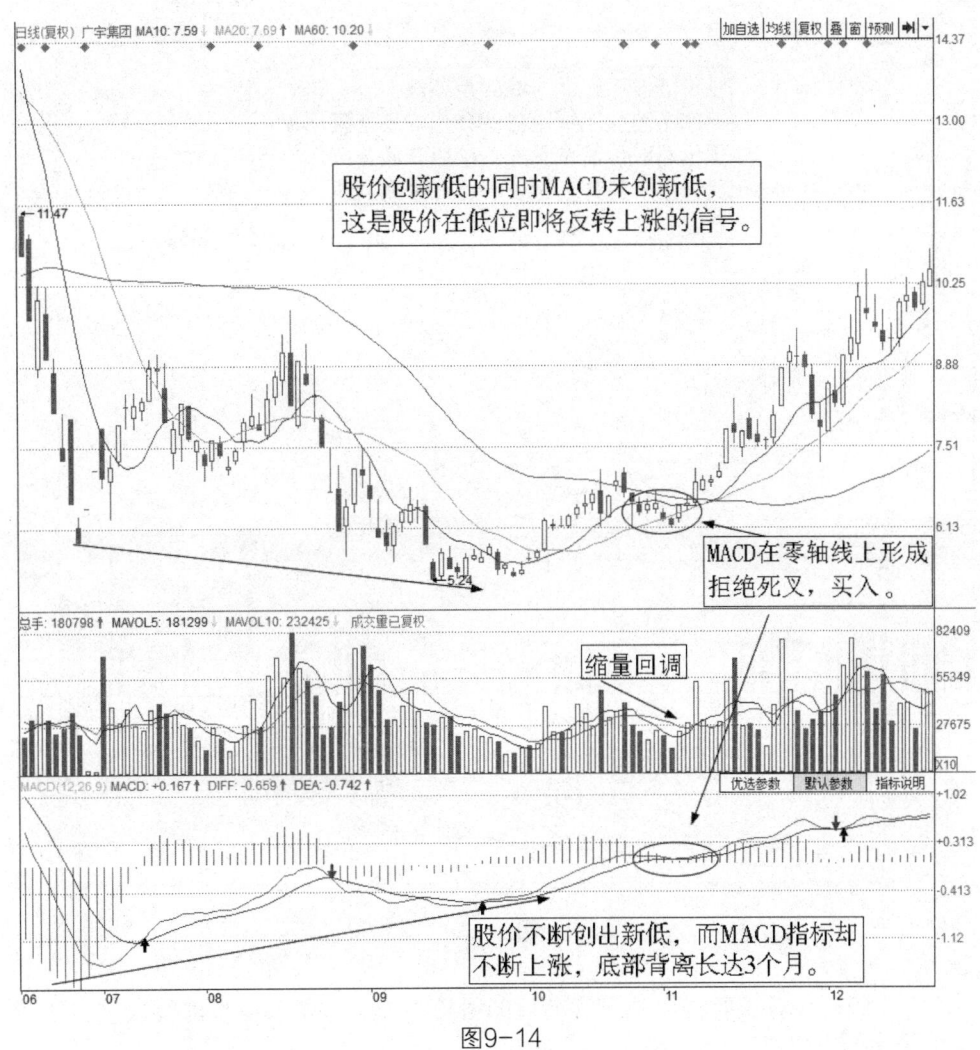

图9-14

图9-15是中恒电气（002364）的K线走势图。该股前一阶段处于长期的下降趋势，股价在不断下探的过程中，MACD走势出现钝化，并未出现同步下行，这就是底背离，预示着股价底部即将到来。投资者可对此种走势多加关注，当股价出现行情反转时，积极介入，把握行情，获取收益。

一本书搞懂波段中线战法：翻倍牛股擒杀术

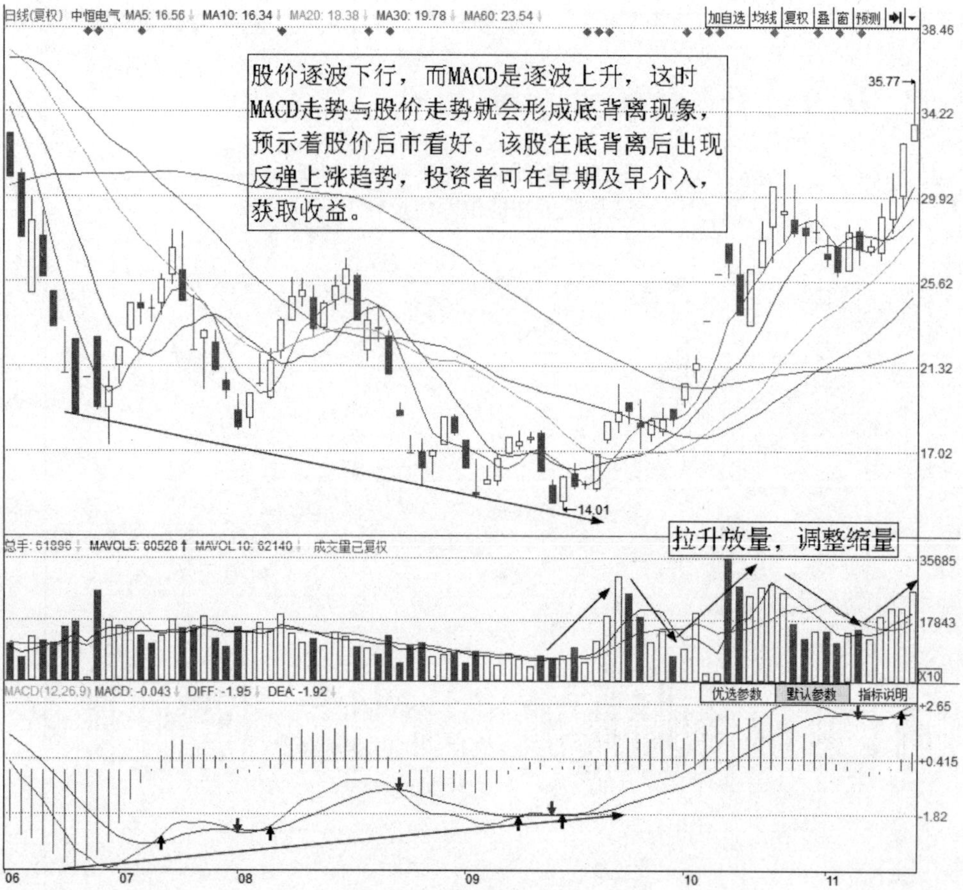

图9-15

让我们再来看该股在出现底背离后的量价方面，股价明显呈涨时放量、跌时缩量的状态，是一种良好的量价配合关系，预示股价后市看涨，是买进信号，投资者可择机参与。

图9-16是通达动力（002576）的走势图。股价在下探筑底的过程中，MACD出现钝化，与K线走势出现背离。股价的下跌趋势在形成背离后并没有维持太久，而后一波上涨行情就开启了。

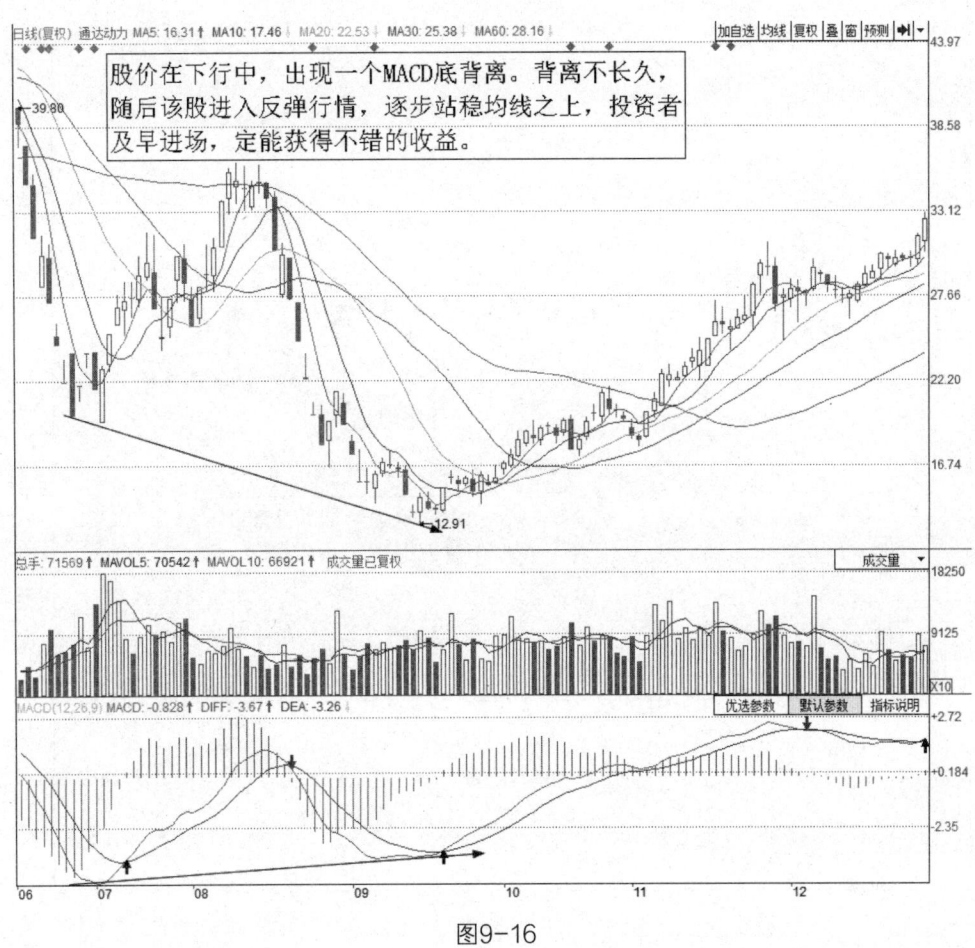

图9-16

图9-17是爱仕达（002403）的走势图。该股在出现MACD背离后，股价呈止跌回升走势完成筑底。此后股价逐步上升，站稳均线系统，行情看好，一波反弹走势自此开启。对投资者来说，MACD底背离意味着股价行情即将反转，股价站上均线则是行情转好的进一步证明。投资者可根据均线信号和量能关系做出具体买卖决定。

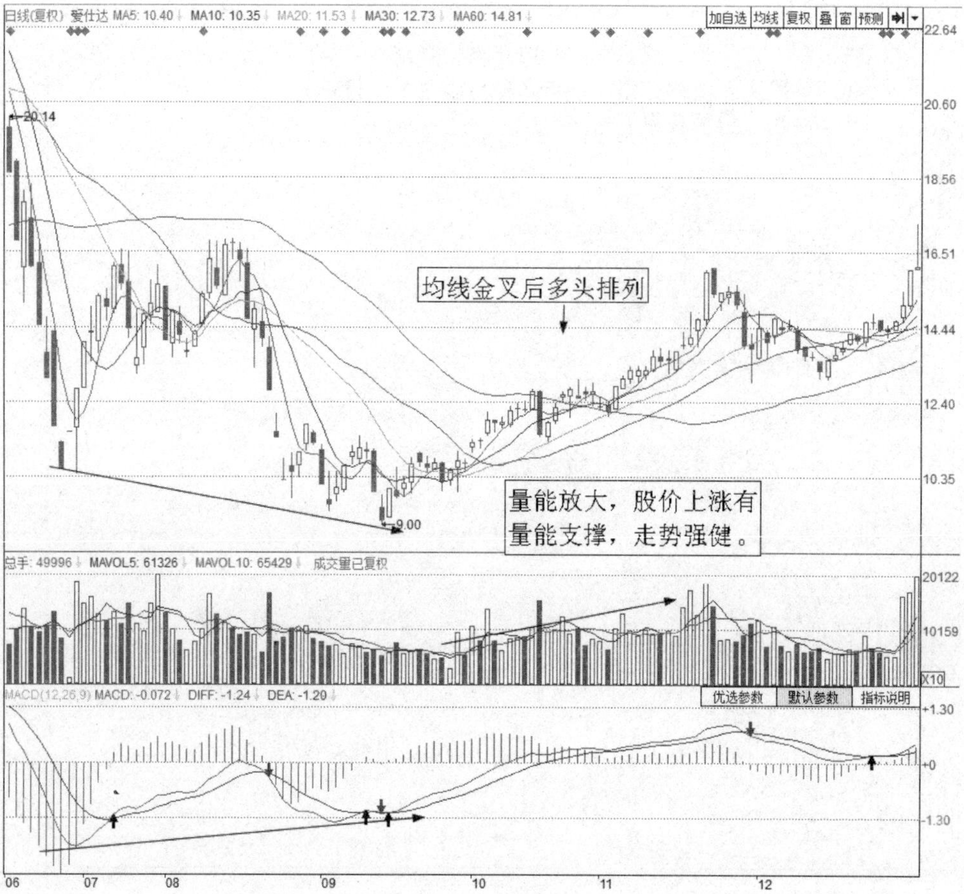

一本书搞懂波段中线战法：翻倍牛股擒杀术

图9-17

图9-18是银邦股份（300337）的走势图，该股在股价逐步下跌的过程中，MACD走势出现好转，背离走势明显。该股走势在出现底背离后，逐步完成筑底，随后走出一波大的反弹上升行情。投资者若能先一步发现，尽早介入，则可获取后期的较大收益。

底背离作为一种参考指标，在运用时需要成交量、均线的配合，这样才能更准确地指导我们的操作。该股在MACD背离后，出现放量拉升、调整缩量的行情。同时，股价站稳均线系统，是行情走强的信号。在这样的走势中，投资者可逐步介入，获取反弹利润。

174

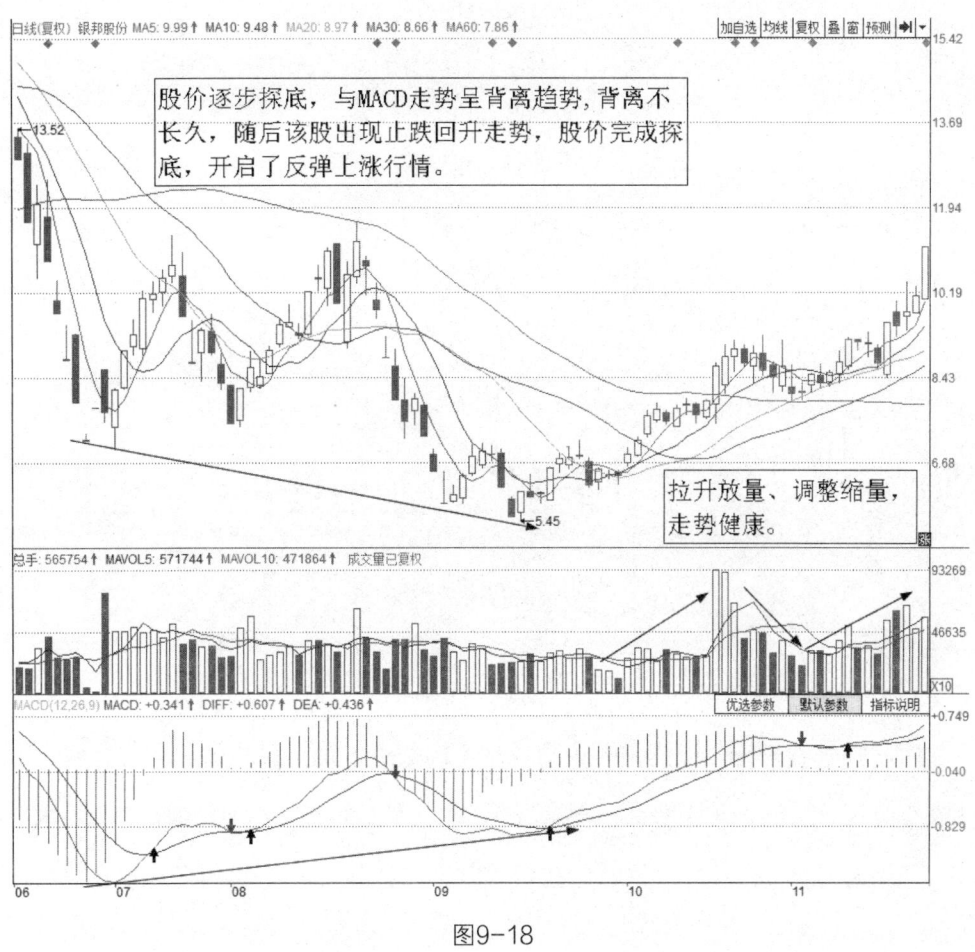

图9-18

图9-19是华塑控股（000509）的走势图。在下跌趋势中，该股从高位一路下跌，MACD也跌破零轴进入空头市场，股价在零轴之下不断创新低。当MACD进入低档区时，其对下跌力量的减弱开始变得敏感起来。在2015年9月2日股价再创新低4.22元时，MACD并未创下新低，产生了底背离。投资者在这时就应该想到，这里极可能是空头力量最后的释放，卖压力量已经开始减弱，反转的可能性在增大。

随后股价放量突破10日均线，一路震荡上扬，背离是该股最后一跌，买入之后，MACD也很快突破了零轴，以多头为主导的市场就此开启。此后MACD一直运行在零轴之上，股价一路上涨。

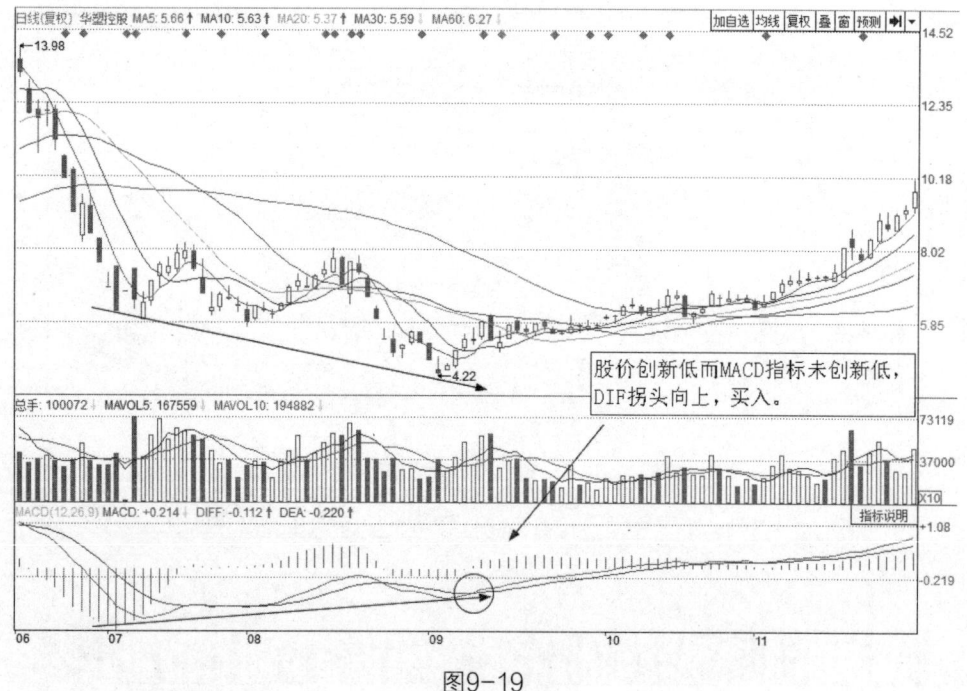

图9-19

对广投资者来说，即使是一个高成功率的买点，也要设止损。因为底背离发生在空方时，会有两种走势，一种是反弹，另一种是转势。对于反弹，力度可大可小，如果遇到小反弹发生，这时的止损单就会发挥作用。注意一定要等底背离走出来，再进行操作。

在操作中还会遇到"底背离之后还有底背离"的情况，这就是所谓的"熊市不言底，因为底下还有底"，这种情况说明市场处于较大周期的下降趋势之中，应配合较大周期的周K线进行分析，或者是用均线、成交量等配套指标综合判断，合理控制仓位，待大势转好时再加仓。

在实际运用中，大周期的底背离比小周期的底背离更可靠，比如，周K线底背离的可靠性要高于日K线的底背离。

四、MACD顶背离的卖出技巧

MACD顶背离是指在上涨走势中，当股价不断创出阶段新高的同时，MACD的阶段高点不但没有逐步抬高，反而逐级降低，从而形成一种背离走势，这种形态意味着多方的力量在股价持续上涨期间消耗过大，维持股价继续上涨的动能已经很弱，走势随时可能会出现转变，这是一种看跌信号。

顶背离一般出现在股价的高位区，当股价继续创新高而指标值不再创新高时，即产生顶背离。其表示多头力量减弱，股价走势有可能反转向下。

图9-20是上证指数（000001）的走势图。让我们先来看第一次顶背离上证指数屡创新高，不断走出阶段性的新高，上涨至5178.19点时，MACD却出现滞涨，未创新高，背离迹象明显，预示着股价即将见顶。随后股价在创出新高后出现急速下跌的走势，短时间千点大滑坡，让投资者苦不堪言。如果投资者对指标的顶背离信号多一点关注，在指数下跌时及时止盈，则可避免这些不利局面的产生，避免置自己于亏损之中。

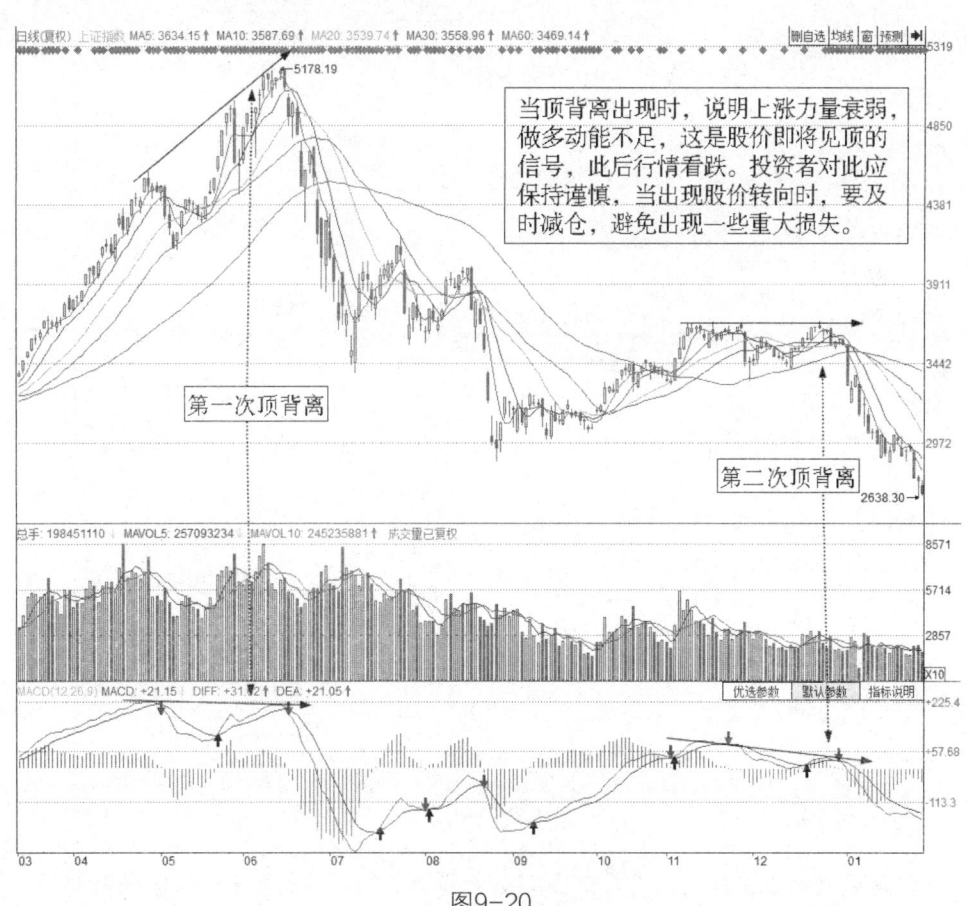

图9-20

让我们再来看第二次顶背离,我们同样可以看到顶背离的指示意义,上证指数在第二次顶背离出现后,短时间大幅下跌,深度可怕,很多投资者损失惨重。

图9-21是南华生物(000504)的走势图。该股震荡上升,整体涨幅不小。2015年12月31日,股价突破前期高点,达31.28元,看似新一轮拉升开始。不过此处的突破有一个隐患——那就是股价创出新高,MACD值却远低于前波峰值,呈现出明显的背离。背离说明拉升动能不足,很可能是假突破,意味着后市不久将反转下跌。因此出现背离时要谨慎,千万别追高,持股者甚至需要逢高减仓。该股此后果然反转下行,阶段性头部形成,顶背离产生了巨大的威力。

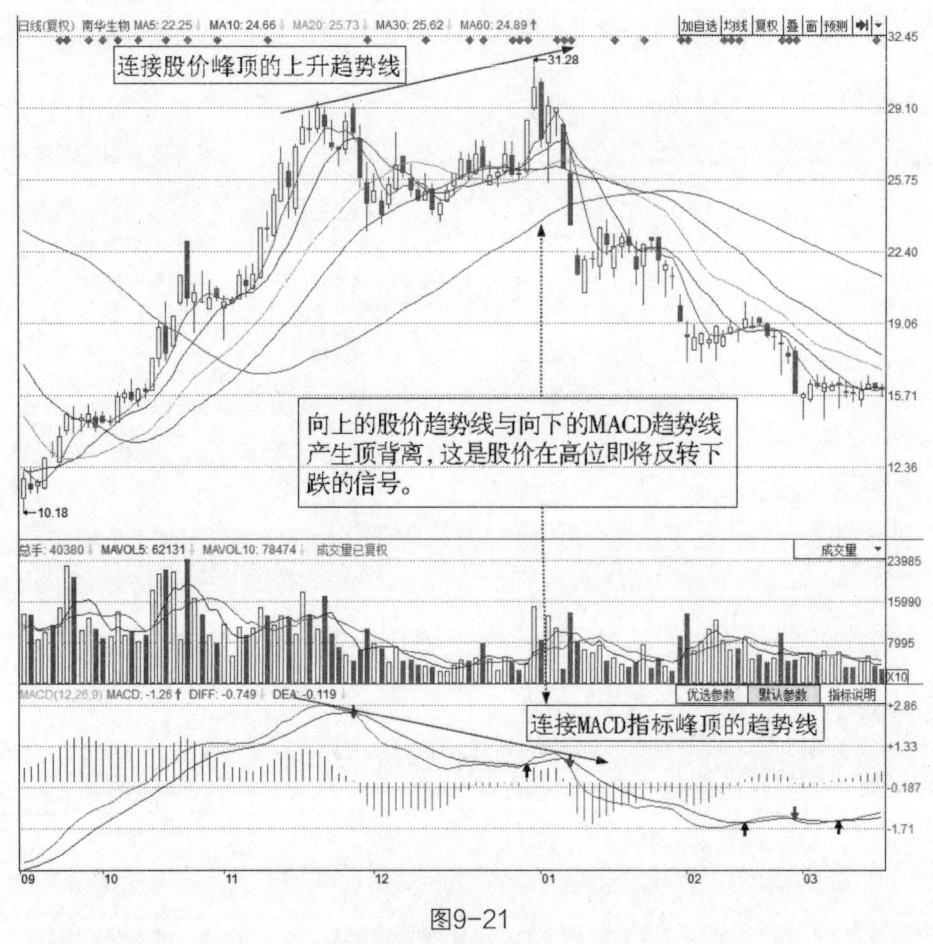

图9-21

顶背离又称空头背离,表示空头力量集聚的过程,预示着市场可能已经见顶,空头随时会发起下跌攻势。顶背离是顶部反转信号,不过,在实战运用中,顶背离最好得到其他技术的相互验证，比如，在发生顶背离时，股价同时跌破60日均线等。

图9-22是金融街（000402）的走势图。在上涨趋势中，该股从低位一路上行，当股价进入高位时，MACD对上涨力量的衰竭开始变得敏感起来。2015年6月16日，股价再次创出新高，达15.55元，但同时MACD并未创出新高，发生了顶背离。投资者在这时就应该想到，这里极有可能是多头最后一次上攻，反转的可能性在增大。

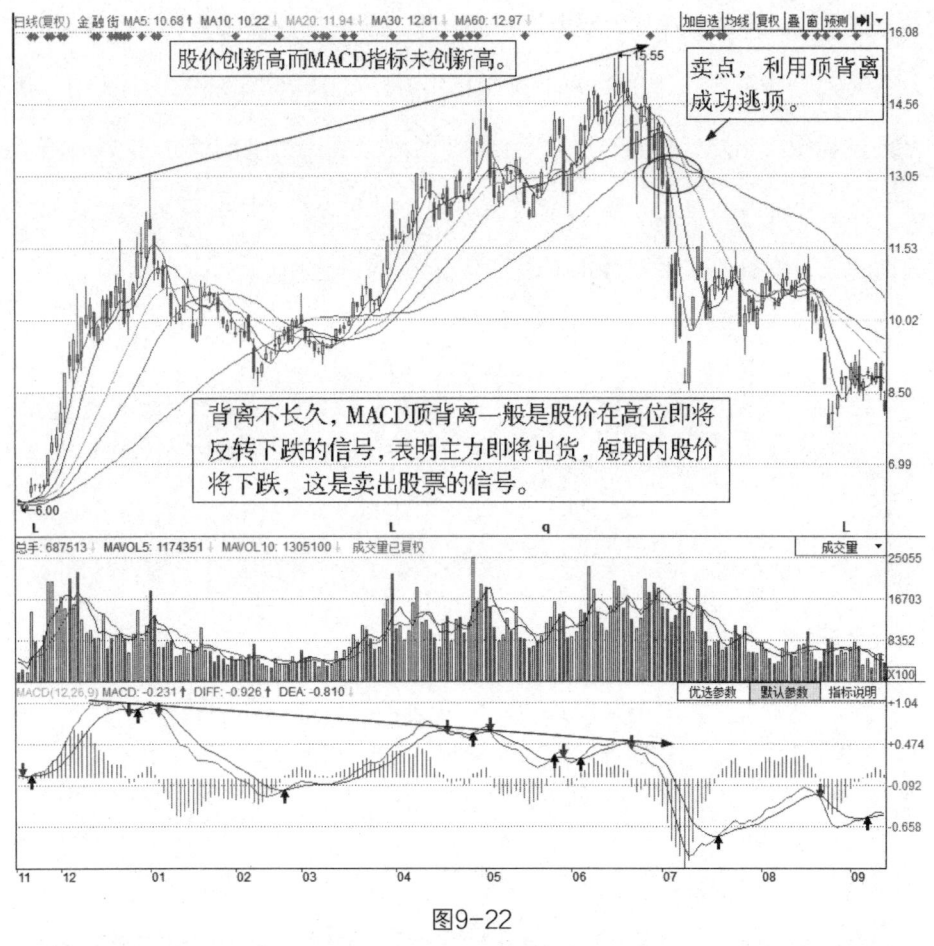

图9-22

当股价跌破60日均线，卖点很快得到了确认。事实证明了，发生顶背离的一波上涨是最后一波拉升，卖出之后，MACD也很快跌破了零轴，以空头为主导的市场就此开启。此后，MACD一直运行在零轴之下，股价一路震荡向下。

顶背离的运用往往需要观察时间积累，并不是在顶背离一出现后，股价就立

马转向,顶背离持续的时间越长,股价的下跌推力就会越大,这是投资者要注意的。不可因一时的无效而疏忽大意,造成自己的损失。

在实际操作过程中,要控制好仓位,即使是一个高成功率的卖点,也可能有失误。顶背离发生在多方时,会有两种走势,一种是回调,另一种是反转向下。对于回调,力度可大可小,之后又重回到上涨趋势,可以适量再回补一些仓位,做足上涨行情,这只有在极强势的市场中才会发生。注意发生顶背离时,一定要等顶背离完成后再进行操作,只要股票还处于上涨中,就没必要放弃涨势。

图9-23是华斯股份(002494)在2015年9月~2016年3月的K线走势图。该股在上升过程中,出现MACD的顶背离,这是个股上涨乏力的迹象,投资者若能把握这一点,就能及早准备。等到个股出现回头向下的情况后,就可及早离场,留住前期的投资收益,这个就是MACD背离在顶部时的应用。

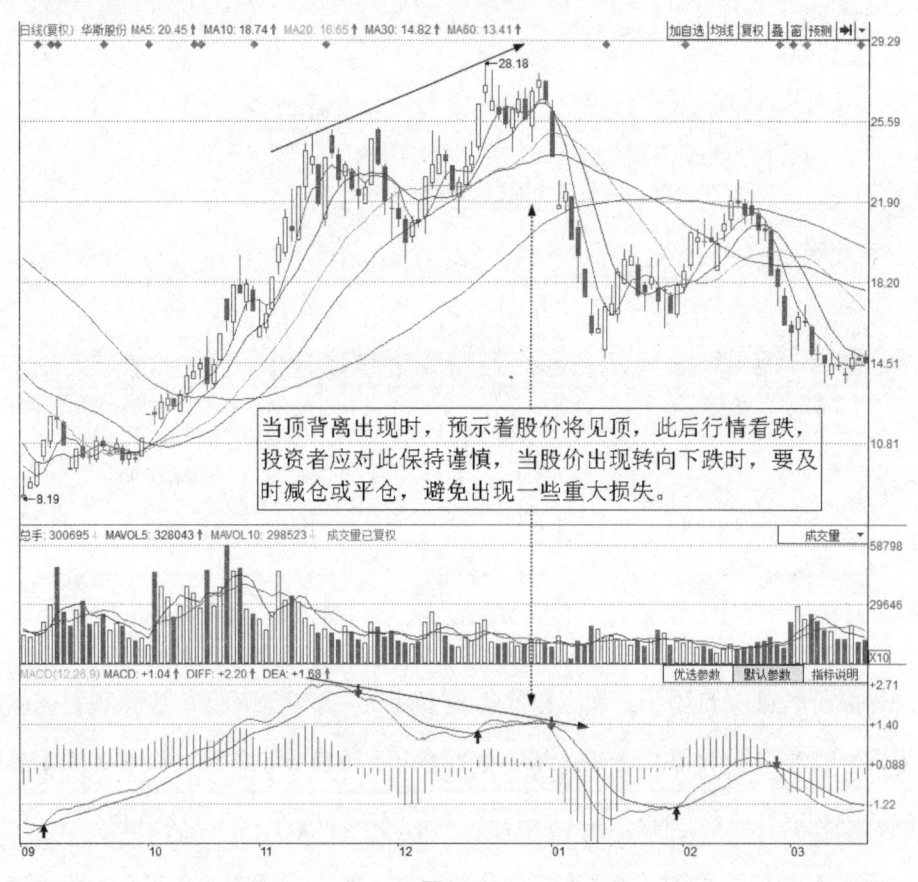

图9-23

图9-24是营口港（600317）的走势图。该股震荡上行，看似保持较强的走势，盘中突破前期高点，达到7.94元，这通常预示着股价进入新的拉升波段，是短线介入的时机。不过我们建议谨慎对待这种突破，没有别的原因，就是MACD产生了明显背离，即股价创出新高，但MACD却没有相应创出新高。这反映了盘面的突破是外强中干，上升动力不足，很可能反转下跌。此后该股的走势也证明了背离的威力。因此，当出现顶背离特征时，投资者要谨慎，这种情况有时非但不是买入时机，反而是逢高卖出的机会。

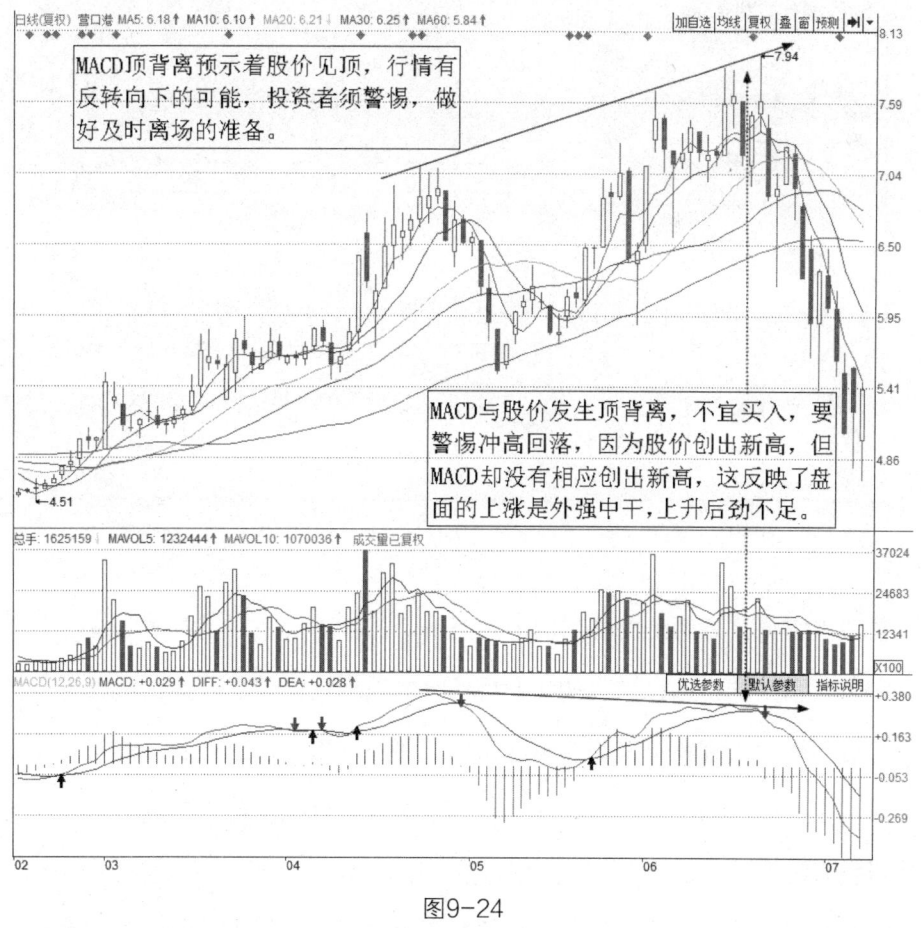

图9-24

图9-25是宝武镁业（002182）的走势图。从图中可以看到，股价不断上涨，这是不是一个追击的时机呢？应该不是，单凭MACD已经背离这一特征就不适合追涨。虽然股价已经创出阶段新高，但是MACD却没有随之创出新高，反而呈现

出明显的背离特征，这说明该股上涨的动能不足，因此对投资者来说，此时不但不是买进时机，而且要择机逢高出局。顶背离是卖出股票的好时机。

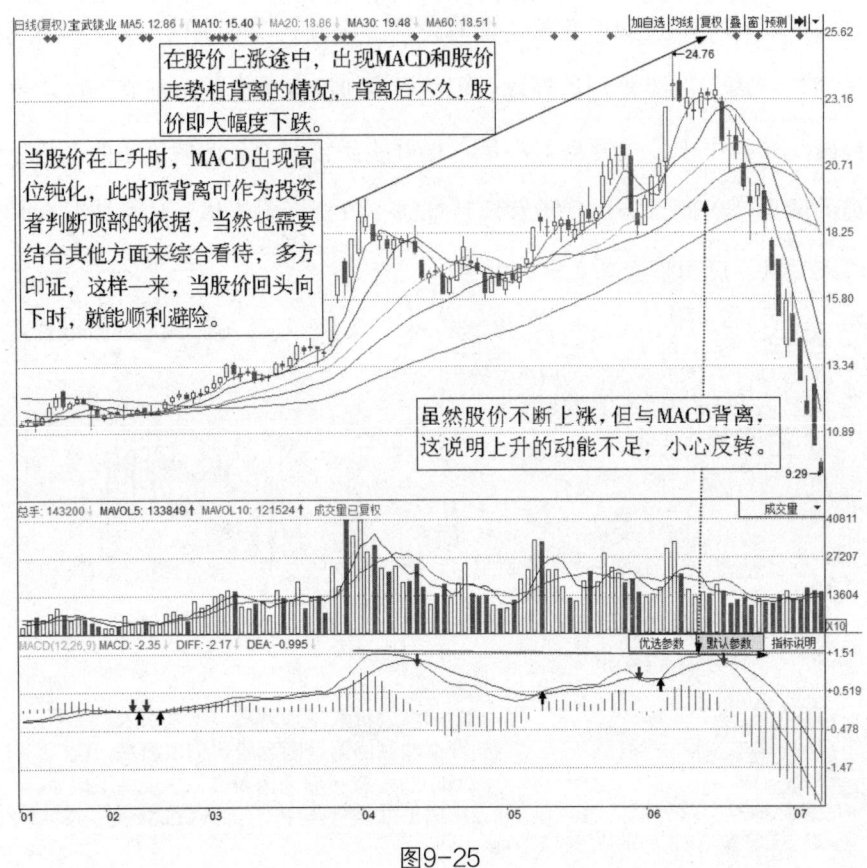

图9-25

投资者需要注意的是：背离的出现是一个过程，会在一定时间内持续出现，这是一个预示性的指标，这也就让背离的时效性出现误差。因此，投资者需要借助其他分析手段去判断更准确的顶部点位。而当顶部点位出现后，就需要投资者及时离场了，此后的下跌空间往往比较大，对投资者造成的损失也会相对严重，希望投资者注意。

在选择卖出价位方面，保守一点的投资者可以在指标出现顶部背离后，卖出股票；激进一点的投资者可以在股价跌破60均线时，再卖出股票。

温馨提示：

（1）顶背离意味着上升动能衰竭，是平仓信号；底背离意味着暂时需要向上反弹，是做多信号。

在此需要指出的是：对背离指标要灵活运用，实际操作时不要过于刻板，比如在顶背离出现后股价并非马上就会转向，在底背离出现时股价也并非马上就上涨，操作需谨慎，投资者可根据具体情况作出卖出或买进决定。当第一次出现底背离之后，股价有时候还会出现下跌。

投资者可多关注背离出现的个股，一旦这类个股趋势改变，股价便开始转向，投资者就可以积极进场操作。

（2）股价在高位时，通常只需要出现一次顶背离的形态，即可确认反转形态；而股价在低位时，一般要反复出现几次底背离，才可确认反转形态。

五、MACD金叉的买入技巧

MACD金叉是指DIF自下而上穿过DEA线。MACD金叉的出现，往往预示着股价短期内的走势已经转强，后期看涨，是买入信号。在运用时要注意以下两点：

（1）分清机会。

零轴之上的金叉是更好的交易机会，因为当MACD在零轴线上运行时，说明该股是多头走势，市场中的多头力量战胜了空头力量，市场进入多头主导的市场。

（2）严格止损。

在上升通道中的金叉出现买入后，可以将零轴作为中线操作的止损位置。只要保持在零轴之上，投资者就可以持股待涨，一旦MACD向下跌破零轴，投资者需要做平仓或减仓处理。

图9-26是深康佳A（000016）的走势图。主图中第一个箭头处，该股中阳线上涨，突破前期高点，是一个标准买点。再从MACD看，也发出了买入信号，当时该指标产生再度金叉。这是一个标准的零轴线上金叉，是非常好的买入时机，投资者可积极进场，安全度比较高。零轴上金叉可以保证该股的整体上升走势不被破坏，中途的调整是为了更好地拉升。一旦这种中长期走势向好、中长期均线多头排列又经过调整的股票发出买入信号，我们应该果断进场。主图中第二、第

三个箭头原理类似，不再赘述。

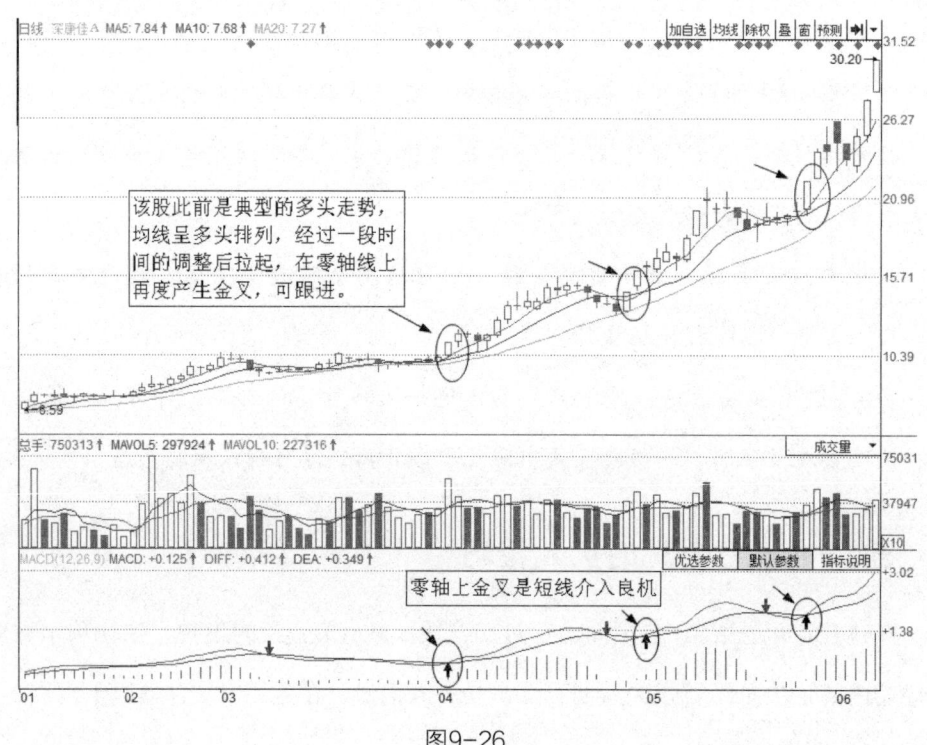

图9-26

图9-27是景兴纸业（002067）的走势图。该股股价经过一波上涨后回调，主图中箭头处中阳线拉起，突破前期高点，且成交量配合放大；同时，MACD产生金叉，这是一个三重进场信号，投资者应该积极参与。从整体看，该股处于典型的多头趋势，均线为多头排列。股价虽然当时已有一定的涨幅，但没有加速上涨过。经过调整后，浮筹得到清理，股价进入快速拉升阶段也是预料之中。投资者要做的就是等待一个明确的进场信号，而MACD在零轴上产生金叉就是一个非常好的买入信号。

图9-28是好想你（002582）的走势图。主图中箭头处该股长阳线拉起，形成一阳穿多线的格局，是一个买入信号。从整体看，该股此前早已突破60日均线，进入多头走势。经过回调后，止跌回升是典型的洗盘动作，洗盘完毕后，股价进入新一轮拉升，投资者只需要等待一个明确的买入信号。主图中箭头处的长阳线不仅表现强势，量能放大，同时也带动MACD再度产生金叉，这是一个非常好的介入信号，投资者可以积极参与。

第九章　MACD擒牛股

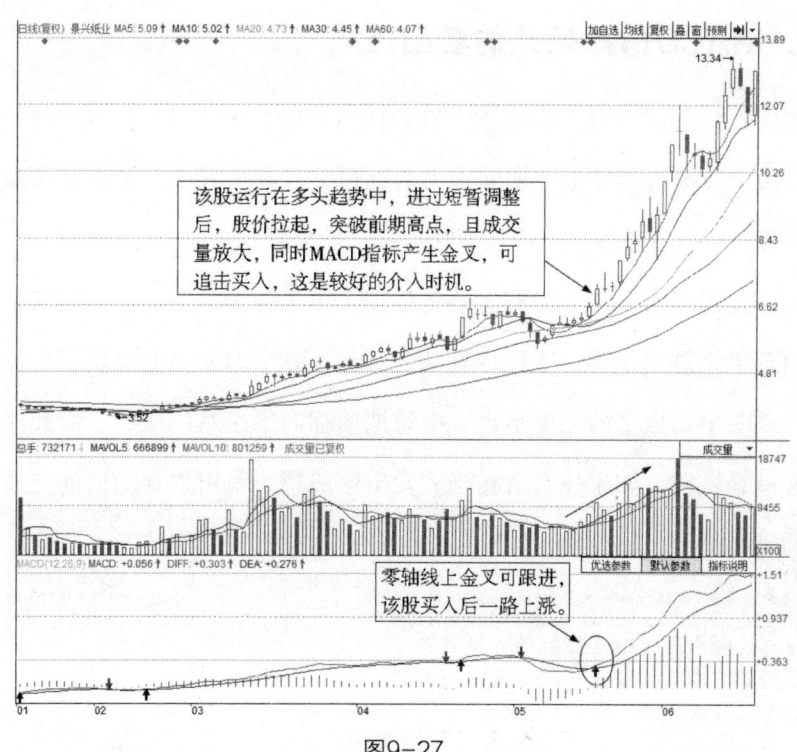

图9-27

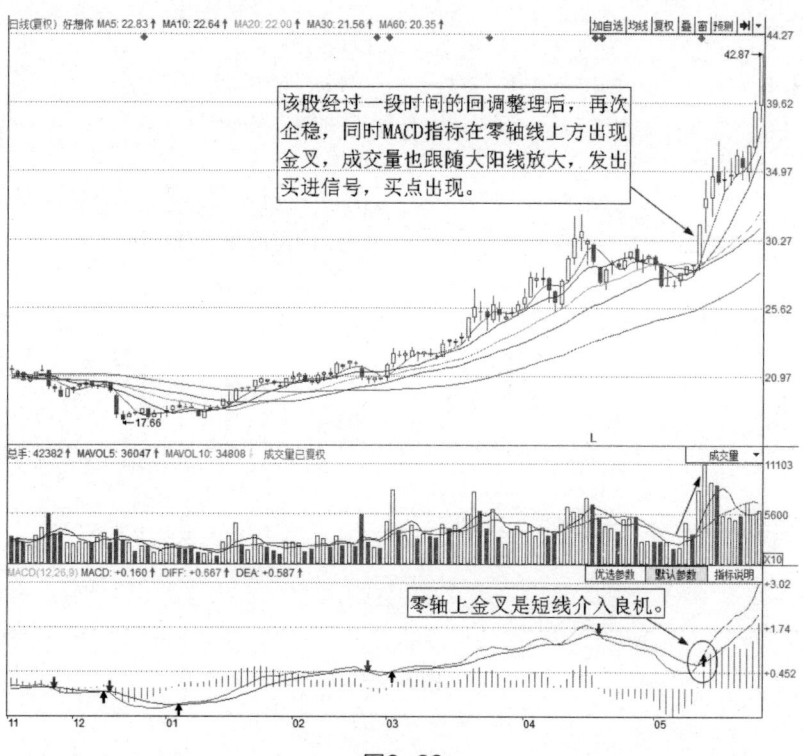

图9-28

六、MACD指标死叉的卖出技巧

MACD死叉是指快线DIF自上而下跌破DEA，这意味着盘中原本具备绝对优势的多方，由于在股价连续上涨期间实力消耗过大，其主导地位被逐渐增强的空方力量所取代，预示着股价将要进入下跌走势，发出看跌信号。

图9-29是温州宏丰（300283）的走势图。由于各种利空消息不断来袭，该股的股价出现了杀跌的走势。主图中箭头处该股下挫，MACD也出现了高位死叉的走势。这说明主力做多的意愿不足，中短期面临向下杀跌的压力，因此建议投资者卖出或减仓该股。如果投资者在当天卖出该股票，就可以在随后的交易日中回避下跌的风险。

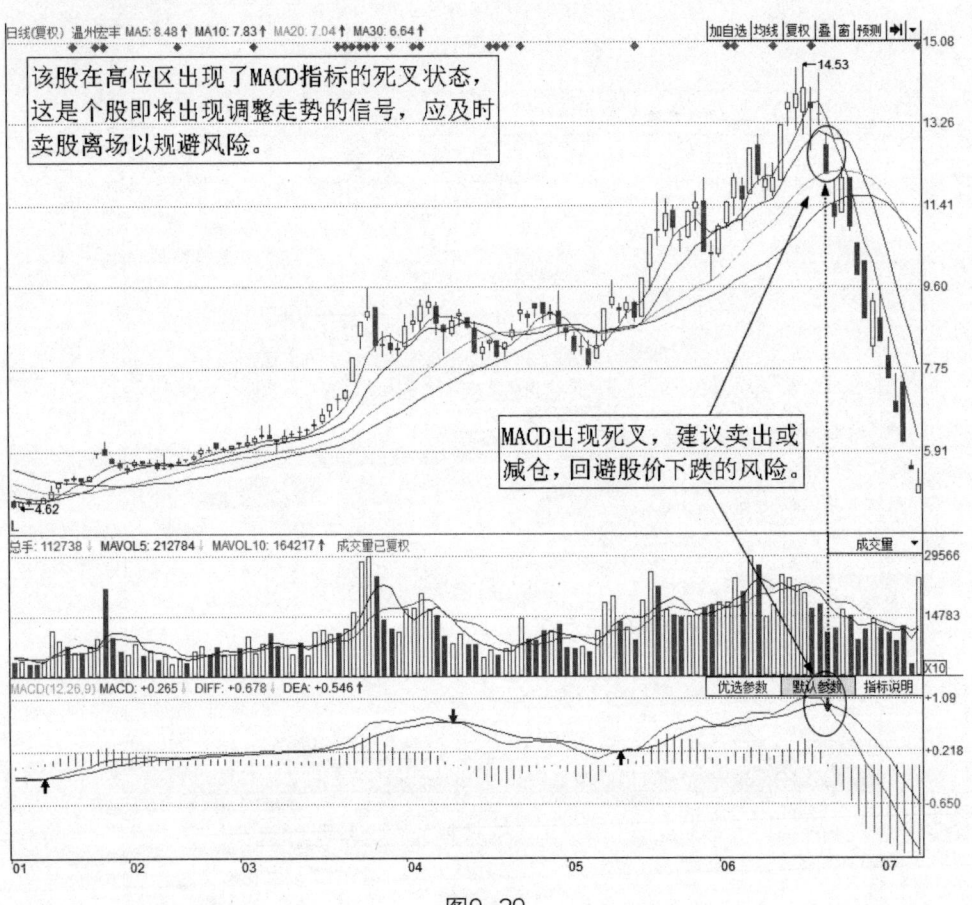

图9-29

图9-30是金固股份（002488）的走势图。图中左侧，经过大幅度的拉高上涨，运行在上涨走势中的该股股价逐步走低，MACD指标形成死叉。股价的上涨幅度越大，MACD死叉所发出的看跌信号可靠性越高，至少预示着股价短期内可能会进入下跌走势，卖点出现。

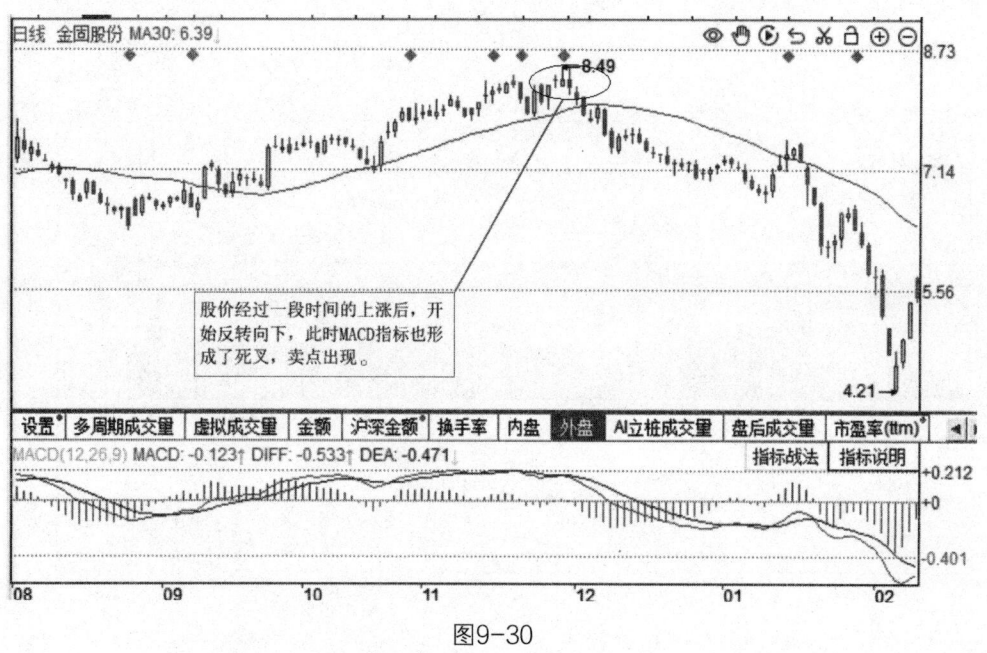

图9-30

实际操作中，有时MACD死叉后，股价会再度拉起，但很快MACD再次形成死叉，出现MACD指标与股价顶背离的走势，两个看跌信号得到相互验证后，成功率更高，卖点比较可信。

图9-31是同德化工（002360）的走势图。该股在上涨过程中受上证指数下跌的影响出现相对顶部，股价由此开始下跌。从图中可以看出，MACD中的DIF曲线开始向下移动，并且与DEA曲线形成死叉形态。投资者选择在形成死叉的第二天就卖出股票是比较好的时机和操作，可以避免损失进一步扩大。

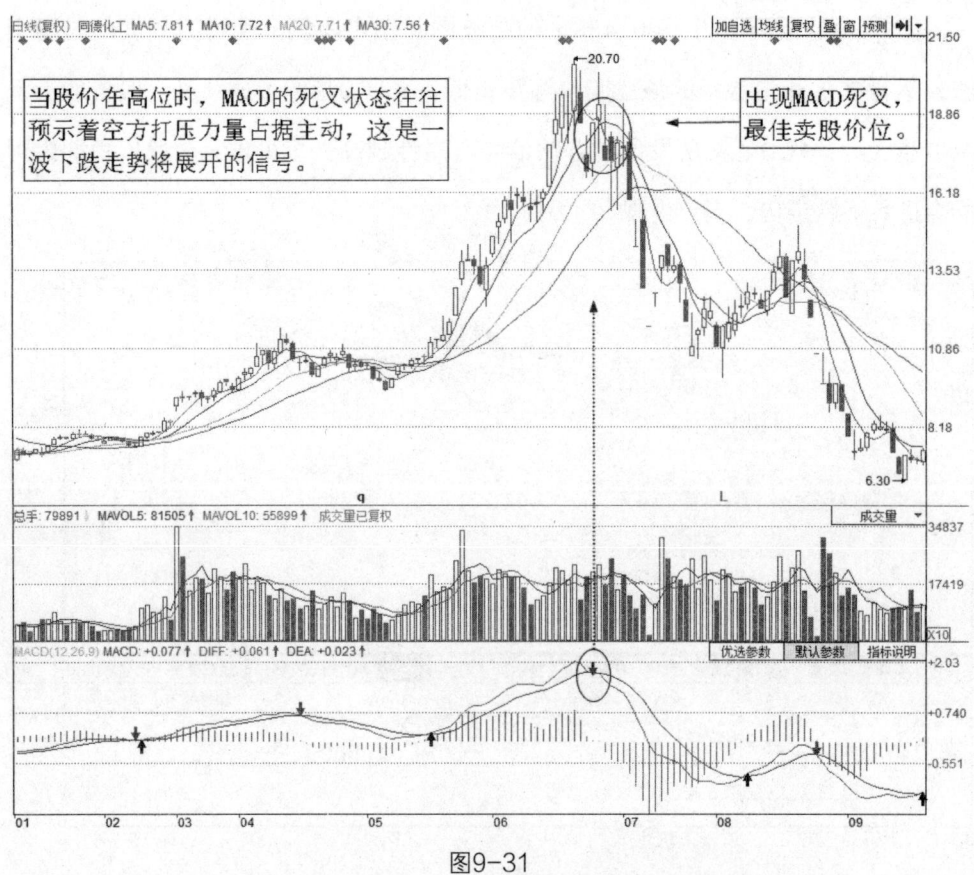

图9-31

股价在长期上涨过程中,出现下跌调整的行情后,MACD也会出现死叉,即DIF曲线从上向下穿越DEA曲线,形成交叉形态。MACD形成死叉后,后市看空的概率是比较大的。

值得注意的是,MACD是趋势性指标。当股价横盘盘整时,如果MACD形成死叉,投资者不能盲目地卖出股票,因为盘整时MACD指标经常是不可靠的,屡次出现金叉和死叉并不能说明股票就要上涨或者下跌。

第十章

小盘股捕获牛股

一本书搞懂波段中线战法：翻倍牛股擒杀术

第一节　基本原理

小盘股是相对大盘股而言的，通常是指发行在外的流通股份数额较小的上市公司的股票。中国现阶段，一般不超2亿股的流通股票都可视为小盘股。

股价的上升是离不开资金推动的，而流通股本的大小，直接影响到主力资金的选择。如果一只股票的流通盘过大，比如中国石油（601857），其流通盘为1619亿股，这就属于超级大盘股，炒作这只股票需要大量的资金，故其股性不活跃。

主力资金的炒作就是推动股价上涨力量中重要的一环，跟随主力操作是获利的保证，那么主力资金会青睐什么样的股票呢？

答案是流通盘较小的股票，就是主力大资金的最爱之一，究其原因有以下几点：

（1）小盘股流通市值小，建仓投入的资金也比较小，对资金要求不高，不需要巨额资金，拉升起来比较容易些，坐庄的时间相对较短，风险可控程度高，能充分满足主力对个股的控制要求。

（2）易达到控盘目的。因流通盘小，资金介入后较容易出现控盘情况，这是小盘股最特别之处。控盘之后，股价走势将保持较大的独立性，因此，这类股票可能在大盘上涨时不涨，在大盘下跌时抗跌，其股价的启动受大盘走势、市场整体的供求关系影响不太大。

（3）小公司有机会发生突飞猛进的改变，股本扩张能力强，日后派发时可以借助高送配作掩护进行套现。

（4）易于改造及重组。规模小的企业遗留问题往往比较小，即使产业转型或

彻底改组，也无需大费力气；容易进行业绩包装，想象空间大，这是小盘股股价暴涨、跑赢大盘股的原因之一，小盘股因此容易受到主力资金的青睐。

（5）利于长期运作。许多小盘股主力运作时间长达两三年甚至更长，通过波段式运作，数年下来累积的涨幅惊人。

一般来说，盘子越小，所需的控盘资金量越少，日后的股本扩张能力也越大，有利于主力资金操作，因为主力资金介入会带动股价上涨，同时刺激散户投资者跟风买进，进一步促进股价抬升。

第二节　实战操作要领

股市是一个资金驱动市，个股的中短期上涨并不取决于企业的价值，而取决于资金的进出力量。如果一只个股的总股本很大，要推动它上涨，资金就要很多。即使股市整体回暖，这类个股的反弹上涨幅度也有限。而那些股本相对较小的个股，由于容纳的资金有限，一旦获得主力的青睐，出现飙升走势的概率较大。小盘股跑出大牛股的机会相对较大一些，股价翻番是很容易的事。

投资者要注意以下两点：

（1）投资小盘股要寻找业绩好、成长性高的股票。

（2）有三类小盘股需注意控制风险：

①高价位除权后的小盘股，应回避；

②累计涨幅较大的高位小盘股，应回避；

③高位破位的小盘股，应回避。

第三节　具体运用实例解析

图10-1是康跃科技（300391）2015年年初至5月的K线走势图。股价在5个月的时间内从低位的12.10元走到了高位的43.52元，升幅达3倍多，是牛股。

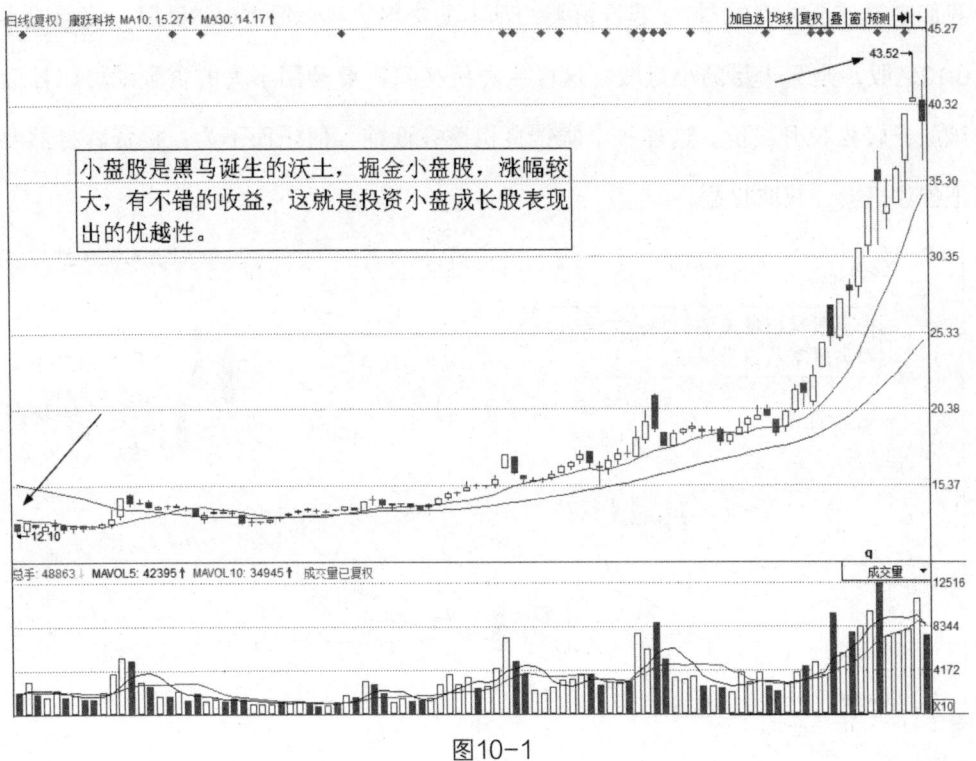

图10-1

这只股票的股本是多少？总股本1.67亿股，流通股本才0.52亿股。我们以50%的控盘程度来估算，操控这样的一只股票所需要的资金是多少呢？如果以几近最高的43元计算，所需要的资金是13.65亿元。如果我们以几近起始价的12元来估算，50%的控盘所需的资金量仅是3.12亿元。现在市场上能够筹集到这点资金的主力很多，甚至一些资金量较大的私募基金就能做到，加上一些融资渠道，炒作这样一只小盘股是轻而易举的事。

对于这样一只对资金量要求不大、成长性较好、业绩优良的小盘股，而且又能获利较大的股票，市场里的资金自然趋之若鹜，投资者又有什么理由白白放过这种能获利较大的牛股呢？这类股票的股价有业绩支撑，便于主力长期操盘，投资者可长线关注，也可不停地从中做短线，获取短线利差。

图10-2是金石亚药（300434）2015年9月至11月的走势图。在短短两个月的时间内，股价连续放量上涨，走出翻两倍行情，早期及时买进的投资者获利不菲。我们来看该股的F10资料（非行情类的基本面资料）：总股本0.68亿股，流通股本0.17亿股，是只十足的小盘股。这样主力机构只需要动用不大的资金就可以控盘该股，轻松拉升股价。这样一个赚钱良机摆在面前，何乐而不为？投资者自然要把握住机会，获取收益。

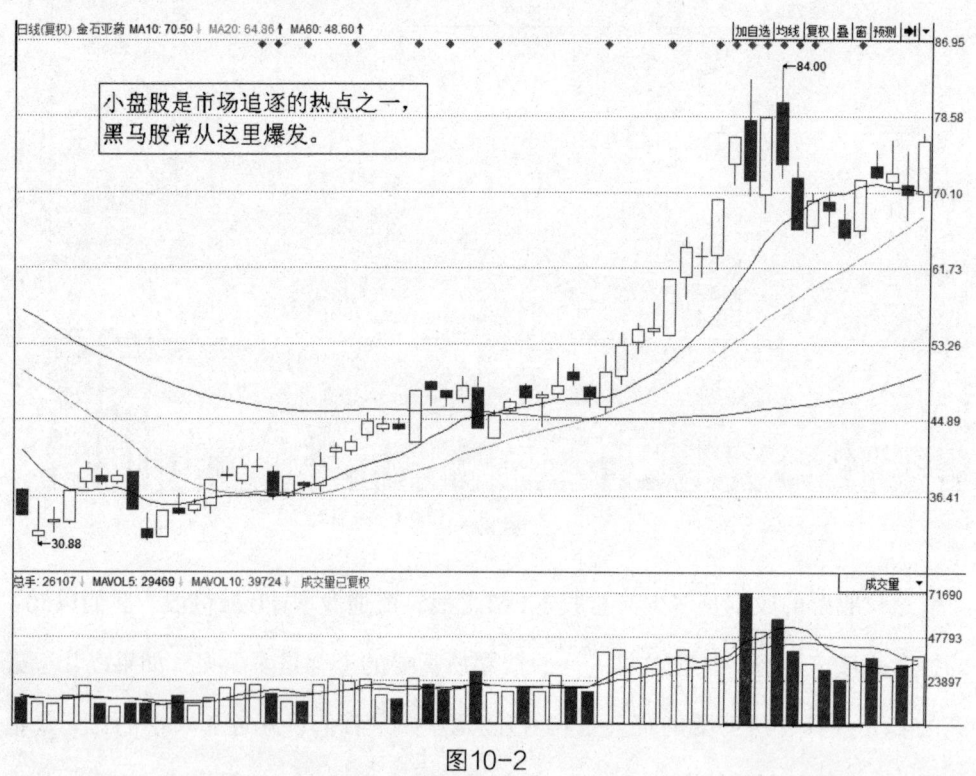

图10-2

图10-3是山河药辅（300452）的走势图。该股总股本只有0.46亿股，流通盘

只有0.12亿股，属于小盘股。该股从47.50元开始止跌企稳，以连续阳线的方式完成该股的拉升段，冲高至143.07元，整体涨幅达300%多，主力获利丰厚。小盘股历来是牛股的摇篮，由于股本小、流通筹码少，易于主力控盘，经常出现牛股的身影。

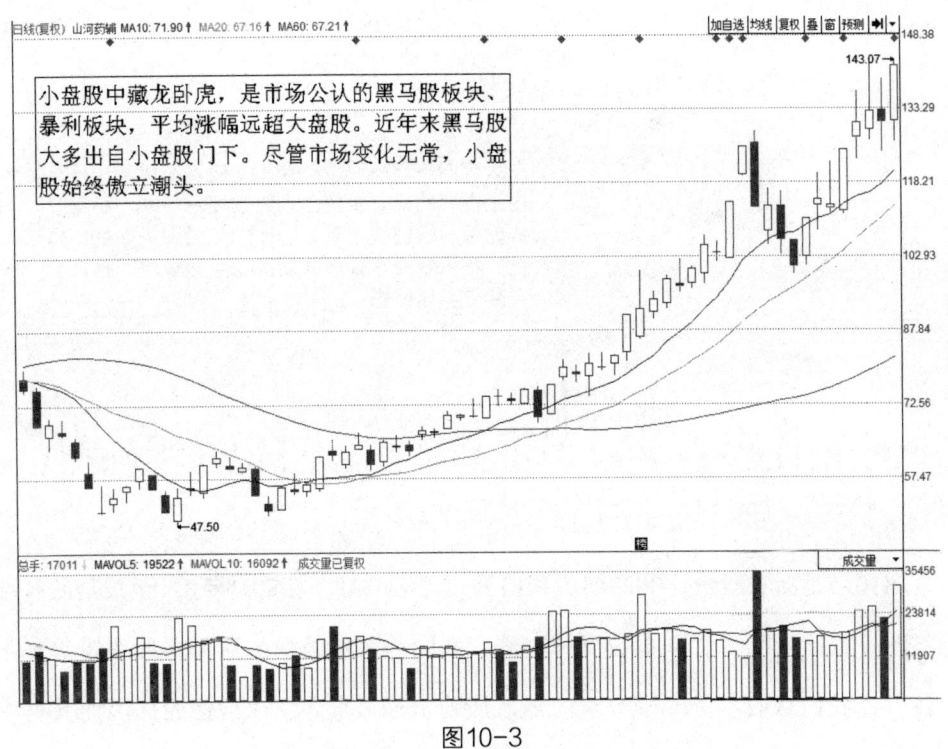

图10-3

图10-4是科隆股份（300405）2015年8月至2015年年底的走势图。该股在5个月内从28.08元一路走高到61.61元，升幅达一倍多。我们来看该股的F10资料：总股本0.68亿股，流通股本0.33亿股。如果按50%的控盘程度来计算，入注这样一只股票所用资金最低要4.63亿元，最高所需资金也就是10亿元。

这就是市场资金对小盘股偏好的原因所在，投入小资金，可获大收益。在操盘一只股票所需资金不是太多的情况下，主力机构吸筹就提上了议事日程。这类股股本少、盘子小，打压洗盘、拉高几个回合下来，就可以完成筹码的收集，后市拉升也就相对轻松了。投资者可在股价拉升之际趁机"上车"，财富就会是那风口的"猪"，飞得更高，获利较大。

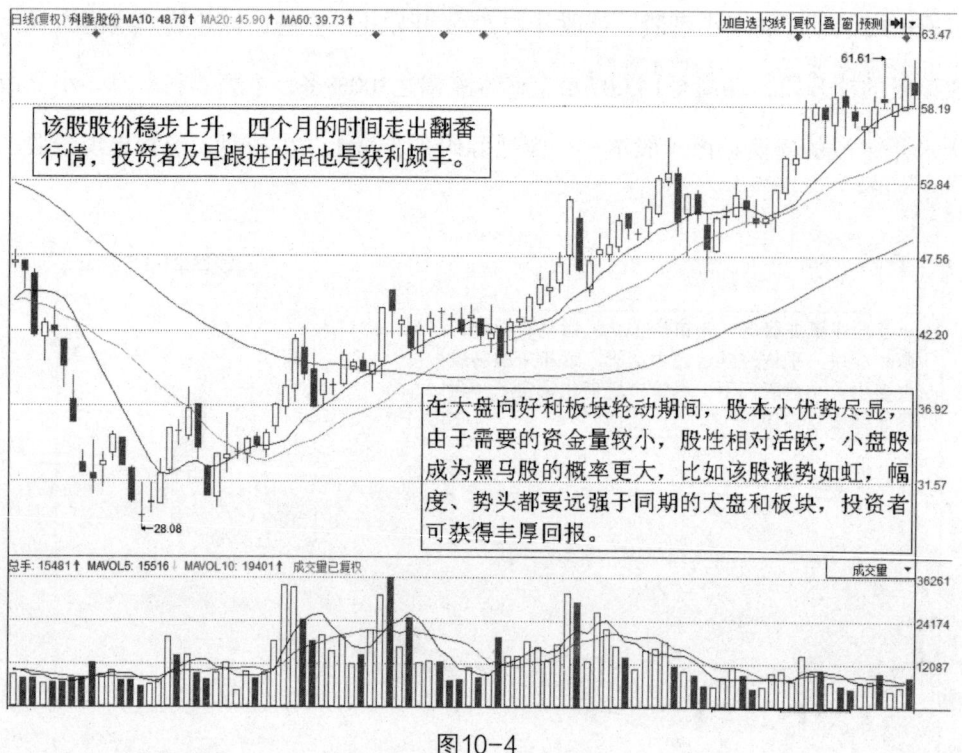

图10-4

图10-5是浙农股份（002758）和白云山（600332）在2015年8月至12月的叠加走势图。在此期间，上证指数反弹上涨，而同一医疗板块的这两只股票走势却不一致，让我们从股本上一窥究竟。浙农股份流通股股本为0.14亿股，因而获得主力资金的轻松炒作，股价从41.80元涨到123.00元，涨幅巨大。而同为一医药板块的白云山，其盘子过大，流通股达10.36亿股，因而并没有获得主力的炒作，其间的涨幅远远逊于浙农股份的表现。

通过这个案例可以看到，同样板块的个股很可能会因其股本大小的不同，而有明显不同的表现。一般来说，小盘股的表现会比较强，是投资者布局个股时应重点伏击的对象。

在股市中，一般认为个股的盘子越小，其成长速度和预期就越好，所以这类个股往往处于相对高估的状态，也十分容易诞生翻倍牛股。

第十章 小盘股捕获牛股

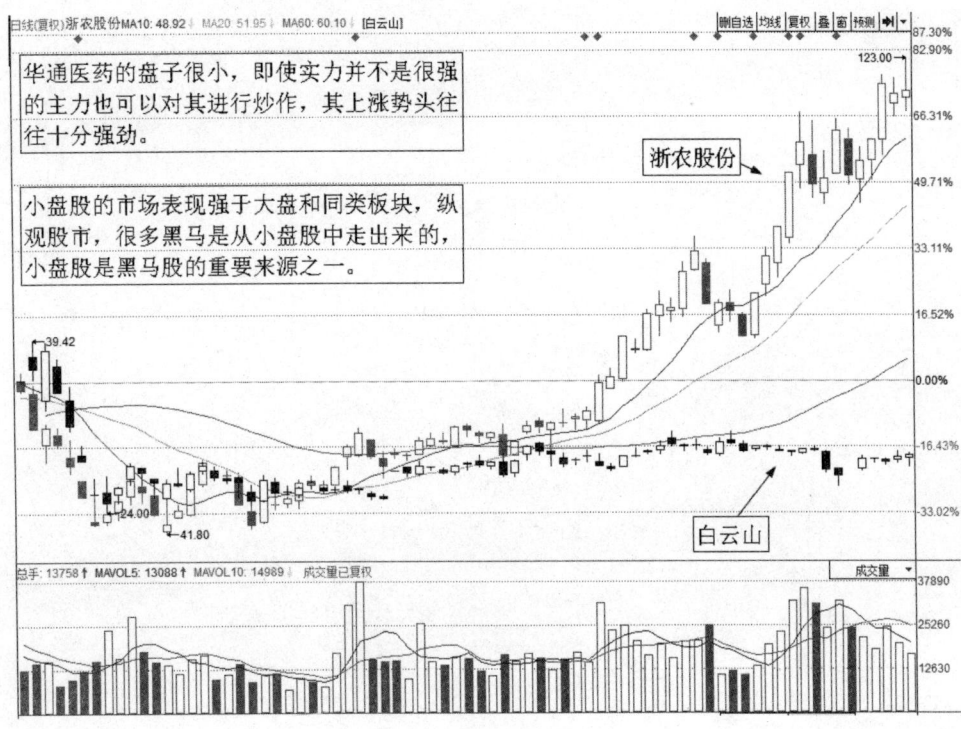

图10-5